THE CHICAGO GUIDE TO YOUR
ACADEMIC CAREER

A Portable Mentor for Scholars from Graduate School through Tenure

从研究生到
终身教授

芝加哥学术生涯规划

约翰·A.戈德史密斯

［美］ 约翰·科姆洛斯 　　著

彭妮·沙因·戈尔德

肖志宏　杨春燕　｜　译

新 华 出 版 社

图书在版编目（CIP）数据

从研究生到终身教授：芝加哥学术生涯规划 /（美）约翰·A.戈德史密斯，（美）约翰·科姆洛斯，（美）彭妮·沙因·戈尔德著；肖志宏，杨春燕译 .—北京：新华出版社，2022.11

书名原文：The Chicago Guide to Your Academic Career

ISBN 978-7-5166-6618-0

Ⅰ.①从… Ⅱ.①约… ②约… ③彭… ④肖… ⑤杨… Ⅲ.①高等教育 – 科学研究工作 – 美国 Ⅳ.①G644

中国版本图书馆CIP数据核字(2022)第234056号

The Chicago Guide to Your Academic Career:
A Portable Mentor for Scholars from Graduate School through Tenure
By John A. Goldsmith, John Komlos, Penny Schine Gold
Copyright © 2001 by The University of Chicago.
All rights reserved.

本书中文简体版权归属于新华出版社和东方巴别塔（北京）文化传媒有限公司

北京市版权局著作权合同登记号：01-2022-5839

从研究生到终身教授：芝加哥学术生涯规划

作　　者：[美] 约翰·A.戈德史密斯　约翰·科姆洛斯　彭妮·沙因·戈尔德

译　　者：肖志宏　杨春燕

出 版 人：匡乐成

责任编辑：张　谦　　　　　　　　特约策划：巴别塔文化

责任校对：刘保利　　　　　　　　特约编辑：何梦姣

封面设计：马　帅

出版发行：新华出版社

地　　址：北京市石景山区京原路8号　　邮　　编：100040

网　　址：http://www.xinhuapub.com

经　　销：新华书店、新华出版社天猫旗舰店、京东旗舰店及各大网店

购书热线：010－63077122　　　　中国新闻书店购书热线：010－63072012

照　　排：胡凤翼

印　　刷：天津画中画印刷有限公司

成品尺寸：145mm×210mm　32开

印　　张：14.25　　　　　　　　　字　　数：300千字

版　　次：2023年8月第一版　　　印　　次：2023年8月第一次印刷

书　　号：ISBN 978-7-5166-6618-0

定　　价：78.00元

目 录

第二部分　学术职业

前　言

　　本书实质上是一本关于学术生涯的指南，是为那些考虑从事传统学术领域的人而设计的——大学高年级学生，正在考虑进入研究生院深造的人；当然也包括那些已经开始走入学术道路的人，例如正在攻读博士学位和已经被任命为大学助理教授的人。[1]我们的一些观点可能也会引起其他人的兴趣：对以不同视角看待学术界感兴趣的资深教授，感到困惑和迷茫的青年学者的父母，职业生涯指导老师，研究生和青年教师的配偶，以及对了解学术界的奥秘感兴趣的局外人。正在考虑如何获得美国研究生学位的外国学生一定能从本书中获益。[2]

　　我们几位作者所从事的都是人文科学和社会科学研究，书中的观点自然反映了我们自己的经历、观察以及我们在职业生涯中的所学。我们认为各学科之间存在许多共通之处，是可以进行有效概括的。作为教师，学生问过我们无数个关于专业和个人发展的问题，而我们往往会一遍又一遍地给出同样的建议。我们写这本书便是为了向读者提供关于这些问题的必要信息。本书选择了扩展式对话的形式，很像我们平日和学生讨论问题的方式，书中讨论的话题则围绕学生的希望、抱负、疑惑和担忧展开。书中的问答就像我们在办公时间或在部门休息室喝咖啡时所进行的谈话一样。虽然书中所呈现的问题是我们构思的，但在大多数情况下，这些就是我们经常听到的问题，或者是我们认为读者可能想问的问题。

能否简要介绍一下你们各自的情况?

约翰·戈德史密斯：我是芝加哥大学（The University of Chicago）的一名语言学教授。我从事这个行业已经接近 30 年了，当了 25 年教授。在这期间，我对学术界的看法在很多方面发生了变化——我想说的是，我的这些看法在不断"成长"。我刚开始自认为了解学术界的运行机制，也明白学术生涯意味着什么，但后来我发现这些观点都是严重错误的。不足为奇的是，我发现有这种先入之见的远不止我一人。事实上，正如我所看到的，几乎所有初入大学的年轻教师都对学术界的生活方式都有很多误解。他们必须慢慢摆脱这些误解，否则就会以这样或那样的方式付出代价。在我目前工作的大学里，语言学属于人文学科，而在许多别的大学里，它是社会科学的一部分。因此，我的视角是一个人文学者的视角，并且带有很强的社会科学学者的色彩。同时，我与自然科学和生物科学，特别是数学和计算机科学方面的同事有过一些接触，这有助于使我将要叙述的观点更具普遍性。在我的职业生涯中，曾在两所大学任过教，这两所大学截然不同：一所是大型公立州立大学；另一所是小型私立大学。除了都是研究型大学、研究生的教学水平都很高，两所大学别无相似之处。我也在美国和加拿大的好几所大学担任过客座教授。我在太平洋西北地区的一家大型软件公司做了很长时间的访问学者。

在我看来，学术生涯之所以不同于其他职业，是因为它是唯一长期存在着很多疑惑而没有任何现成的实用指南去应对的领域。在商业领域，以《如何……》作为题目的书非常多；在医学领域，有漫长而严格的实习期，医学生（或刚刚获得医学博士学位的人）要学习这一体系的运行机制，并由经验丰富的前辈医生监督。然而，在学术界大部分的研究领域（包括在我自己的专业）却没有类似的做法。通常在短暂的两三年研究生学习期间，学生会跟着导师就某个课题做研究，然后就算是进入学术界了，而对将要面临的挑战基本是全无招架之力的。年轻学者在进入学术界时，往往仍带着学生时代的经验和心态，却要担负起教授的职责。快自救吧，落后者将会遭殃！

约翰·科姆洛斯：我的观点在很大程度上是自己在芝加哥大学就读经济学和历史学的研究生时形成的。因此，和约翰·戈德史密斯一样，我的专业涉及社会科学和人文科学领域，我在学术界工作的时间和他一样长。和他一样的是，在我开始自己的研究、教学和学术生涯时，也并没有什么期望；但事后看来，我认为应该从更加实际的角度考虑。起初，我想这是因为我是家族里第一代上大学的人，没有人告诉过我关于这个圈子运行机制的内部信息，我是边做边学的。然而，我慢慢发现这是一个相当普遍的现象，看来有必要对学术生涯的实际情况做一些普及性的介绍。本科阶段的经历不能帮助学生很好地应对研究生院的复杂情况，而研究生阶段的经历也无法让学生全面了解站在讲台之上的大学教师的生涯。同样，青年教师既不明白学术界内的社交动态，又无从了解如何满足同行的期望以便在学术界立足和升职这类实际的运作机制。这带来的结果是，我们中的许多人在毕业时都怀着美好的期望，却不得不在日后感到失落，在痛苦和迷茫中努力寻找出路。获得成功的关键点起初并不明显。通常情况下，每个行业对什么是不可接受的行为有不成文的规定，学术界也是如此。因此，你需要在工作中掌握生存法则和领会行业规则的意义。

　　和其他许多在 20 世纪 60 年代末完成学业的同行一样，我在选择职业时也没有经过深思熟虑，这并非仅仅因为幼稚，而是源于我们这一代人所共有的感知。我不假思索地投身学术界，而不是通过权衡利弊之后才理性地做出选择。和下一代人相比，我们这一代人对金钱和前途看得没有那么重。在我看来，我们更看重的是做有意义的事情的感觉。对我们而言，竭尽全力便是成功。我想我们隐约认为世界可以变得更好，我们有能力让世界变得更好，而且实际上我们也有迎接挑战的道德义务。我们中的许多人选择了成为这个过程中不可分割的一部分——哪怕是很小的一部分，但却不一定清楚这个选择到底意味着什么。具体来说，我是在 1971 年进入研究生院工作的，在研究生院工作期间，我既是学术界的一员，又是从各种角度对学术界进行观察的旁观者。一开始，我在一所规模较小的大学担任非终身教职，后来晋升为一所欧洲重点大学——慕尼黑大学（University of Munich）——的经济学讲席教授。我在大学里担任过非终身教职，也担任过终身教职。我的身份从学生到后来的博士后研究员、访问讲师和副教授。我在欧洲和美国的大学里都工作过，并在这一过程中获得了两个博士学位。因此，我对学术界的了解是全方位的。我也曾犯过错，但我坚持不懈，最终平步青云。一路走来，我都在努力学习，不断成长。

现在回想起来，我在芝加哥大学所受的研究生教育中的一个不足之处就是，老师们当时毫不掩饰地表示对职业化教育的实用性不感兴趣，也不愿意对学术界的概况做客观介绍，比如现在我们在这本书里所做的介绍，而这原本是可以对我非常有帮助的。在我熟悉的经济和历史两个系里，甚至没有老师在口头上指导我们离开校园后该如何对待自己的学术生涯。[3] 相反，大家似乎对此避而不谈，甚至倾向于刻意美化学术生涯的方方面面。当然，其他大学可能会有所不同，而且与我还是研究生的时候相比，现在的情况已经发生了很大变化。但当了教授之后，我的大部分办公时间都花在了一遍又一遍地向不同学生重复这方面的建议上。所以，我决定将关于这个话题的相关建议整理成书。我相信，学生对学术界的运行机制所掌握的信息越客观、越全面，他将来的路就会走得越好。我们想把学术界的实际情况展示给大家——摒弃虚无缥缈的理想主义和幻想，并坚持无比坦诚和尽量实用的原则。

彭妮·戈尔德（Penny Gold）：有意思的是，我们三个不期而遇的人都在芝加哥大学度过了一段时间——我在那里读了本科，约翰·科姆洛斯读了研究生，而约翰·戈德史密斯是那里的教授。而且，我们三个人在年龄和所选择的学科类型上都很接近——我也是历史专业学者，在研究生阶段学习文学和艺术史。然而，我们之间一个很大的区别是，我主要在一所小型文理学院［诺克斯学院（Knox College）］教书，这是一所以教学为主的大学，但也鼓励学术研究。作为一名女性，我在职业生涯开始之时，正赶上大批女性进入学术领域，这对我的学术生涯和学术态度产生了重要的影响。

在我刚读研究生时，并没有立志从事专业学术研究。在大四的秋季学期，我突然被一系列研究中世纪和文化史的课程所吸引，很想继续学习和研究这个领域。碰巧的是，我选择去的斯坦福大学（Stanford University）当时为所有入学的历史系研究生提供四年的全额奖学金［福特基金会（The Ford Foundation）旨在促进博士生尽快获得学位，虽然这个初衷并没有成功实现］，所以我没有为自己的研究生教育支付任何费用，也不需要负债。攻读研究生的第一年非常艰难，如果我需要自己支付这几千美元学费，可能中途就退学了。我很感激福特基金会的资助，帮我渡过了一个艰难的时期，让我一直留在校园完成学业。

虽然斯坦福大学当时没有给其研究生提供教学方面的指导（这种情况现在已经有所改善了），但我很幸运地在那里获得了出色的指导。而且与约翰·科姆洛斯和约翰·戈德史密斯不同，我在研究生阶段学到了很多关于学术界如何运作的知识。我的导师在我开始读研究生的那一年开始担任教授，我从他那里看到了很多学术生活中的压力、乐趣和不稳定的因素。在我读研究生三年级的时候，我所跟从的另一位教授申请终身教职失败了，她提出了申诉，我也向委员会写了一封信支持她，最后她申诉成功了。在这一过程中，我了解到了很多学术界的价值观和晋升的相关程序。我在斯坦福大学求学的阶段正值妇女运动的初期（1969 年至 1974 年），当时我参与了"历史专业女研究生核心小组"的活动，这也是一段让我获益良多的学习经历。当时斯坦福大学的历史系只有一位女教师，她是哈佛大学（Harvard University）毕业的博士，由于"避嫌"原则的规定（她的丈夫在另一个系担任教授），她被限制只能担任非终身的助理教授。在这位女教师辞职后，我们这个"核心小组"要求该系聘用一位女性担任终身教职。我们找人谈话，撰写了相关材料，最后系里同意了这个要求，并为此成立了招聘委员会，我和另一名学生有幸成为该委员会的成员。我想我在那一年里学到了很多关于学术界如何运作的知识，并学会了如何努力改变它，这些比以后许多年里学到的东西都要多。

另外，在这个早期的学术界女性组织中，无论是研究生还是教师，无论是在学院内部还是各学院之间，都有一种强烈的团结意识。我们知道，学术界的新人为了能够站稳脚跟，必须了解所有关于学术界制度和规则的信息，而我们也竭尽全力相互帮助。既然我们无法进入"老男孩"的圈子，那就建立"新女孩"的圈子，这个圈子多年来一直给我提供了重要的支持、安慰和帮助。

你们希望这本书被如何使用？

约翰·科姆洛斯：为了更好地使用我们的指南，你在阅读的时候应该有所取舍。诚然，如果你选择了走学术道路，阅读整个指南应该能让你很好地了解多年后学术生涯的全貌，而且你可以随时返回到专门讨论与你的职业生涯相关的章节中，以获得更多细致而全面的信息。你还可以将本书与其他专门讨论你将面临的学术生涯某个阶段的书籍一起使用。

约翰·戈德史密斯：本书试图纠正现在似乎普遍存在的学术界现实与人们对它的看法之间的不平衡。首先，我们尽力让读者了解学术界是如何组织和运作的，回答大家一直希望有现成答案但不敢问的问题。同时，我们也试图给出一些应该如何看待学术界的建议。我们的态度是开诚布公的：我们热爱学术界，并且对我们选择这个职业感到非常欣慰。我们也看到许多朋友和熟人在学术界遭受了巨大痛苦，部分原因是他们的个人需求和能力不适合在学术界发展，另一部分原因是他们对学术体系的运行机制有错误的假设。不管从哪个角度来看，这些人无一例外都很聪明，足以在学术界立足。总的来说，他们与医学、法律、商业或工程界的成功人士才智相当。这些人也有真才实学，而且确实有做出贡献的潜能，但由于某些原因，其未能完全发挥自己的才学。要在一个行业中取得成功，有两点是必要的：其一，个人的目标和能力必须与这个行业的要求相匹配；其二，个人必须切实了解这个行业的运行机制。本书试图帮助未来的学者或青年教师掌握这些事项，希望为读者展现学术界的原貌。本书尽量择其要领，当然我们提供的材料中也包含许多个人见解。

你们的观点仅仅代表个人，还是代表整个学术界？

约翰·科姆洛斯：美国学术界有近百万名大学教师，坦率地说，没有办法真正确定我们能在多大程度上代表这个群体。然而，这本指南包含了我们几个在学术界 3/4 个世纪的经验，也是我们从许多角度看到的这个体系的真实运作情况。我们有与学生、同事、资助机构和行政人员一起工作的经验，我们三个人都曾担任过系主任。尽管如此，我们并不声称自己有"代表性"，因为所谓的"代表性"只存在于统计学里。在为本书做一些背景研究的过程中，我惊奇地发现，关于学术界本身的实际研究是极少的。人们对教育的研究几乎完全集中在小学和中学，对高等教育领域只有一些边缘化的关注。令人感到遗憾和难以理解的是，教育领域似乎完全将对研究生教育的研究排除在正规的教育科学研究之外。[4]

诚然，我们对经验的提炼反映了我们自己的个性、哲学伦理观和世界观。我们的经验主要源于人文和社会科学领域的知识，而那些考虑从事实验科学的读者可能希望通过更专业的调查来补充我们的观点。[5] 这并不意味着此类学生不能从我们的书中受益。

总体而言，我们所讨论的问题贯穿学术界的各个领域，而且我们的观点也应该对那些还没有决定在研究生院攻读哪个专业的人有所帮助。我们很享受自己的工作，并愿意与你们分享经验。同时，我们也看到了学术界的种种不足——我们既不排斥讨论这些不足，也不会过于夸大。

我们非常清楚，一套准则无法涵盖数十亿种可能性——也就是说，遵循我们的建议不能完全保证让你获得成功。优秀是很难被量化或定义的，而事业的发展又总是具有独特性和偶然性。标准原则各有不同，关于具体问题的建议不应忽视偶然性及其形成的背景。即便如此，对于一个仅在美国就有近百万雇员的行业来说，竟然没有关于这个行业的概述，这一点真是让人百思不得其解！[6] 有一些指南是针对就业市场上的某些群体的，比如少数民族学者和女性学者；还有一些指南则专门针对学术生涯的某些方面，比如怎样申请研究生，或者如何申请某些特殊专业（如工程学）的研究生。[7] 我们希望通过对学术生活主要特点的介绍，即它使个人生活更具意义的可能性，让学生在更加了解实情后决定是否要投身学术界。我们也希望此书能够让许多人在学术界过上更充实的生活——少些错误，少些遗憾，少些半途而废，少些申请终身教职被拒的情况发生，让更多的人从事他们心目中最有价值的职业。如果我们吸引了一些本无意进入学术界的人选择学术道路，或者我们能够让一些人认识到学术生涯并不适合他们，那么我们写这本书也就不算是徒劳之举了。我们所讨论的大多是晋升终身教职之前的问题，因为成熟的学者在那时已经学会如何在学术的海洋里航行，不再需要我们的指引了。

我们的观点不是政治化的，因此没有直白或隐晦的政治话语。[8] 然而，尽管我们自豪于自己所属的学术界有着更高的道德准则，并创造了非常可观的知识成就，但依然难免触及令人不悦的政治话题。很遗憾，我们并不是苏格拉底转世，而高等教育体系是在俗世中衍生发展的，并非不食人间烟火。而且我相信，即使它是在天堂创造的，也仍然是不完美的，这一点与神学教义不同。尽管我们的一些同事不愿承认，但我们毕竟是人，难免犯错。不过，与其他机构相比，美国的学术界的确卓尔不群，即便在国际舞台上也无人能及。虽然我们对学术界持有一定的批评态度，但我们并不是为了寻求解决问题和应对挑战的方案。[9] 相反，我们的目的是为读者打开一扇窗，让他们通过我们的眼睛去观察这个领域。因此，请加入我们的旅程，一起去探索这个令人迷醉而又在许多方面令人不解的世界吧。

这本书是如何问世的？

约翰·戈德史密斯：几年前，我开始写一部讨论学术生涯真实情况的书稿，给那些考虑迈上学术道路的读者阅读。我把手稿给杰夫·哈克（Geoff Huck）看，他不仅是我的同事和朋友，也是芝加哥大学出版社的策划编辑。他鼓励我继续写下去，之后在某种机缘巧合之下，他将约翰·科姆洛斯介绍给我。我和约翰虽然以前完全不认识，但碰巧在这个构想上所见略同。杰夫几年前曾出版过一本由约翰·科姆洛斯编辑的书，当约翰向杰夫寻求关于其新书出版的建议时，杰夫把我们拉到了一起。约翰和我立即通过互联网交换了手稿，我们阅读后发现，完全可以把它们合在一起。两位作者相隔数千英里，如果没有互联网，我们是不可能合作的。又过了一段时间，杰夫在《高等教育年鉴》（*The Chronicle of Higher Education*）上看到一篇专栏文章，作者是一位名叫彭妮·戈尔德的历史学家，她对学术生涯话题有很深的见解，更重要的是，那一年她正在芝加哥大学休假。在我和约翰的对话中加入第三个视角不是更好吗？我步行到她当时所在的神学院（离我的办公楼仅有 50 英尺），邀请她加入这个写作项目。她在考虑一番之后答应了，结果就有了你们手中的这本书。

彭妮·戈尔德：我们的观点彼此不同，并不总是一致的。虽然这些见解通常是互补的，但有时又是不和谐的，需要读者自己来决定听从谁的意见。我们没有试图抹平这种不和谐的声音，因为它们事实上说明了你在学术界的发展过程中必然经历的意见分歧。向更多的人寻求建议总是没错的，在这本书里，总是会有三种意见随时供你选择。我们希望你倾听我们三个人的声音，考虑我们三个人的建议，从而能够让你在错综复杂而又回报丰富的学术界选择好自己的路。

　　约翰·戈德史密斯：我们还邀请了几位具有特殊背景和经历的同事，给我们提供了一些可能对读者有帮助的简短意见。我们在"业内声音"中收录了这些内容。

第一部分

成为学者

第一章

关于学术生涯的抉择

要不要从事学术研究，我该如何决定？

约翰·戈德史密斯： 学术界有很多怪现象，其中有一点就是，很多人并没有经过深思熟虑和慎重选择就进入了学术界。现如今，只要一个大学生在本科阶段表现不错，通常都会得到来自各方的鼓励，建议他将来进行研究生阶段的学习。是啊，何乐而不为呢？毕竟那些有能力给这些年轻学生提供建议的人通常是教授，自己读过研究生，并且很多人是本科毕业后直接攻读的研究生。如果没有经济上的压力，比如需要赡养父母、养家糊口这些经济因素的干扰，继续攻读研究生看上去是一条阻力最小的道路。甚至你还可以认为这是一种逃避现实的方式，避免了找工作的麻烦，兴许还能成就一番事业。这是何其讽刺啊！害怕做出选择的这些人一旦决定攻读研究生，其实就等于已经选定了一条特定的职业道路。我们会发现，事情的发展并非如人们所希望的那样。从事学术研究其实是一种非常明确的职业选择，有盛有衰，有好有坏，有阳光坦途，也有崎岖坎坷。或许有人会认为，既然成功开展学术事业并保持好的状态如此困难，那些在企业里表现出色的人一定是反复权衡后才选择了其他的职业。我个人认为事实绝非如此。

约翰·科姆洛斯：我们的建议是在走上学术道路之前，务必认真考虑这是否真的是一条适合你的道路。贸然进入这一领域并不是件好事，尽管事实上许多人确实没有经过深思熟虑。除非你喜欢我们将要描述的那种生活，否则追求学术生涯对个人来说没有多大意义。你愿意承担风险吗？[1] 如果在研究生院苦读了 6 年后，你发现自己对论文选题失去了兴趣，没有能力也不愿意继续完成论文，该怎么办？你会觉得无论如何都值得一试，还是心生怨愤、悔不当初？你有没有其他的备选方案？你能不能找到自救的办法？你能做到心无旁骛地完成论文，还是会扛不住朋友看电影的召唤而轻易分心？获得了博士学位后，你是否能承受获得终身教职之前若干年打零工的讲师身份（见附录三表 1），或者最终撑不下去而选择另一份职业？而这时你可能已经到了老大不小的年纪，很难再起炉灶、从头再来——尤其是你可能还需要通过再学习才能转行。

上述情况只是帮助你在进入这一行业之前做出明智选择的部分原因。花点时间收集一些基础信息是必不可少的，比如了解你所考虑的这个学科今后 5 年的发展前景。[2] 当然，大众对很多热门专业可能很了解。不过，也许鲜为人知的是，在 1993 年，药剂学专业本科毕业生比化学专业本科毕业生的平均收入要高出1/3（4.9万美元比3.54万美元）；英语专业毕业生的收入（年收入约2.85万美元）比药剂学专业毕业生少了近2万美元。[3]同样鲜为人知的是，去年有7%的政治学博士毕业生没有找到工作。这些信息对你决定是否从事某个具体的学科可能会有所帮助。

　　每个人在学术生涯中的遭遇各有不同，尤其是在开始阶段，很难预见日后的个人际遇。让我们看看一位没有获得终身教授的全职教师保罗·托恩（Paul Ton）的故事，他在有大约1.8万名学生的丹佛大都会州立学院（Metropolitan State College of Denver）任教。在写给《视角》（Perspectives）杂志编辑的信里，保罗说，自己教三个班，在每个班可获得1800美元的收入。他向编辑坦言，过去十年自己的税前年收入平均为8000美元。"既然如此，我为什么要教书呢？"他问自己，"因为我喜欢教书，而且系里的同事中有我最好的朋友。"[4]在同一期杂志上，还刊登着普林斯顿大学（Princeton University）的罗伯特·达恩顿（Robert Darnton）为劳伦斯·斯通（Lawrence Stone）写的悼词，两相比较，我们会发现二者截然不同的学术人生际遇："自第二次世界大战结束以来，除了弗尔南德·布罗代尔（Fernand Braudel），没有任何一位历史学家能够在权威性上和他并驾齐驱，并且他的研究范围是如此广博浩瀚。劳伦斯的大胆创见激励了我们所有人。参加他主持的研讨会、读完他的论文，或者仅仅只是和他一起参加系里的例会，所有人都会受到强烈的感染，感慨劳伦斯对问题的阐述真是振聋发聩。"[5]所以，学术人生存在着无限可能。

　　你还需要注意的是，总体来说，经济回报并不能完全决定一个人是否要踏上学术道路。做一份其他类型的全职工作完全可以过上安稳舒适的中产阶级生活，但很可能会埋没你的学识和智慧。收入称得上丰厚的教授寥寥无几（见附录三表2），而从事商业领域的职业则收入更高（见附录三表3）。一名数学专业的硕士毕业生如果从私营企业起步，预期的收入将是他在大学工作的同学的两倍以上。从商相比读博而言，人们倾向于选择前者，更何况个人的收入并不会因为拥有博士学位而明显增长。拥有社会科学硕士学位、40多岁的教授的年收入预计为4万美元；如果他获得了博士学位，其年收入只增加1万美元。[6] 显然，一位硕士毕业生必须把所有增加的薪资积攒很长一段时间，才能填补读博所花费的10多万美元。此外，在商业界拥有硕士学位者要比在学界工作的拥有博士学位者的收入高出很多：以数学专业为例，刚开始工作时，两者的收入差距是1万美元，随后会增加到1.5万至1.6万美元。[7] 如此一来，决定是否读博并走上学术道路，更多的是一种对生活方式的选择，一种对你想要实现什么样的生活质量的选择。考虑到个人在精力和金钱方面的支出，加上所需承担的风险（比如，一个人在完成硕士学业后如果继续读博，需要再投入四五年）[8]，若仅仅从金钱上考量，很难证明这样的选择是否正确。总体而言，如果你对物质生活享受更感兴趣，那么以你的个人天赋和资历而言，最好在获得高等学位之后去职业学校或私营的经济行业工作。

　　更重要的是，在过去的1/4个世纪中，大学教师的薪酬基本上没有发生太大的变化（见附录三表4），基本与整体的经济发展趋势保持一致。与此同时，在那些创造财富的行业里，人们的收入却直线上升。例如，1994年的个人纳税申报表显示，有110万人的税前收入等于或高于20万美元。若以不变美元价值来衡量，如今税前收入等于或高于20万美元的人数是1977年的3.6倍，这还仅仅是其中一个指标。这说明美国学术界人士的收入没有赶上美国社会其他高端人士的步伐。[9]

此外，工资的购买力在你的一生中也不会有大幅增加。学术界人士每年的收入有适度的增长，即所谓的绩优加薪，但其实只是杯水车薪，赶不上通货膨胀的速度。也许有两次较大幅度的加薪（获得终身教职和晋升为正教授时）还算值得期待，但即使把二者加在一起，你整个职业生涯的加薪幅度也不会超过50%（见附录三表4）。所以，除非获得其他大学的聘用邀请，否则你在学术界的生活是无法达到十分富裕的水准的。[10]学术界也没有股份分红的机会，即使是最成功的学者，如保罗·萨缪尔森（Paul Samuelson）（几十年来，其编著的经济学教科书年销量在30万到40万册之间），与比尔·盖茨（Bill Gates）的收入相比也是天差地别。萨缪尔森确实获得了诺贝尔奖，但许多大公司首席执行官的年收入是这笔奖金的好几倍。

大学里的教职也不可能快速增长。教授职位数量的增长十分缓慢（每年不到2%）——因此，每年毕业的博士生数量是过剩的。虽然博士生在毕业后肯定能找到一份工作，但未必是在大学里，也不一定是在其所学的专业领域。我留意到，在1996年到

1997 年间，文理科博士毕业生的未就业率是 2.5% 左右（1997 年秋统计），其中心理学博士毕业生的未就业率仅为 0.7%，但政治学博士毕业生的未就业率却高达 7%。[11] 此外，兼职教师职位数量的大幅增长也令人感到不安。以历史系为例，1996 年到 1998 年间，兼职教师的人数增加了 5%，占教师总人数的 12%；与此同时，全职教授的人数却下降了 7%。[12] 这些数据都是大学各系部自己提供的，而调查显示，这些数据有偏低之嫌："62% 的兼职教师没有被列入教师名单。"[13] 据此，美国劳工统计局（Bureau of Labor Statistics）预测，高校教师的就业市场将继续保持紧张的状态："申请全职教职的求职者面临激烈的竞争，为了削减成本，许多高校将聘请更多的兼职教师。""激烈"这个词还有些轻描淡写；事实上，某些情况下，"激烈"意味着几百人在竞聘同一个初级教职。劳工统计局的报告还指出："某些领域（如计算机科学、工程和商业）的就业前景将继续向好，在这些领域里，大学外工作机会的吸引力远远高于教师职位。"[14]

可以肯定的是，大学教师们一开始就清楚，自己一辈子能得到的金钱回报将远远配不上自身的价值，但当真正面对这样的情形时，他们也许还是会产生失落感。这种感觉通常发生在事业小有成就的时候，这种失落感被称为"职业倦怠"——我们不会深入讨论这一话题，因为获得终身教职之后的问题不在本书讨论范围之内。不过我们还是会猜想：因收入问题而带来的沮丧情绪（尤其是在一个消费主义盛行的时代）会使学者们更加关注自己在学术界的声望所能带来的具有象征意义的回报——其结果就是，人们对这种象征意义所带来的回报趋之若鹜，而且其意义也被夸大了。

你会推荐大学教师为职业选择吗？

约翰·科姆洛斯： 也许我们已经成功说服了你放弃学术生涯，如果是这样，你也不必往下读了，祝你好运。很高兴我们为你提供了一些有用的信息，以免你在未来面对更多的恐慌。这样看来，这本书还值得一买，因为你可以尽早发现投身学术界并不是你正确的职业选择。

约翰·戈德史密斯： 说真的，和其他职业轨迹一样，你必须让自己和工作相契合，否则必然会产生麻烦和摩擦。但如果两者契合，大学教师其实是个极好的选择。有哪些好处呢？第一个好处是，在时间安排方面有很大的灵活性——对于大多数教授来说，不存在我们熟知的所谓朝九晚五的生活。[15]对大学教师来说，除了上课、留几个小时在办公室约见学生和开会以外，剩下的时间可以由自己安排。不过，不要以为当教授和当牧师一样，每周只在星期天早上工作一个小时而已，情况并非如此。我刚才没提到教授花在工作上的总时间——事实上，教授的工作时间会很长，只不过在何时何地使用这些时间方面有着很大的灵活性。[16]

成为大学教师的第二个好处大约出现在工作 7 年后，这是对那些有幸获得终身教职的人来说的。终身教职是能一辈子旱涝保收的工作，但不能有德行不端或其他类似的问题。曾经发生过终身教授被开除的情况，但这种事极其罕见。实际上，终身教授只要愿意，想做多久都可以。简而言之，这份工作就是终身制。第三个好处是有暑假。[17] 请注意，大多数教授都会利用这段时间来工作，并在必要时将其中大部分时间用于自己的研究。我们很多人享受这种可以在自己喜欢的时间和地点工作的自由。总的来说，教师在夏天大约有 3 个月时间不用承担具体的教学任务，这段时间可不算短。最后一个好处是，如果这份工作真正适合他们，那么大学教师就有机会做他们真正喜欢的事情：在自己所热爱的学科做研究，并将自己的收获传授给那些真正感兴趣的人。

彭妮·戈尔德：我同意工作时间灵活是大学教师所获得的最大好处。暑假确实是个特殊的"额外福利"，大家可以在这个时段得到长时间的休息，不必承受教学任务的压力，也不用开会以及处理大部分行政管理工作（例如系部主任的工作）。然而，必须要承认的一点是，即便在这几个月，我也很少实实在在地休过超过两周的假期，因为我只有在这个时段才能专注于个人的研究，或者为新学年可能要开设的新课做准备。此外，我还要阅读大量的期刊并整理资料。一般情况下，我会尽量在学期期间做好自己的研究工作，但在一所以教学为主的学院中做到这一点其实很难，正是因为这个原因，暑假的时间尤其珍贵。

约翰·科姆洛斯：当上大学教师的另一个好处是，期末考试结束后，我们就可以简单地收拾一下行李，换个地方继续工作（即使我们不会将其称之为"度假"）。这些地方往往非常有趣，甚至让人精神振奋，生活节奏的变化会让人兴奋。这时，你才可以真正在一个具有异域风情的地方参加学术会议，做一些调研、档案整理等学术活动，顺带观光旅游一番，而且不会心怀愧疚。成为大学老师，无疑会让你看到更广阔的天地。

彭妮·戈尔德：学术工作既灵活又费时。你可以随时随地读书或读期刊，因此要小心一些，不要让工作侵占你的每一寸可用空间，这是每个学术人士都要面临的挑战。有时我也会想，干脆去做一份朝九晚五的工作，回家就意味着一天的工作结束。那么，为什么还要走学术之路呢？就我本人而言，这是因为自己能够获得一种满足感，以及可以获得对他人生活做出贡献的感觉。从个人角度来看，边工作边学习会让人产生一种优越感。我喜欢阅读、观察和解决问题，日常生活中的大部分时间都在做这些事情。在学术生涯中期，我的研究领域从中世纪欧洲史转向现代犹太史，需要在工作中研究全新的历史材料，还要学习一门新语言。我通常会在自己想扩展和深化的知识领域开一些新课——这就是教学相长的体现。所以，持续的学习其实也是我工作的一部分，而且我个人非常喜欢这种状态。我在一个规模不大的教学型学院工作，我能够（有时也不得不）在教学中扩大自己学习的范围。例如，我刚从研究生院毕业的时候，学习领域仅限于中世纪欧洲史，但工作后则需要教授古现代西方文明史。这个挑战让人望而生畏，我觉得自己才疏学浅，但也学到了很多。我可以以更犀利的视角去了解中世纪，这也为后来我转入现代犹太史的研究领域打下了广博而有益的基础。我可以主动去教很多和我的专业相去甚远的课程（当然也得到了学校允许），比如"女性作品中的女性主题""同性恋的身份问题"等，而这样的机会只可能发生在诸多课程都缺乏专业教师的小型学院中。对我来说，从写作和研究成果出版中得到的满足感主要来自能够将自己所学的知识传播给众人，这是一种巨大的成就感，说明我对某件事有足够的理解，而且这种理解甚至到了足以和学术界同人们分享的程度。如果别人能从我写的东西中有所收获，那就更好了。

正是通过教学——我职业生活的中心，我才能直接感受到自己为他人的学习和成长做出的贡献。在十几岁的时候，我在夏天教孩子们游泳，帮助孩子们摆脱对水的恐惧感，直至教他们学会，这令我非常欣慰。当我教授历史分析法时，虽然学生具体取得的进展不能像孩子们学习游泳那样一目了然，但我所得到的回报是一样的，我正在帮助人们获得有助于使他们在生活中"立足"的技能：帮助他们更好地理解周围世界的复杂性，看到语言和其他表面现象之下所隐藏的动机及其产生的过程。我希望自己所获得的更加深入的理解能够有助于重塑和修复这个世界。这项工作的报酬是相当不错的（与中学教师或社会工作者相比，这些本来是我的其他工作选择），这也是学术工作的另一个好处。

约翰·科姆洛斯：换句话说，学术研究有可能让你获得很多工作上的满足感，使人的生活变得有意义。在我看来，学术生活对那些把它看作是天职而不仅仅是一种职业的人来说最有价值。进入了学术界，就意味着对几代人所积累的知识财富负有责任。通过教学和研究，你也获得了参与创造这些知识财富的机会，同时可以将其传播给后人。在一个物欲横流的时代，教学可以说是一种神圣的工作，而且这种工作意义深远，你会看到学生从你的课程和教导中受益，并且创造知识的过程本身就是令人兴奋的体验。学术工作的最大好处是它能产生无与伦比的满足感，每一天都和前一天不一样。它既有挑战也有回报，你将获得大量的机会去往世界各地进行国际交流，在令人感到奇妙的地方接触不一样的人或事。无论如何，这都不是一个单调、乏味且无趣的工作。[18]

当然，有许多人进入学术界的目的非常实际：通过攻读研究生来获得教师资格，以便在学术界过上顺心的日子。我不知道有多少这样的人，但我倾向于认为这样的人只是少数。即使对于那些没有将学术生涯当作使命召唤的人来说，获得知识所付出的努力、为前人未解决的问题寻找答案，以及因自己的学识而得到他人的尊重，这一切依然令人感到满足和兴奋。不过，并不是只有在学术界才能过有思考的生活。例如，你可以攻读医学学位，在医学伦理方面有所建树，法律也是依据理论来进行实践的行业。无论做什么职业，你都可以加入文学俱乐部，或者在家进行广泛阅读。只要你愿意，在生活中不间断地进行思考这一点不会受到任何限制。

另外，不要忘记一点：人们很可能会将进入研究生院作为职业选择，但不会承诺永久待在学术界。也许有些人获得了化学博士学位，然后在制药公司的研发部门工作。当然他们也有可能是在还未明确哪种职业更适合自己之前，先到这个领域尝试一下。

除了经济原因之外，为什么说学术工作并不是完美的职业选择？

约翰·戈德史密斯：问得好！事实上，选择学术界还有许多其他不利的因素。首先，正如约翰·科姆洛斯提到的，许多专业没有太多的工作岗位。你选择的领域可能有一份工作，但这份工作也许恰好不在你理想的工作地点。可能你是已婚人士，而你的配偶又不想离开现在的工作地点。于是你需要在通勤距离内找到一份像样的工作，而这似乎是不太可能完成的任务——这样一来，你就可能面临长途跋涉上下班的状况（某些情况下，两地相距也许远达 3000 英里，更不用说跨洲跨洋婚姻所涉及的距离了）。[19] 我对这一点了解得比较多，适当的时候可能会再多讲一点。

此外，终身教职聘用制是一把双刃剑，许多人最终并不能获得终身教职。设想一下，你投资 5 年或更长时间读了研究生，再在大学教书 6 年，突然发现自己置身于一个求职者远远多于工作机会的环境中，而自己却失业了。诚然，在商界工作的人也可能会失去工作机会，但在学术界有一点更糟糕——失业不是因为工作表现差，而是因为表现得不够出色。的确，一个人可以选择进入或脱离学术界，就算得不到终身教职，生活也要继续，但无法获得终身教职确实是个沉重的打击。

稍后我们将详细讨论这一点。在这里我要说明的是，学术界最突出的特点之一就是终身教职体制。按照该体制，助理教授会在任职的第六年接受评估。每所大学有各自的标准，不过几乎所有的标准都包括对教师的科研、教学和行政工作方面的综合考评。许多大学认为研究工作才是真正重要的，教学和行政工作酌情考虑就可以了。在有些大学的标准中，教学和行政工作的优秀表现很可能足以弥补研究方面的平庸。尽管各大学的终身教职标准存在差异，但无论如何，获得终身教职的教授都得到了一份极其有价值的回报：一份可以终身依靠的工作，就算不是终身拥有，至少可以保证干到退休（尽管没有强制性的退休年龄规定）。获得终身教职的教授可以选择跳槽，如果另外一所大学给他提供了一份工作，毫无疑问也会是永久性的职位，即使新的大学的标准明显高于之前他所就职的那所大学。已经拥有终身教职的教授是不会接受没有终身教职的学校的聘用的。总而言之，终身教职在学界的影响力是不言而喻的。[20]

做学术还需要强大的自我驱动力。换句话说，对于有抱负的学者来说，能得到的外界支持少之又少。研究生同学之间或许还可以团结一致、互相支持，但以我的经验来看，青年学者面临着同样沉重的挑战和负担，基本上只能靠自己，几乎得不到同事的支持和反馈——不管大家是年岁相当，还是有人资历更加丰富。无论是身处学界的最高端，还是在金字塔的最底层，都要甘于寂寞。

约翰·科姆洛斯：有些人加入学术界是为了改变世界，然而他们会发现，自己甚至无法做出一些最微小的改变，面对的阻碍太多会让人变得失望起来。当然，你可以做出一些贡献，但身处官方管理体制中，就算有些改变，也会是缓慢和偶尔的，所以一定得有耐心。

学术界也是个大型企业，不幸的是，这样的状况近年来变得越来越严重。[21] 这就意味着，即使对于非营利机构，学术自由也会受到经济等实际因素的制约，教授们也得遵守官方管理体制的基本习惯。打个比方，你不能在不考虑选课人数是否足够的情况下就去开设你喜欢的课程。不管怎样，补助金在学术活动中起着重要的作用，但如果校方希望你能够申请到大量的联邦科研资金（特别是在自然科学领域），你的职业生涯和私人生活将会增添更多的限制和压力。

个人的科研活动必须符合大学的要求。来自同行的压力比你想象的要大，逼着你跟随当前流行的学术范式，虽然你本人未必愿意如此。当然，思想自由仍然只是最高理想，学者们在实践中会不断调整——我的意思是，学者们会甘愿遵从既定的规范，尤其是学术期刊编辑和基金资助机构对尝试新的研究计划都非常谨慎的话。[22] 所以，学术界必然存在一定程度的因循守旧。

总之，不同于外界对学术界已有的刻板印象，在学术界中行走的并非是特立独行、活在象牙塔中的学者，尽管大家向往着这样的生活。我们追求自由，但实际上却陷入了一个多彩而复杂的社会、机构和文化网络，这样的网络将它的要求加在我们身上，保持预算平衡只是其中一个让人觉得过于拜金的例子。事实上，高等学府必须面对和私营企业类似的挑战：吸引和服务于特定的客户；与政治团体相比，高等院校要开拓更加宽广的资金筹集渠道；与竞争对手争夺优秀的生源；游说立法委员以寻求支持；设法削减成本；争取达到联邦标准；等等。尽管如此，相比生意场上的人，我们确实享有更多的自主权和思想上的自由，对自己的生活也有更多的掌控。但就算没有明确界定，这些自由也是有限制的。

彭妮·戈尔德： 我想谈谈"改变世界"的问题，因为我现在就在认真工作，努力为改变世界做出贡献，我们可以在若干领域内促进变革。第一个变革领域是课堂。要改变世界，你必须了解其运行过程：人们如何思考？人们的行为方式是怎样的？生活中的某一方面是如何与其他方面彼此联系、相互影响的？在课堂上，我教给学生进行这种分析的技能。我们曾在课堂上分析了12世纪的修道院捐赠章程，发现中世纪社会运行的技巧也可以用来解读当代社会的要素。时不时地，我们会发现这样的机会越来越多。我们可以在课堂上谈论类似的例子，挖掘其对当今社会与行为的借鉴意义。[23]

第二个变革领域是课外。尽管教师可能并不常意识到，课堂其实只是学生生活中的一小部分。多年来，我一直担任两类学生团体（女权主义社团和犹太社团）的指导教师，这也是促进社会变革的另一种方式。

第三个变革领域是大学本身。当然，即使是改变像我工作的大学那么小的一个机构都不容易，但要让其发生一些改变也不是不可能。我在诺克斯学院工作期间，目睹也曾参与了其中一些改变，包括制定生育假期政策、联合聘用其他大学的终身教授或聘用兼职教师的政策、聘用大量的少数族裔教师以及将保险和其他福利扩大到伴侣身上等。我们的工作还覆盖了诺克斯学院以外的地方——包括当地社区和周边地区。我的一些同事利用自己的专业知识和学者声望参与到各种社会和政治活动中，学院鼓励甚至会奖励人们参与这些项目。

约翰·科姆洛斯： 人人都可以参与体制改革，我同意这一点，尤其是如果大家已经达成了相当的共识、认为改革非常必要，或者学校管理层也觉得这样的变革可取时。因此，个人是可以做出贡献的。但如果问我自己一个问题：要是我不参与，某些委员会的投票结果会不会有很大的变化？我能给出的答案就是，我对体制改革的影响微不足道。改变根深蒂固的制度和习俗，个人的影响力究竟能有多大？对此我持非常谨慎的态度。我认为，如果个人进入学术界的主要动机是去改变世界，那你可就错了。一旦个人开始去挑战已经达成共识的学术领域的某个视角，你会发现有些观念是牢不可破的。抱着改变世界的想法并非不可行，但一定不像人们想象的那么容易。

彭妮·戈尔德： 作为一名大学教师可以拥有学术自由，我对此心怀感激。这并非意味着我可以毫无顾忌，公开地表达自己对问题的看法——但这种克制来自对自己的看法是否能做到言之有理、言之有效，而不是因为我害怕自己因口无遮拦而失去工作。我曾经见过一位大学的领导（一位正直的先生）在某件事情上维护了学校的立场，但在私下里和他聊天时，我了解到他个人对此是持反对意见的。管理者必须是"团队"的一员，他们对某件事的不同意见通常只能在私底下和成员之间交换，而不是在公开场合表达，而教师们则没有这样的约束。独立思考是一种珍贵的品质，不用将其隐藏。[24]

约翰·戈德史密斯：关于学者的生活方式，还有一点必须提及。因为工作和爱好经常混在一起，学者们往往让工作占据了大部分的私人生活空间，周末和晚上往往被工作所占据——阅读期刊、书籍和学生论文，参加学术会议，撰写论文，校对修改，等等。这究竟是好是坏，取决于你自己、你的朋友及家人对生活的态度。

彭妮·戈尔德：这种让工作吞噬每一秒清醒时间的趋势是学术生活的真正危险之一。在刚开始工作的时候，我就是这样生活的。我在完成博士论文和第一本书的同时，还要努力备好每一堂课。在教书的第二年，我参加了一个木工班，这样每周至少有一次机会可以花几个小时做与工作无关的事情。但我几乎所有其他清醒的时间都花在了工作上。我丈夫也在大学工作，所以我们即使在休息时间也经常谈论工作。后来发生了两件改变了我们生活的事。其中一件是我们领养了一个孩子。我的生活中突然多出了许多耗时却又非常令人开心的事情，这些事情与工作完全无关。那些年，与其说觉得工作和养育孩子之间存在冲突，不如说因为有这样一个美妙的理由而心怀感激，因为不用每时每刻都工作。另一件事是，我读了亚伯拉罕·乔舒亚·赫舍尔（Abraham Joshua Heschel）的《安息日》（*The Sabbath*）一书，发现他关于每周留出一个"时间圣殿"（palace of time）的观点非常有道理。我也开始以轻松的方式度过安息日，允许自己在周五晚上和周六全天都不工作。起初，这看上去似乎很疯狂，怎么可能在周六不工作的情况下完成必须要做的事情呢？但事实上，我完成得更多，因为在一周的剩余时间里，我脑子里一直在想着自己周末可以轻松休息了。这种感觉的确很轻松！

对于上一辈人来说，我们的工作压力是一样的，但至少在家务方面，有人轻松一点是可能的——如果你是男性。大多数教授都是男性（如果是女性，通常单身或没有孩子），他们大多数都已婚，通常妻子在孩子年幼时不外出工作。她们包揽了所有的家务，包括购物、做饭、照顾孩子、带孩子看病以及招待丈夫的同事和学生，因而丈夫能够全身心地投入工作。我知道如今肯定有些个案中的角色发生了转变，丈夫成了奶爸，但这样的例子少之又少。即使在家务活对半分的家庭中（就像我家和我认识的某些家庭），女方在某种程度上总会多承担一些额外的责任。她似乎要负责保持整个家庭系统的顺利运行，知道什么时候要做哪些非日常安排的事情，主动和丈夫讨论如何安排家务，还要提前知道哪些日程需要调整。当有人生病、出差或因其他意外情况而陷入困境时，她要负责找到备选解决方案。当我不得不出差几天的时候，我会给丈夫留一份清单，列出给孩子预约的问诊时间、乐队排练安排等。如果恰好妻子从事更自由的学术工作，而丈夫是朝九晚五的上班族，这种情况可能会更严重。我丈夫偶尔还会憧憬着我去完成所有这些家务的生活，就像他在成长中所看到的那些家庭一样。好在现在我们可以对此一笑置之了。

约翰·戈德史密斯：我的家庭也有这样的问题。曾经有很长一段时间，我不得不像一个单身爸爸那样做家务，因此我觉得自己有能力为家庭承担更多的责任——但在更多的时候，家务对我而言仍然是一场持续的斗争（我经常打败仗），我必须要跟自己较劲才能投入其中。

约翰·科姆洛斯：事实依然是，在权衡了所有的好处和坏处之后，获得更高的学位对相当一部分大学毕业生来说似乎仍然是极具吸引力的选择。在 1992 年至 1993 年间的约 110 万名本科毕业生中，30% 的人在毕业后 4 年内申请攻读硕士学位，[25] 这一数字令人惊叹。在 1997 年这项调查结束时，约有 1/3 的学生没有获得学位，中途退了学；1/3 完成了学业；还有 1/3 的学生仍在求学，大部分正在攻读硕士学位（见附录三表 5）。毫无疑问的是，教育和商业专业是最受欢迎的。根据这些数据，我认为研究生院对众多学生来说还是相当具有吸引力的。[26]

成功完成研究生学业必须具备哪些个人特质？

约翰·科姆洛斯：学术活动是否成功取决于你最后取得的结果。你会发现，就算博士论文完成了95%，或者某篇学术文章差一点就要发表，还是终身教职只差一票就可以通过，这些都没有多大的意义。学术研究和突破往往是差之毫厘，失之千里。这就意味着毅力——坚持不懈地努力追求目标——对获得成功极为重要。能否完成博士论文显然是衡量一个人是否具有这种理想特质的重要标志。

此外，研究生还必须怀有能对社会的学术生活发展做出贡献的强烈愿望。他们应具有如下特征：才智远远高于普通人；本科阶段成绩优异；善于思辨；自律，擅长自我激励和管理时间；既能享受自己期望的自由和学术生活的自主性，又能在千头万绪中抽丝剥茧、游刃有余；不惧困难；不计金钱上的回报。耐心和创造力也是研究生需要具备的重要品质，还要愿意为了未来不确定的回报而在孤独中坚持下去。如果你有其中的大部分品质，那么请继续读下去。如果你随时需要大量的赞美与鼓励、取得成就时希望即时获得奖励，或者很容易被逆境所吓倒、轻言放弃，学术生涯则不是你的正确选择。如果你还有兴趣，请接着往下读。

第二章

进入研究生院

研究生院到底是做什么的？

约翰·戈德史密斯： 我们必须明白的一个最重要的事实是，总的来说，研究生和本科生的学习目的截然不同。至少在美国，大学本科教育的目的是提供通识教育和通才教育。只不过因为专业区分，本科教育确实存在某种程度的专业化特征。相比之下，研究生教育的目的是培养专业人士。当然，我这里所说的"专业人士"并非常见的用于指代法律、医学和商业领域人士的称呼。开设这些学科的学校通常会按照其明确的路线培养专业化的学生，使学生在大多数情况下可以通过医生资格或律师资格等标准化考试，从而走上从业之路。这类专业类学校不要求学生写论文或做研究，而这些恰恰是研究型大学里研究生教育的核心内容。

然而，研究生教育的目的仍然是培养一种特殊类型的专业人才，即专业研究人员。关于这一点，有些重要的事情需要说明。最重要的一点就是，这种专业知识的形成与传递并不是指具体知识的传播。事实上，所有的教育者都提出了类似的主张：他们并不是教具体的知识，而是在教如何去学习知识。不过，比起其他地方，这一点在研究生院里体现得最明显。可是，就算研究生院的环境也未必是最杰出人才的训练场。我们所讨论的研究生院确实多如牛毛，但能够担当起训练最杰出人才（或者能够激发出其天赋）的却屈指可数。研究生教育是为了传承具体的学术传统，将研究生培养成研究人员（某种程度上也是大学教师）——心理学家培养出一代新的心理学家，语言学家培养出一代新的语言学家，音乐家培养出一代新的音乐家。

彭妮·戈尔德：我要举个例子来说明"专业训练"的含义。在我读研究生的第一个学期，我选了一门叫作"中世纪传记"的课程，期待着去了解中世纪的各种类型的人物，包括他们的生平与思想。然而，这门课程却要求每个学生选择一位中世纪的作者，查阅该作者的所有现存手稿以及已经发表的作品。我选择了 9 世纪欧洲法兰克王国加洛林王朝国王查理曼（Charlemagne）的传记作者艾因哈德（Einhard），为此在斯坦福和伯克利的图书馆书架前花费了无数个小时，从布满灰尘的书籍中找到关于欧洲手稿的编目部分，并运用不同的编目索引找到艾因哈德著作的所有现存版本（有了计算机以后，这些工作可能变得更容易一些）。这个过程非常乏味，整个学期我都在抱怨，我想了解的是艾因哈德和查理曼大帝，而不是他的手稿啊。几年后，当我开始做自己的博士论文研究时，才终于体会到自己在学习这门课程中培养出来的技能的作用。另一个例子是在关于"文艺复兴和宗教改革史"的研究生研讨会上，整个阅读清单都是最近的学术成果，没有一篇来自所研讨的那个时期的原始资料文本。

这就涉及研究生院教什么的问题。没错，研究生阶段的学术训练是对分析方法的训练，涵盖历史、语言、经济和其他领域。然而，研究生还有大量专门的知识必须学习，因为他们必须能够迅速了解"该领域的研究现状"。因此，许多研究生课程都注重阅读他人的学术成果。这些内容被用作口头测试材料，或是筛选博士研究生的重要依据。事实上，研究生毕业后面临的生活挑战之一是，当自己不能像在研究生院里那样有集中的时间做一件事时，能否保持对该领域内不断发展的学术研究成果的关注。

约翰·科姆洛斯：本科教育主要是涉猎不同学科的知识体系，而研究生教育基本上是在探索某个学科未开发的领域。[1]因此，虽然研究生教育是本科教育的延伸，但与本科教育有着很大的不同。[2]在未知的学术领域探索（就像美国历史上的早期拓荒者一样）并不是轻松的体验，因为没有任何路标告诉你应该走哪条路。

对那些认真考虑读研究生院的人，你有什么建议吗？

约翰·科姆洛斯：当然有。有一条很好的原则：你必须对自己选择的领域充满期待。这是最重要的！你真的想了解经济体制或社会制度如何运行吗？你真的对石器时代的文化感到好奇吗？你真的对经济学家、社会学家或人类学家提出的问题以及他们所得出的答案感兴趣吗？如果不是，你必须认真考虑这是否是适合你的职业道路。[3] 在进入研究生院前，你应该已经确定了目标。美国的本科教育允许甚至鼓励通过试验和犯错来进行尝试性的探索，其优势在于具有灵活性，但与此同时，学生也担负起了大量的责任，要靠自己形成一个符合自身智力发展状况的长远规划。在本科教育结束时，学生应该想清楚希望从生活中得到什么。学术界对你有吸引力吗？如果你仍然不确定，就必须讨教于你尊重的人——你相信他们的判断力，甚至可能觉得他们的判断力比你更强。

要知道，真挚而深刻的自我反省十分重要。若你还不能确定自己的目标，就应该推迟做出决定的时间。过早做出决定往往意味着要承担过度的风险，而且你很可能没有最大程度地利用自己的时间和才能。关键在于，如果你对某个学科的兴趣不是很大，那么入读研究生院对你来说将极具挑战性。三心二意是不会有好结果的，你必须找到自己感兴趣的领域，才能在这个过程中不惧困难、勇往直前。否则，等待你的将会是沮丧和失望。

如果你在本科阶段的学业表现不理想，考虑继续攻读研究生未免有些莽撞。如果你准备攻读研究生，请提前准备好所选专业所需的基本前提条件。例如，如果你想成为一名经济学家，一定要有必要的数学学科背景。显然，越早选定方向，你就能越早开始研修对你来说很重要的、与研究生专业密切相关的基础课程。

如果能做你想从事的研究方向的某位教授的助理，将对你大有裨益。作为助教，你可以从内部视角去审视将要进入的领域。

约翰·戈德史密斯：对此我表示认同。奇怪的是，正在考虑进入某个学术领域的学生往往对该领域知之甚少。大多数情况下，他们刚刚大学毕业，在大学上过某些专业课程，并读了一些其他专业的书。他们很可能从没有真正地接触过研究人员，所上的也不是研究型大学。在少数情况下，有些学生可能只读了一些专业书籍，在从来没有上过一门相关专业课程的情况下就选定了专业方向。以我所从事的语言学研究为例，学生往往是学习语言学出身的或拥有心理学专业背景。

然而，正如约翰·科姆洛斯所说，要想顺利完成研究生学业，一个最重要的前提条件是学生必须热爱自己所学的专业。怎么知道你是否热爱这个专业呢？很难有完全可靠的判断标准，但你可以看看你对该学科、该专业及其相关文献是否有持久的兴趣和好奇心。令人惊讶的是，这种条件常常无法满足：学生们可能（权且这样说）不经意间就进入研究生院学习某个专业，花了一两年（或更多）的时间，却完全不确定自己的选择是否正确。然而，既然已经投入了时间和金钱，加上惯性以及对丢脸的恐惧感，学生便硬着头皮继续前进，一直走到写论文的阶段甚至更远。

然而，学生往前走得越远，会发现自己得到的支持越来越少，碰到的障碍越来越多，得到回报和放松的时刻也越来越遥不可及。成为大学教师后，这种状态还会继续下去。如果对自己的专业没有强烈的情感诉求（简单来说就是对自己正在做的事情并不迷恋），那么艰难的学术之路就会成为长期的自虐。反之，如果热爱这个专业，则意味着努力工作本身就是一种回报。

约翰·科姆洛斯：此外，我建议学生们在做出决定前要多多征求建议。

彭妮·戈尔德：关于征求建议，我也有话要说——向谁征求建议？征求什么样的建议？

- 向那些熟悉你的教授征求建议：以我的水平和才能，您认为我学习这个专业会是一个不错的选择吗？您认为我是否会有所建树？

- 向同一领域在过去五年内完成了研究生学业的教授们征求建议：该领域目前的研究热点是什么？您认为本领域的发展方向是什么？现在的研究生院有什么特点？

- 向你景仰的或视为榜样的教授征求建议：教授是您自己乐意从事的职业吗？学术生涯中最美好的事情是什么？最困难或麻烦的事情是什么？

- 向你所在大学中正在相关专业读研或者刚找到工作的毕业生征求建议（你本科阶段的老师、就业指导中心或校友办公室应该能给你提供姓名和地址）：你如何评价研究生阶段的经历？你是否为读研做了充分的准备？在读研之前，你希望自己能得到什么样的建议（而实际上并未得到）？

约翰·科姆洛斯： 像做其他任何重要的决定一样，对于读研，你也应该不断反思并反复斟酌，毕竟它将对你以后的人生产生巨大的（且通常是不可逆转的）影响。做出这个决定，意味着未来生活的很多方面已成定局。如果要读研究生，就要投入数年的努力，其中也包括承担相当大的经济负担。因此，你在做出决定之前必须万分谨慎。可能会有新的信息成为你做出决定的依据。你的选择究竟是否正确？你为攻读研究生所做的准备是否如你所以为的那样充分？你觉得这个领域还像以前一样具有吸引力吗？你是否真的具备必要的技能、才华和天赋？如果你发现自己有明显的不足之处，需要多长时间来克服这些不足？比方说，你需要多长时间才能学会一门新语言？你的写作水平如何？也许就你目前所接受的教育程度来看，即使使用母语进行书面交流，你的能力仍然不够完美。当然，你可以通过自学来加以改进，但最好是在读研究生之前提高你的水准。显然，这些问题越早得到解决越好。

此外，你还需要考虑自己读研究生的动机是否合情合理。你将要从事的领域会给你带来什么回报？你所期待的物质回报和非物质回报的比例是多少？这个比例对你来说是否合适？你需要尽量避免设定一些可能相互冲突的目标，比如从事人文学科教学的同时想要获得最高的薪酬。原创性研究需要强大的独立性、坚韧不拔的精神、智慧以及创造力。你还需要具备自律能力以完成单调乏味的工作——即使是最激动人心的研究项目，也不可避免地伴随着枯燥与无趣。只有你满足了其中绝大多数要求，才有可能顺利完成学业。

当然，自我怀疑是你必须要培养的一种重要品质，但它确实需要经过练习才能发挥作用，不可能一蹴而就。你真的了解自己吗？是否在自我欺骗而不自知？你是否能够对自己进行公正的判断而不寻找任何借口？你是否为自己的错误寻找理由而无法从错误中吸取教训？你应该有意识地定期更新个人所掌握的信息来更准确地定位自己。你曾经犯了什么样的错误？你能从这些错误中认识自己的真实能力和对自我的期望吗？以过去的表现来看，你为自己设定的目标是否合理？你是否具备制定方案、合理解决问题的能力？

如果你做事容易有始无终，那么承认这一点要比找借口、把责任往外推要好得多。忽视自己身上的这一点是大忌，甚至可能让你在以后付出惨痛的代价。如何利用这一点来预测你是否有完成博士学业的能力呢？首先，你要直面这些问题，然后通过寻找答案来提高自己的预测能力，比如为什么你的行为会落入一个特定的不良模式，以及如何改正这些错误。究竟是什么原因让你难以完成自己的计划？如果你在有些时候能提前完成某项工作，就可以更加确定自己有能力在规定时间内完成设定的目标。换句话说，你在评估自己时不应该对自己的能力或表现犯下系统性的错误。[4]如果你的判断在本质和方向上有误，那么很有可能是因为自己忽视了所掌握的一些重要信息。

我换个角度来说明这一点，因为我认为这对学业能否成功至关重要。总的来说，我认为犯错没什么大不了。错误是无法避免的，如果没有犯足够多的错误，可能意味着你没有充分挑战自己的极限。如果你不能从已经犯下的错误中吸取教训，这才是真正的问题。发生这种情况有很多原因。你可能习惯于把责任推给别人，或者已经习惯于犯这类错误，而没有看到自己行为模式中的问题。错误也可能是一种自我暗示，也许这一切的背后是因为你确实想实现为自己设定的目标。也许你假手他人为你设定目标，又或许你只是单纯地害怕成功。尽管原因各不相同、错综复杂，但结果很简单：如果你一如既往地行事，那么离你想要到达的地方越来越远也就完全合理了。所以，要勇于承认自己的错误并试着正视它们，探索其背后的系统性原因，包括你自己的思维方式和你不假思考就条件反射性地做出的假设，并有意识地努力避免将来出现同样的错误。我知道说易行难，但是你会发现练习确实有所帮助。

还有一点：不要忘记，你的个人生活应该与你当前学业上的追求保持一致。如果你结婚了，你的配偶必须全力支持你攻读研究生。否则，除了日常工作中遇到的磨难之外，还有太多的摩擦要处理。个人的职业选择也会对配偶提出要求，因为义务与责任会减少甚至限制你的社交生活，与亲戚、俱乐部、社团或朋友也无法保持以往那般密切的联系。你得为生活中的这些变化做好准备。

　　此外，除非你有独立的经济能力或你的配偶有固定收入，否则你可能会在一定程度上产生经济上的不安全感。因为经济拮据会影响个人的心态，从而影响在学校的表现，所以我建议研究生们在暑假赚些钱来缓解经济压力。对于某些专业（比如法律专业），不用发愁找不到暑期工作，因为实习生很普遍；但在其他专业，要做到这一点就不那么容易了。我特别建议大家另辟蹊径，创造一些工作机会：比如，如果你有这方面的能力，可以开一家帮客户处理返税事宜的小公司，或者投资一套旧房子进行翻新、另作他用。如果你在某方面比其他人聪明，应该可以利用自己的这些才能赚点钱。如果你能做到这一点，就不会完全受学术就业市场的摆布了。[5]

　　约翰·戈德史密斯：我认为人们的社会经验可能差别很大。当然，学术界的人和其他行业的人一样应该善于社交、热情待人。学术界里总会产生鼓励从事语言学研究的人与其他语言学家结识的推动力量。我认为，出于某种原因，这种推动力在一个人职业生涯发展的初期要比在职业发展的稍后时期强大得多。

应该如何选择研究生院？

　　约翰·科姆洛斯：大多数人都会同时申请几所大学，这样做当然非常重要，有助于你全面了解情况。你可能对自身的资质有一定的概念，但这些资质在申请材料上看起来如何？与其他人相比是否有优势？别人会如何评价你的这些条件？仅仅因为你在某一领域没有优异的成绩就认为你不会被该专业录取是没有道理的，或许你有其他的表现可以弥补成绩绩点的不足：例如，优异的 GRE 成绩绝对有所帮助。不同的院系会以不同的方式衡量你的这些条件。此外，各院系的录取标准也各不相同。有些院系的录取标准很严格，他们认为录取一个学生就意味着对学生做出了隐晦的承诺，即学生有能力顺利完成学业。一些学院在招录学生时可能持更宽松的态度，认为学生对个人能力有自己的判断，应该给他们机会证明自己，即使之前的学业成绩并非无可挑剔。他们相信，如果学生真的能力不足，自然会在适当的时候被院系制定的各种筛选机制淘汰掉。这些标准执行起来十分灵活，而且不会以白纸黑字的形式出现在招生手册中。所以你在申请时应该广撒网，除了一些可能性极大的目标外，还应该尝试一些表面看起来不太可能的机会，选择尽可能多多益善。好消息是，几乎所有申请攻读高级学位的人（准确地说，是 87% 的申请人）都至少能收到一份录取通知，这意味着如果你想读研究生，应该就能读上，[6] 只需要找到和自己的能力相匹配的专业。

约翰·戈德史密斯：通常情况下，在规模较小的院系里，几乎所有老师都要参与审核申请材料，而且会看得非常仔细。一份优秀的个人陈述能够展现出自己对该专业领域的认真思考和浓厚的个人兴趣，我个人会很买账。但每年的申请材料中，写得不错的个人陈述凤毛麟角。我怀疑申请人以为自己提交的材料是招生办公室的工作人员在阅读，但事实并非如此，决定是否录取你的是你未来的老师。我再次强调：个人陈述可以看到真正的智慧，而且比你的成绩和考试分数更重要。

彭妮·戈尔德：个人陈述也是申请国家奖学金，如安德鲁·W.梅隆奖学金（Andrew W. Mellon Fellowship）、国家科学奖学金（National Science Foundation）、雅各布·K.贾维茨研究生奖学金（Jacob K. Javits Graduate Fellowship）等奖学金的重要依据。如果你在本科阶段已经写出了荣誉论文或研究论文，或者已经做了一些其他实质性的研究工作，那么在写个人陈述时就会更有优势——这些工作无疑有利于形成你自己对研究生阶段工作的看法，即你想从事哪类课题、预计会提出哪些问题。个人陈述可以展示你的思维和表达能力，并成为衡量你的学术兴趣、对所申请专业的理解程度以及你的写作能力的实例。你的个人陈述应该几易其稿，并且要确保获得了在研究生招生方面有经验的教授的意见。

约翰·科姆洛斯：个人陈述还让你有机会展示在申请材料中可能看不出来的一些重要特质，或者借此解释一下那些与申请的专业无关却十分明显的不足。当然，你一定要实话实说。

在你确定专业之前，一定要去校园实地考察一番。比起信件往来，当面了解情况也许会帮助你掌握有关你所申请院系的真实氛围的更多信息。一定要和新入学的研究生聊聊，问问他们系里的教师对该专业学生的关注程度，以及专业的管理和组织情况。你也要找研究生导师了解一下入学人数和毕业人数的比例。[7] 请注意，即使在全美国最好的历史系，也只有大约一半的人最终能获得博士学位，而全国平均每 4 名研究生中，大约只有 1 名能获得博士学位。[8] 这些比例因专业和时间的不同而有所变化。如果某个专业的比例远高于或远低于该领域的平均水平，你完全可以将其视为判断读研风险的可靠信息。另外还需要考虑的因素是，当获得博士学位后，在这一领域获得就业机会的成功率有多大。这些信息在你需要做决定时都非常有用。如果找不到此类信息，请向系里的研究生秘书咨询。在任何情况下，你都不应该盲目地做决定。[9]

确定申请的院系是否在本领域的各个研究方向都有成就也非常有用。例如，如果你计划研究第三世界经济学，则需要确保该系在这一研究方向上已经取得了一定的深度。本系的教授在该领域是否知名？学术研究是否活跃？通过检索你可能感兴趣的领域的教授发表的学术成果，应该能够帮助你形成初步的观点。如果检索到了教授最近发表的论文或著作，你就可以推断出这位教授在积极从事研究，始终紧跟该领域的最新发展趋势，而不是吃老本。另一个关键的考虑因素是看教授指导研究生的情况。如果教授长期不在国内，那就意味着其很难指导研究生的学习。另外，教授是否快退休？是的话，可能你论文才写到一半就陷入了无人指导的窘境。教授最近有研究生毕业吗？如果没有，这表明该教授可能确实没有带研究生的想法，或者本人很难相处，或者教授对学生的期望值太高，或者没有吸引年轻人进入自己学术领域的想法。不管出于什么原因，你都应该认真分析这些信息。顺便说一下，不要以为每一位教授都愿意带研究生，那些没有意愿的教授通常不会直言相告，但他们会释放要你敬而远之的信号。你可以通过与系里的高年级研究生请教，来明确这些信号的含义。

无论如何，找到符合你的学术理想的专业都非常重要，因为这一决定将对你的职业生涯产生重大影响，包括你是否能顺利就业。你得意识到，无论是在学术界还是在任何其他行业，单靠个人能力未必能够获得成功。这一点我们稍后再谈，但现在我要说明的是，美国学术界的氛围受制于其庞大的规模。在这样一个巨大的圈子中，获取和处理内部信息的成本比在小圈子中（例如比利时学术界）要高，因为小圈子的学者群体联系相对紧密。在超大的圈子中，人们可能会使用符号、形象或经验来替代真实信息，以形成决策。因此，一个院系的声誉很重要。若能被顶级院系所录取，肯定会给你带来很多的好处。不过，你需要清楚一点：即使是最好的院系也不会涵盖某一领域的所有方面，无法让自己涵盖的领域都能均衡发展。在做出决定之前，你需要牢记这些细节。

你认为互联网在这个过程中发挥了什么样的作用？

约翰·戈德史密斯：万维网，这一全球互联网中用超文本标记语言所构建的部分，在过去几年里颠覆了我们的生活。信息唾

手可得，而在不久前这还让人无法想象。所有大学和院系都会在
自己的主页上发布海量信息，包括申请流程。以你正在考虑的大
学名称作为搜索关键词，任何搜索引擎都可以很容易地帮助你找
到信息。大学院系可以为申请人提供大量客观严肃的专业信息，
也会提供更亲切、更具个性化的信息。许多（或者大多数）活跃
的教师正在更新着自己的个人网页，网页上也许会提供其最近发
表的成果、所从事的研究项目，还经常包括一些最新的课程大纲
甚至是课件等实用信息。花几个小时上网研究一下某个系或者某
个学科，是申请者能做的最有价值的事情。

在选择院系专业时，是否需要认真考虑经济因素？

约翰·科姆洛斯：并不需要。总的来说，人生中可能只有这
一次几乎无须考虑金钱（这里指的是负债程度）的时候。在今后
的人生中，工作能给你带来多少满足感？在选择专业时，尽管个
人抱负和天赋在一定程度上决定了经济因素在专业选择过程中起
多大作用，但金钱的重要性应远次于我们之前提到的其他因素。
然而，要清楚的一点是，从长远来看，如果你的就业机会（也就
是你的终生收入）会因为你毕业于中等或中等偏下的学校而受到
影响，那么这所学校提供的奖学金对你不会有很大帮助。在其他
条件相当的情况下，经济因素也不值得重点考虑。不要忘了，攻
读研究生期间所产生的大部分损失都是因为你长期没有工作。除
了没有实际的收入，你还缺少工作经历。如果你中途放弃学业，

这会使你更难重返工作岗位，因为半途而废将损失相当大的人力和物力。所以，你在开始读研之前必须将前景考虑清楚，这一点十分重要。

约翰·戈德史密斯：我不完全认同。我认为，对于研究生来说，负债过重是非常不明智的，比如因连续支付几年巨额学费而形成了高额负债。如今私立大学的全额学费超过 2 万美元，借钱付几年的学费将导致学生债台高筑，全部还清不知道要耗费多少年。我建议学生最多借 2 万美元的学费，生活费的贷款也差不多这个数额，二者相加的总借款差不多 4 万美元——按照现在的标准，大约是购置 1.5 辆汽车的费用。这是我个人的观点。

彭妮·戈尔德：另一个需要了解的是奖学金和助理职位资助的比例，而且要弄清其在第一学年之后是否会发生变化。该院系是否在第一年录取了很多学生，但只资助其中的少数，并且再根据学生第一年的表现来决定今后几年是否提供资助？这种制度有望让学生在未来获得一些资助，但也可能造成同学之间的竞争。如果所有学生都能得到类似的资助，学习环境将更加和谐融洽。如果系里只资助一部分学生，而你不在其中，这就意味着你必须想办法证明自己。不管怎么说，这会在已经存在的困难之外增加更多压力。

约翰·科姆洛斯：通常情况下，助教职位代表了经济援助。

这实际上并不是那么有利可图的选择，因为这份责任给已经很繁忙的日程带来了更多负担。事实上，在很多学院中，助教的负担非常重，他们几乎没有多余的时间来完成学业——许多人在大学待了四年，离开时却没有拿到学位。这样的经济援助几乎等同于陷阱，因为某些院系利用了廉价劳动力，而未来的研究生还不够精明，不足以看清以研究生学位做诱饵的意图。如果院系允许你在暑假期间教书则另当别论，因为暑假的负担较少，而教学可能是一种颇受欢迎的从学习和研究中解脱出来的消遣方式。不管怎样，好的专业会限制担任助教的研究生的数量，因为他们通常还达不到提供令人满意的教学质量的程度。然而，当你开始寻求第一份工作时，在三年级或四年级从事教学活动的经验将成为重要的财富，虽然教学经验在教学型大学里可能比在研究型大学里更重要。因此，如果你正在做选择，是选择排名靠前但学费昂贵、奖学金微薄的专业，还是名不见经传但学费便宜、设有助教岗位的专业？多花点钱或许是值得的。可以肯定的是，你需要权衡自己的能力、志向和经济状况后再做出决定。

业内声音

·

研究生教育资助

汤姆·蒂雷尔（Tom Thuerer）
芝加哥大学人文科学系学生处主任

以我的经验来看，很多本科生申请研究生院，是因为聆听过一些优秀教授的教诲，感受到了这些教授的风采并深受感染，因而决定要追随他们的脚步。这些学生看到了学术生涯的回报——学习自己所热爱的专业并与他人分享知识。然而，他们往往没有意识到，教授是漫长竞争的赢家，在这个过程中，许多人被无情地淘汰。在为考虑读研的学生提供建议时，我总是提醒他们，在接受录取通知书之前，尤其是为了攻读学位而申请高额贷款前，必须通盘考虑读研的前景——不能只看到回报，也要看到其中的艰辛与风险。我相信，只有这样，这些学生才能做出理性的判断，决定是否要读研究生；如果他们决定读研，又该如何解决资金问题。

攻读博士研究生有可能会让你在教学和学术研究方面都获得很好的职业前景，但其过程是漫长而颇具风险的，并且十分昂贵。平均来看，人文社会学科的博士研究生需要 6 年到 10 年的时间才能获得学位，而且淘汰率

高达 50%。此外，很多人文社会学科的毕业生就业前景
惨淡，竞争非常激烈。即使是那些有幸找到全职教职的
幸运儿，也未必一定能获得终身教职。研究生教育还很
昂贵。在第一年，就读公立大学的美国籍研究生的学费
和生活费合计约为 1.8 万美元，就读私立大学的学生的费
用则高达 4 万美元。为了确保能够负担得起研究生院的各
种费用——比如住宿费、用餐费、书本费和学费，以及
保证正常学习所需的时间，考虑读研的学生应该全面了
解各种形式的研究生资助方式和具体内容。

研究生资助主要有三个来源：奖学金（如优秀生奖
学金，包括内外两种来源：本校研究生院、私人或联邦
机构）；助教或助理研究基金；贷款。

在以上几种资助方式中，奖学金最具含金量，因为
获得奖学金的学生既不需要提供服务作为回报，也不需
要在毕业后偿还。到目前为止，对于社会科学和人文科
学的研究生来说，最大的单笔资助就是研究生院提供的
奖学金。与基于需求而发放的本科生奖学金不同，研究
生奖学金的发放对象是优秀的学生，通过评估学生的学
业表现来发放。研究生院提供奖学金是为了吸引那些他
们认为最有前途的学生。这类奖学金通常发放几年，可
能包括 3 年到 5 年的全额学费，某些情况下还包括足以支
付学生全部生活费用的丰厚津贴。不同专业以许多不同
的组合方式发放奖学金，有兴趣读研的学生应该详细咨

询自己感兴趣的专业，了解有关奖学金管理和发放方式的具体内容。

有些私人和联邦机构向社会科学和人文学科专业的研究生提供奖学金——例如，安德鲁·W.梅隆奖学金、雅各布·K.贾维茨研究生奖学金等，但是这类奖学金颁发对象数量很少，因此竞争激烈。此外，有些奖学金专门为特定的学生群体而设。例如，福特基金会奖学金仅提供给少数族裔申请人，以提高在读博士研究生中的少数族裔学生比例。国家科学奖学金不仅面向数学和科学专业，同时还面向社会科学、语言学、科学哲学等领域。本科成绩优秀的学生可以咨询所在大学的奖学金咨询顾问，以确认自己是否有资格申请以上几类或其他类奖学金。

另一种资助来源是承担教学和研究助理工作。申请人在接受教学或研究助理职位之前，首先应明确担任助教的目的是帮助自己在获得学位方面取得进展。有些大学会将大学和教师的利益凌驾于学生的利益之上，贬低了这些助教职位的价值。若研究生在没有经过充分培训时就被安排到课堂上，或者长时间承担一些对学业没有促进作用的教学工作，这样的安排肯定是弊大于利。助教的工作量应该合理，报酬必须公正，对助理的培训（比如工作坊和教学培训研讨会）应该安排得当、循序渐进。如果这一切都设计合理、管理得当，助教工作不仅可以为研究生提供经济上的支持，还可以为他们提供宝贵的机会，让他们在教授的密切指导下，一步一步地进行越来越高级的教学和研究活动。

虽然奖学金和担任助教是最常见的获得经济资助的方式，但大多数研究生发现，他们必须在某个阶段申请贷款。不过在申请贷款之前，必须对自己学习的整体年限进行规划，牢记将要申请的贷款是为了让自己完成一个很可能至少需要5年时间才能完成的任务。心急的学生往往只考虑眼前的需求，头几年贷款太多，后几年就只能听天由命了。这类学生如果最终完成了学业，最后会发现自己为了这个学位欠下了6万到9万美元，这对即将毕业的法律或医学专业的学生来说尚可接受，但对一个文学或哲学专业的毕业生来说确实有点欠缺考虑。什么时候开始贷款、贷多少款，都取决于个人对发展前景的判断，以及对自己的还贷能力的谨慎判断，这样才不至于让自己在未来许多年的经济状况困顿不堪。

当刚开始为学生提供关于申请研究生和奖学金的咨询时，我所做的仅仅是介绍各种奖学金的内容，并提供一些关于如何申请的建议。然而几年下来，我逐渐意识到，相当一部分学生（即便不是大多数）严重低估了攻读研究生所需要的巨大的时间和金钱投入，而且他们也经常错误地估计了获得学位过程中可能遇到的风险。时至今日，我仍然会给学生们介绍不同类型的奖学金，但

我也会问这些学生是否愿意在本科阶段产生的贷款之外
再贷款几万美元，并花上 6 年或更长时间去攻读博士学
位，还要冒着未必能拿到博士学位而且毕业了也未必能
找到工作的风险。我还向他们指出，大学教师工作的收
入往往低于其他行业，因此若毕业后在大学工作，不可
避免地需要花费更长的时间、做出更多的牺牲才能还清
贷款。当然，这并不是说本科生应该放弃学术人生的梦
想，也不是说社会科学和人文科学领域的博士毕业生前
途不够光明。很少有职业能像从事教学和研究那样有成
就感，但是那些在漫长而艰辛的博士之路中脱颖而出的
佼佼者有这样的共同点：他们深知攻读博士研究生的风
险和代价，并在此基础上做出了自己的人生规划。

彭妮·戈尔德：当你毕业后，即使没有在学术界找到对口的
工作，也有可能获得薪酬水平较高的职位。经济学、计算机科学
的毕业生相比历史学、英语专业的毕业生，更容易在本专业领域
找到一份薪酬较高的工作。

约翰·戈德史密斯：拥有教学经验（如通过助教职位所获得
的经验）的重要性也可能因专业不同而有所不同。在人文学科
中，缺乏教学经验会成为求职者的严重缺陷。

约翰·科姆洛斯： 在这方面还有另一个忠告，对于勾画你的个人职业远景可能比较重要。如果你想去一所地方性的（而非全国知名的）、规模不大的文科大学任教，你有可能会发现，这类学校可能不大愿意招聘全国知名大学的毕业生。他们可能会认为，如果你花费重金从哥伦比亚大学（Columbia University）毕业，你可能不会安心到蒙大拿州（Montana）西南部的一所规模较小的学校工作。因此，名牌大学的学位会为你打开一扇门，但你可能同时会惊讶地发现，事实上它会关闭好几扇窗。因此，如果你渴望在学术界获得中等水平的成就，就没必要去读一个昂贵的学位。

约翰·戈德史密斯： 另一方面，有许多规模较小的学校期望教师能从事真正的研究并发表成果——只是在发表数量上的要求低一些。

彭妮·戈尔德： 作为一所规模较小的学校中的一员，我想说几点。当你申请以教学为主的大学的职位时，如果资质相同，有教学经验的候选人肯定比没有教学经验的候选人有优势。但并不是所有的助教职位都能带来真正有价值的教学经验。在某教授的班级里担任助教是有益的经历，但更管用的是自己制定教学大纲并负责一两门课程。如果你所在的学校没有这种机会，有时可以通过寻求邻近学校的兼职来获得这种机会。"真正的"教学经验的重要性也解释了为什么在其他学校有一年兼职经验的人有时会在求职时更受青睐。

其次，某些专业的教师职位非常紧张，以至于许多教学型大学（无论是文科学院还是以教学为主的大学）都有来自名牌研究型大学的求职者。的确，有些规模较小的学校不会考虑这样的求职者，担心庙小容不下大菩萨，但也有些学校渴望提升其教师队伍的整体形象，会乐于接受这样的求职者。此外，正如约翰·戈德史密斯所提到的，许多教学型大学仍然希望教师能够从事研究，因此也会寻找有相关专业背景和潜力的申请人。

如何选择合适的学校？

约翰·科姆洛斯：一旦你决定从事某种需要研究生学历的职业，下一步就是要找到适合自己的研究生院。美国的教育体系层次分明，拥有几十所世界一流的大学；也正是因为这种层次差异，使得大学之间的质量差别非常大。你要知道一点，那就是选择院系和专业的重要性等同于（甚至大于）选择学校的重要性。即使是那些总体上不是特别有名的学校，也可能在某些专业领域享有盛名。例如，匹兹堡大学（University of Pittsburgh）拥有全国最好的哲学系——这是哲学家们公认的。匹兹堡大学的学费比那些名校要低，如果你在这里学习哲学就很划算。因此，收集这样的信息还是十分必要的。记住，在什么样的系读书也体现了你的能力高低。如果你不是优等生，但你很努力，申请一所一流大学可以为你加分。

　　别忘了，对于负责评估你能力的专业人士来说，判断你是否有潜力成为一位老师或者研究员并不是短时间内能完成的事情。这种评价往往不全面，结果也有不确定性。因此，你申请的学校把你从哪所学校毕业纳入衡量标准确实有一定的道理。从哪所学校毕业既表明了你的志向和竞争意愿，也向外界传达出了你对自己的定位。如果你申请了耶鲁大学（Yale University），一定是认为自己的才智一流，可以和最厉害的人打交道。这些都是学术背景所揭示的信息。若你可以顺利完成学业，说明你在评估自己的能力时能够做到实事求是。此外，你在大学阶段不仅可以获得知识，还可以形成自己的关系网，他们很可能会是终身给你支持的朋友。因此，建议你去读一所师资享誉全国的学校，毕竟有名望的人所写的推荐信认可度更高。你可能会认为，很多事情都取决于毕业院系的声誉而不完全是你的个人才能很不公平；但仔细想想，你身上很多可以展现未来能力的品质是隐性的，而在与你会面的这一小段时间里，面试专家不可能那么轻易地准确判断出你是否具有某种品质，这就是为什么他们几乎不可避免地会使用外部信息来评估申请人的内在潜力。

　　仅仅选择一个好的专业还不够；除此之外，你与该专业的匹配度也非常重要。毕竟，如果后来你发现这个专业并不适合你而转读另一个专业，不但费时，还可能会让人产生误解，除非你有现成的理由，比如"我当初是要跟着某个教授的，不巧的是，她跳槽到私营企业去了"。

　　约翰·戈德史密斯：稍后我们将讨论导师和指导的问题，但我想先谈一谈自己在大学时得到的一些来自导师的建议。我的一位老师——当时是经济系的一位教授——在我读大四的时候要休假。他在离开之前（也就是我大三学年快结束的时候）找我谈话，问我大学毕业后打算做什么，我必须承认当时自己并没有什么想法。他给出了以下建议：如果你真的决定继续读研究生，应该非常认真地考虑你要跟随哪位导师学习。后来，我郑重接受了这个建议，并列出了一份名单，上面是我所知道的当时还活跃在学术界的学者，他们的学术研究对我影响颇深。我把这条建议奉为圭臬，所以后来只申请了一所研究生院，而且打算万一没有被录取就去找工作（可能是做计算机程序员）。幸运的是，我被录取了。

　　彭妮·戈尔德：我接受过也给出过这样的建议，尽管我只要想想有人只申请一所学校就会感到紧张。我自己并没有采纳这个建议，而是根据奖学金的丰厚程度、研究生院的规模（如果规模较小，就能相对保证教师对学生的关注度）以及优越的地理位置来选择学校的。这本是一场灾难，但幸运的是，在我进入研究生院的同时，一位新的教授加入了教师队伍——我在申请时根本不知道他是何方神圣——后来他成了我的完美导师。申请人可以事先了解所申请学校的教授的学术成果，甚至可以给自己想要跟随的教授写信。当你将要做出最终决定的时候，可以去校园实地考察一番，要特别重视约翰·科姆洛斯对那些有志读研的学生提出的问题：跟随某位教授读研觉得怎样？无论这位教授的学术成果多么炫丽夺目，如果其本人刻薄冷漠，最好还是找别人吧。

约翰·科姆洛斯：如果你发现一个系在人才培养和追求学术成就之间存在矛盾，不必感到惊讶。顶级的研究生院拥有很多在各自领域中水平一流的教授，他们一直浸淫在学术竞争的环境中，即便是无意的，也很容易让刚入门的学生感到自惭形秽。有名的教授们没有拿过教育学学位，而且许多人早已忘记了自己当年作为研究生时的情形。如果把他们对你的忽视理解为他们在暗示你不适合做学术，那就错了。我想强调的是，如果你需要来自教授的情感或精神支持，最好去一所小规模的研究生院，虽然没有名气加持，这也是你最好的选择。因为在一所庞大且冷漠的研究生院中，你可能会因不被重视而感到失落。

彭妮·戈尔德：我不认为这是一个非此即彼的问题，一些顶尖的学校也有规模相对较小的专业（当然也和专业本身有关）。即使处于同一个专业中，教授与教授之间在支持学生的意愿程度上也有很大差别。

约翰·戈德史密斯：这也可能取决于专业，因为在我所从事的领域（语言学领域）里，大多数院系十分重视教学和人才培养，在民族研究方面的实力也非常不俗。

约翰·科姆洛斯：你提到的专业排名问题十分及时，因为这对申请人来说是很重要的信息，而且获得这些信息的成本很低。大多数专业都有自己的排名系统，而经济学家们定期公布的新排名也是非常有用的信息。需要注意的是，据我所知，这类排名通常以研究水平或本专业在行业中的声望为标准，而不是依据教学成果或培养水平，且后面这类信息通常只能通过非正式的渠道获知。

同时，不要以为进入了一流的研究生院，你的职业生涯就有了保障。在某些专业，就业市场也无法满足某些顶尖院系毕业生的需求。拥有名校学历的效果并非立竿见影，但是从长远来看，如果你有足够的耐心去等待机会来临，名校学历确实能为你增值。

你可以先做一下市场调查。你感兴趣的专业目前在就业市场上情况如何？在过去的几年里有一些什么样的变化？你可以从行业内部通讯、《高等教育年鉴》和互联网上随时获得宝贵的信息。你所要做的就是全面收集该专业有关信息。你可以浏览互联网、咨询研究生秘书、阅读招生手册以及与研究生导师交流，直到获得可靠信息。对你来说还有一个重要的信息：在过去几年中，获得学位的学生人数占入学学生人数的比例以及他们的就业情况。这些信息可以帮助你对未来 5 年的前景做出明智的猜测。在对自己未来会如何发展没有信心的情况下，不能草率地做出决定。

除了专业水平，另一个需要考虑的重要因素是学术方向。任何学科都有不同的学术流派。以经济学为例，有的更关注理论问题，有的则更关注定量或机构经济学方向。有些人专注于凯恩斯主义经济学派（Keynesian economics），另一些人则对其不以为然。再比如，马萨诸塞大学阿默斯特分校（University of Massachusetts Amherst）的经济学系拥有全国最大的激进经济学家队伍。如果你喜欢更传统的分析路线，这所学校就不适合你。不同院系的政治和意识形态倾向也有明显的不同。因此，你需要预先做足功课，充分了解该学科的各种思潮与运动，然后才能做出适合你的选择。在这些准备工作上花些时间是非常值得的，因为如果你的世界观与该院系的世界观相吻合，就更有可能获得学业上的成功。不仅如此，你实际上是确定了自己属于哪种学术流派，这必定会影响你接下来的学术之路。它或多或少地决定了你的学术生涯的主要形态，之后想要改变方向是非常困难的。因此，你所做的选择将成为整个人生的分水岭，你必须慎之又慎。

在研究生阶段，学生应该达到什么样的专业化程度？

约翰·科姆洛斯：只要是有风险的事业，就应该分散投资，教育也不例外——不要把所有的鸡蛋放在一个篮子里。然而，要明确多样化到何种程度并非易事。因此，在条件允许的情况下，比较合理的做法就是在同一个领域里培养一种以上的学术兴趣，或者是一种以上的技能。假设你是研究劳动经济学的，也许你可以同时开展一些人口统计学研究，这样就有可能让自己很快从劳动经济学的研究者中脱颖而出，而且某些院系也许会觉得你更具吸引力，从而提高你获得奖学金和通过博士后项目申请的可能性。如果你没有同时做人口统计学研究，这一切可能就不会发生。正是这种对人口统计学的相关兴趣，为我在北卡罗来纳大学教堂山分校（University of North Carolina at Chapel Hill）赢得了一个为期两年的博士后研究项目，这真的给了我很大鼓舞。在没有教学和行政工作的情况下，我可以真正把精力集中在研究上，并在这短短两年内获批了很多项目，而且我在后面很多年都在研究博士后期间开始的项目。当然，研究课题的多样化不一定能带来回报，但有可能会帮助你在这个行业中找到一个理想的定位，起码对我来说确实如此。

约翰·戈德史密斯：我也认为学术兴趣多样化是必要的。我想补充的是，在研究生阶段，可能并没有人向学生明确强调过这一点。我可以举一些例子。在许多领域（包括语言学）中，计算机编程知识并不是必须掌握的，但却是非常值得了解的。总的来说，目前在大学承担教研任务的这一代人是在以前的年代接受教育的，他们可能——事实上，他们也**的确**——对这些新兴的潮流不太敏感，而且通常也不会鼓励学生去提升其在计算机领域的技能。同样的情况也会发生在其他领域，只不过相对应的可能就是学习一门新的语言、掌握统计学知识或者其他。

彭妮·戈尔德：如果你想求职于一所相对规模较小的学校，并且这所学校要求教师承担一些本专业之外的课程，那么额外修读一两个分支学科的课程就会特别有价值。当我申请诺克斯学院的这份工作时，招聘要求是能同时教授中世纪史、古代史和拉美史。我声明教不了拉美史，但因为修读过希腊和罗马史，所以我对这个职位还算颇具竞争力。诺克斯学院的历史系有 5 名全职教师，如果老师们都只能教授某一门课程，就无法实现多样化的课程设置。

攻读研究生期间，生活会呈现怎样的状态（或者说，大多数人认为的研究生生活是怎样的）？

约翰·科姆洛斯：我认为，即使一切都一帆风顺，研究生阶段通常也是人生中的一个考验期。在物质方面，研究生在经济上通常是没有保障的，而身边的亲戚朋友们往往已经有了"实实在在"的收入。此外，在这个阶段，研究生的社会地位处于不稳定的状态，未来有很多不确定性。大多数研究生远离家乡和家人；如果有人已经结婚，特别是有了孩子，由此产生的冲突和压力很容易成倍增加，生活会变得越加复杂。此外，从理论上来讲，这个时期在一个人的成长过程中也是非常不稳定的。对学术的追求和探索愈加强烈，而且有时确实令人振奋，充满了活力和乐趣，但同时也伴随着大量深刻的反省，对情感和心理也是严峻的考验。此外，你不再仅仅是学习知识，还将在未知的领域里展开探索和研究（即创造知识），而这个过程可能充满了失望和失败。因此，你在这几年不太可能心情舒畅、安宁祥和而又轻松自在。

为了毫发无损地度过这样一个紧张的时期，你得拥有一种内在的信念，即坚信自己做出了正确的选择，正在追求真正的使命。读研必须是你一生中唯一真正想做的事情，因为至少在一段时间内，它几乎就等同于生活的全部，它也将自然而然地增加你在人际关系上的压力，并影响你的学术表现。总而言之，要想获得成功，你需要做出许多牺牲。

如此说来，研究生生活确实令人生畏！

约翰·科姆洛斯：我是刻意强调这一点的。大多数研究生不可能轻轻松松就毕业，这就是为什么我认为做出决定前多花些时间来仔细考虑是绝对有必要的，这不是那种在周日下午的海滩上随随便便可以决定的事情。

约翰·戈德史密斯：我想插一句，读研生活也有另外的一面。我记得在我读研的那几年，生活的某些方面让人感觉十分奇妙。诚如约翰·科姆洛斯所言，真正热爱自己所从事的学科很重要。如果你真的热爱你的学科，在你的研究生生涯中会发生这么一件事——曾经遥远和神秘的东西变得触手可及，并且你会近距离地接触到那些为这个学科做出贡献的人。从获得知识的层面来说，这可能是一个人一生中最紧张、最有收获的时期。

20 世纪 70 年代初，我在马萨诸塞州剑桥市的麻省理工学院（Massachusetts Institute of Technology）攻读研究生。当时的学生很少单独居住，一般都是 3 个人住一套公寓，这既出于经济上的需要，也有利于社交生活——事实上，这对整个生活质量都有所助益。有的人与同学合住，有的则与社会上的年轻人合住，我自己在不同时期和这两类人都做过室友。我不了解现在剑桥市的情况如何，但在我的印象里，三四个人合住一套公寓的情况已经不常见了。

说到读研的经历，我在某些方面与约翰·科姆洛斯深有同感：新鲜有趣的经历，深刻的反思，以及常常出现的失衡感和挫折感。但对于做出牺牲这一点，我没有什么感受。现在想来，我在当时还没有成家，所以我的情况有很大不同。后面我们会再来讨论这个问题。

彭妮·戈尔德： 我在研究生时代的经历造就了今天的我，我在许多方面都有所成长——与其说是学术上的（因为本科教育阶段塑造了我，研究生阶段则是必要的强化和完善），不如说是情感、个人特质和政治立场上的。研究生时期就是我成长和成熟的时期。我没有住宿舍，而是与人合租，买了人生中第一辆车，第一次实现经济独立，并受到反战思潮和女权运动的洗礼和启发。我在那些年里结识了几个朋友，有学术界的也有非学术界的；在 30 年后的今天，他们仍然是我最亲密的朋友。

我想强调的是，要坚信自己做出了正确的选择。直到博士论文顺利完成，我才敢确认做老师或学者是最适合我的工作。我获得了奖学金，和很好的人一起生活，朋友们都很出色，我的老师欣赏我的学业，我也很享受生活——所以我没有理由在这条路上停下来。事实证明，尽管一开始并不清楚，但对我来说，这确实是正确的工作选择。

约翰·科姆洛斯：读一些你感兴趣的专业领域中的某些杰出人物的传记，应该对你做出何种决定有所帮助。[10] 在经济条件允许的情况下，我建议你用一年的时间出去旅行，或者找一份学术界之外的工作，看看情况会如何。这些经历会让你迅速成熟，做出更贴合实际的决定，而不是理想化地看待世界。你也可以把省下的钱存起来，做到未雨绸缪。你还年轻，为一个会影响你余生的决定多花点时间是值得的。与其现在承担太多风险，不如在一年后做更有把握的决定。换句话说，天下没有免费的午餐，你必须为之付出努力，认真调查，充分考虑各种可能性后再做出决定，才是最终会带来回报的策略。

归根结底，尽管挑战无处不在，但毫无疑问，人们的心智才华会在研究生阶段飞速发展。因此，你从选择专业开始就要牢记这一点。你要结交朋友、培养判断力、接受新思想、尝试新的方向、深入了解专业，最重要的是迎接并抓住可能到来的各种机遇。做到以上几点，你将受益匪浅。不要忘了，你们拥有先天的优势，能够进入世界上最好的教育体系。与最优秀的学者们交流会是一段振奋人心的经历。所以，好好利用这个机会吧！

我应该在什么时候问自己：这是正确的职业选择吗？怎样才能知道答案？如果不适合我，谁来告诉我这一点？

约翰·戈德史密斯：这确实是个非常棘手的问题，我很难给出简明的答案，在这里权且给个答案吧。很多研究生专业会在初期进行一场考核，通常是在第一年结束的时候——语言学专业也不例外，该考核通常称为硕士考试。具有代表性的情况是，通常七八个研究生中总有一个无法达到"高分通过"——这是继续攻读博士学位的要求。没有获得"高分通过"的学生可以申诉，而且大家几乎都会行使这个权利。每隔三四年，总有一个人的申诉理由会被认为是合理而可接受的，解释了为什么考试成绩不能准确反映学生的能力（比如考生在考试时发高烧了，家里孩子生病了），但在大多数情况下，考试确实能达到测试的目的。让我以不那么客观的方式说明一下这个问题：大多数时候，当我们在阅卷评分时，心里很清楚考核的目的，而且我们确实也在向学生传达这样的信息。在我看来，学生应该认真看待自己的考试成绩，因为平均分以下的成绩其实表明，从事语言学方面的研究很可能不是其明智的职业选择。一般来说，我认为，如果你告诉自己"明年我会更加努力学习，我只是在过去的一年里不够用功"，其实是在跟自己开玩笑。

如果你读的专业没有这样的考试，或者你还没有到这个阶段，无论你是本科生还是研究生，我都认为你可以合理地期望自己能够在所学专业的所有课程中获得 A（或 A-）。如果你在几乎所有课程中都没有得过 A，可能是因为你的表现尚未达到要求。

来看看另一类更优秀的学生。假设你的考试成绩足够好，已经进入了博士研究阶段。我的看法是，这个时候的问题不是你的聪明程度足以从事学术研究，而是要考虑自己的个性和学术研究之间是否契合。坦率地说，这就是我们写这本书的初衷——帮助你去了解学术生涯包括哪些内容，让你看清自己是否与之契合。如果你发现自己一想到阅读和撰写学术论文就兴奋不已，这应该就是个很好的契机。

也许需要更明确地指出一点：很多才华横溢的人并不能成为很好的学者。其中有些人从未进入学术界，还有一些人的学术生涯如蜻蜓点水，并不成功。另一方面，很多成功的学者其实并不那么聪明（这是事实吗？的确如此），但这些学者在教学、科研或教研方面都做得非常好。

彭妮·戈尔德：老师们了解如何对学生的功课提出批评性建议，其形式常常是评阅学生的论文，或者集体审议学生的论文初稿。但是，评阅某篇具体的论文绝对不能等同于全面评价一个人（如认为你尚不具备读研究生的条件或不适合继续读研）。鼓励那些极度缺乏自信的学生是很有意思的事情。我只教本科生，所以我要面对的是一些想读研究生的学生。如果我认为学生不适合读研，我会尽量坦诚相告，但做到这一点非常困难。我很想知道其他老师在这种情况下会如何处理。如果是因为专业成绩或语言不够好，这很容易说明。但如果只是因为我个人觉得学生才华不足呢？这一点我不会明说。但如果学生的成绩有太多的 B，我会表明这可不是个好现象。可能我会试探着建议学生申请读硕士而不是读博士。但如果他们仍然坚持，我会告诉他们，我的推荐信中会说明我很乐意推荐其攻读硕士学位，但对是否适合攻读博士学位不太确定。我也会尝试和学生谈谈职业选择，不过在大二或大三时谈的效果要比在大四上学期谈的效果更好——因为到那个时候，问题已经出现了。

第三章

导　师

导师在研究生院是个什么样的角色?

约翰·戈德史密斯：毫无疑问，研究生教育中最重要的一个方面就是与一位教授（即你的导师）合作。奇怪的是，"导师"这个称呼在学术界并没有得到正式认可。大多数情况下，导师是"研究顾问"或"学位论文研究委员会主席"。但更重要的是，导师是研究生的榜样——从深层意义上讲，研究生是按照导师的形象来塑造自己的。导师可能不是学位论文委员会的正式主席，但他们在自己所带的研究生面前通常扮演着这个角色。

我曾经说过，总的来说，本科教育重在学习知识，而研究生教育重在重塑自我、规划人生，这个过程只有依靠良师才能完成。你的脑海中可能会产生一些模糊的联想：在某些方面，这就像是父母对孩子的教导或者精神科医生治疗病人，甚至是大师对修行者的引导。我相信这并非偶然，也不仅仅只是美化——所有这些关系都是以触及人的灵魂的方式来进行的，也都需要认真学习和诚恳请教。成为一名研究生，意味着在成为某个导师的学生的同时，也成为学习某个专门学科的学习者。

更重要的是，读研意味着要顺从导师和专业的要求，并让这种顺从内化为自己的一部分。这听起来有点神乎其神，但在某种程度上确实如此。这一点值得一提，因为它是未来的研究生之路会碰到的最难征服的绊脚石之一，尽管大多数人在前进的道路上并没有停下来思考这个问题。进入研究生院的优秀学生不仅聪明，而且思想独立；长年以来，这种独立思考能力在课堂内外都受到了鼓励。这些学生中的佼佼者很可能已经对毕业后的发展道路做了规划。这些学生中的大多数可能认为自己比大学里的老师都要聪明（通常他们是对的），或者至少在反应方面要略胜一筹。

当他们不得不顺从某一学科的潮流或导师时，许多学生会感到自己无所适从。以前几乎没有人像我这样把这个问题拿到桌面上来说。其表现形式要么是学生表现出不满，要么是学生无法与系里的老师愉快相处。但从某种意义上来说，研究生教育一方面是寻求方向性的启蒙，另一方面，也是要求个人在特定的时期和情境中放下自我，服从导师的指导。这种师生关系是成为成功学者的基础（其重要性就好比在有好的家长的前提下，自己才能成为好的家长一样）。如果研究生发现自己无法和导师形成这种关系，就应该认真考虑另择良师了。

师生关系的核心是导师和学生一起进行研究。一般来说，导师的研究兴趣也就是学生的研究兴趣；极特别的情况下，学生也许会形成不一样的研究兴趣，教授也会参与其中——即便如此，随着研究的开展，导师的视角也会占据主导地位。学生会第一次体会到，知识是从困惑和茫然中产生的，以及这意味着什么。毕竟，这就是研究的意义——为实现从前不存在的理解而进行的耐心斗争。假设学生在此之前一直按照个人的方式学习：阅读别人写的书，通过文字试着理解别人的思想。导师则身体力行，向学生展示人类是如何超越已知的一切，提出新的想法、使之逐步成型并加以论证的。对心有抱负的研究生来说，当这个过程变得更加熟悉时，他们自己就有了独立工作的能力，4～5 年后就能以论文的形式呈现自己的研究成果。这一点听起来可能有点不可思议，但事实就是如此——生活中本来就有很多不可思议的事情，就像婴儿学说话那样平淡无奇。

约翰·科姆洛斯：提出新的想法的确有其神奇的一面，这是毋庸置疑的。认知科学家研究了创见是如何产生的，如果我没记错，他们提出了诸如"表征重述"这样的概念，以指称其可能产生的方式。提出新的想法确实是奇妙且具有挑战性的体验，而且没有好的方法能在教室里教会学生这一点。相反，和导师的师徒关系应该有助于实现这一点，诀窍就在于观察和实践。这就是为什么找到一位真心愿意帮助你的导师如此重要的原因。

彭妮·戈尔德：以我的个人经验来看，研究生与论文导师之间的关系是多种多样的。必须先说明一下，我自己没有做过论文导师，我的观点来源于自己的研究生经历，还有朋友和同事的经验。我想强调一下"论文导师"和"导师"两者之间的区别。所有的研究生都必须有论文导师，但不一定有"导师"。论文导师是必须履职的正式身份，其核心工作是指导论文。另一方面，"导师"可能与你的论文写作没有什么关系，但他是学术界的前辈，和你属于同一个专业（但未必同一个研究方向），你和他之间更可能是一种不太正式的私人关系。"导师"是你可以就学术人生中的各种问题（如学生和论文导师之间可能存在的问题，或者普通到面试着装这样的小问题）向其寻求建议的人。有时论文导师、其他教师（也许来自其他院系）或学长学姐也可能扮演导师的角色。你可能会有好几个这样的导师，但只会有一个论文导师（除非关系不融洽或导师离职，你才能另择导师）。所以，接下来我要谈的是论文导师，他可能是你的导师，也可能不是。

约翰·戈德史密斯用了"顺从"这个词，即便现实可能如此，但我个人不太认同。研究生和论文导师之间不可避免地存在着相互作用的力量。论文导师决定你的论文是否通过，以及在你求职时是否助你一臂之力，你的前途完全掌握在导师手中。事实上，这就是为什么除了你的论文导师之外，你最好能够向其他人倾诉或者请教的原因。有些导师会设身处地地为你着想，不会让你感到自己似乎任人宰割。最好的论文导师会把你视为年轻的同事——事实上，你正在成长为他的同事。我很幸运，自己得到了这样一位导师的庇佑（有意思的是，我们在这里都使用了"顺从""庇佑"这样的宗教语言），他在中世纪史方面给我的指导细致入微；同样难能可贵的是，他不摆架子，还对我寄予了厚望。

我还有一段与众不同的个人经历，我的论文研究与导师的研究方向相去甚远。在某些领域中，你必须研究与导师相同的选题，在理科领域尤其如此——在这些领域中，只有自己成了实验室的负责人，有了自己的学生，才能研究自己真正感兴趣的话题。但在某些其他学科中，师生研究方向的关联可能微乎其微，这与该专业领域的结构有关。比如，历史专业通常按地理方位和时间划分出许多学科分支，某个学科分支可能只有一两位教授在进行相关研究（如中国现代史、欧洲早期现代史）。因此，如果局限在少数几位教授的研究课题和方法上，视野将十分狭窄，发展空间也很小。有些教授只指导自己非常熟悉的主题，这可以为学生提供非常深入的学术训练，但学生可能很难找到自己真正喜欢的主题，[1]而且还有可能限制学生在新的方向上做出贡献。有些教授愿意指导非自己研究方向的学位论文，我很幸运地碰到了这样一位教授。他研究的是中世纪大学史，与我研究的 12 世纪法国女性的主题可谓风马牛不相及。尽管如此，他还是同意指导我的论文，带着我阅读了大量的材料，并带我认识了一些可以给我提供进一步指导的其他学者。如果你的研究方向和本学院所有老师的方向都不一样，可以考虑邀请其他学院的老师加入论文委员会。

我认为每一位老师和学生之间的关系都是独一无二的，因为每个导师和学生都各不相同。最关键的是要找到一个对你有所帮助、你能与其和谐相处的老师。

约翰·戈德史密斯："指导"这个词大多用来代指像兄长或姊妹一般的爱护，类似于在非正式的同行关系中所获得的更有经验的前辈的帮助。但我所理解的"指导"并非是这个层面的含义。

进入研究生院后，如何寻找合适的导师？

约翰·戈德史密斯：在我看来，找到一位合适的导师并跟随其进行研究是研究生的职责。你在刚入学时会修读不同教授的课程，到了研究生学习的第二年或第三年，就得选定一位导师了。你应该如何选择呢？在某些情况下，你可能就是因为想师从某位教授才到该系学习，而他是你所选择的特定领域的专家。如果没什么变化，那么选定导师就很容易。但你可能会改变主意，也许你会更愿意与其他教授合作。你必须全面衡量，不仅要考虑自己的研究风格和性格是否与即将成为你的导师的教授合拍，还要考虑到他是如何与其他研究生打交道的。最理想的情况下，他是否有能力在未来 2 ~ 4 年的共同研究期间给你足够的支持和严谨的指导？显然这是一个很难回答的问题——但它确实又是学生必须努力去解决的问题。

我曾经回答过一个力图回避的十分棘手的问题：学生是否应该刻意与有很高学术声望的教授合作？我避免正面回答这个问题的方法之一，就是指出挑选自己的导师有很多更好的方法。但假如必须回答这个问题，我的答案是肯定的——在所有其他条件相同的情况下，应当选择专业知名度最高的导师。这样一来，你至少能更清楚地看到导师在做什么，而且你自己的研究很可能也会更加广为人知。

彭妮·戈尔德：在求职的时候，导师的声誉可能会给你带来难以预测的影响。他的推荐信会是你的档案袋中最重要的文件，大多数导师的推荐信会充满了溢美之词，详细说明学生的学习和工作情况。但有些导师在学术界的地位名声赫赫，他也许会觉得自己的名字足够响亮，因而在推荐信上只写了寥寥几句，这很可能会不利于学生去竞争最热门的职位。另一方面，名气小一点的导师可能会根据聘任委员会的要求，写出能够据此评估你的学术潜能的详细的推荐信。如果可以，最好查一下每位导师以往推荐的学生获得聘用的情况。

除了出于义务和责任感，大多数老师会不遗余力地确保他们的学生得到好的安排还有另一个原因——看到自己的学生有所成就，老师们也会觉得十分欣慰。对于在学术界声望还不是那么明显的教授来说，个人的声誉也会因学生的声望提高而提高。因此，互惠互益的关系有助于缓解学生的前途完全掌握在导师手中的压力。

约翰·科姆洛斯：从你进入校园的那一刻起，就应该记住：你需要找到一位论文导师，并作为你追随的榜样。你必须弄清教授们在指导研究生方面口碑如何。你需要咨询所有人，包括助教、研究助理和学长学姐。你在教授的办公时间应尽可能多去交流，看看他们的想法和兴趣与你是否一致，观察教授是否会以肯定的方式回应你。如果他很难接近或难以交流、坐立不安、和你谈话时一直在看表、对你提出的话题似乎不感兴趣，或者并没有集中精力进行讨论，那么他很可能不是你要找的导师。但如果他对你的学术发展表现出兴趣，或者很好地帮助解决了你提出的一些问题，或者表现出与你合作的兴趣——换句话说，如果他看起来乐于育人——那么，你可能正好碰到了适合你的导师。毫无疑问的是，你必须对导师的研究方向感兴趣，并且他已经在该领域有所建树，还拥有着你所尊重的品行。当然，为了师生关系和谐融洽，承诺必须是相互的。毕竟，你肯定会需要导师的支持和指导，以应对研究生院之外的世界。

　　导师的意义因以下事实而更加突出。[2] 对于没有经验的新手来说，探索新领域是一项艰巨的任务，危险潜伏在意想不到的地方，只有导师方能如老马识途、心中有数。而且，新的知识领域往往模糊不清、混沌成片，从而难以进入，涉猎者少之又少。大量的最新研究成果还未公布，而且成果出现和成果发表之间的时间间隔很长。因此，除非有人能够并且愿意为你耐心细致地指出最近研究的方向和价值，否则很可能会导致你在完全错误的研究方向上白费力气。此外，不同的研究成果之间也存在着隐藏的联系，而这些联系可能尚未发布出来，但事实上已经为业内少数精英所了解。只有那些在该领域下了功夫去研究的人，才能告诉你这些联系，从而节省你的时间和精力，不让你觉得受挫，或者帮你少走几个月的弯路。否则，你很可能在不知不觉中重复了别人的研究。因此，研究生非常需要导师的指导，而且只有导师才能提供充分的指导。因此，选择导师与选择专业同等重要。

约翰·戈德史密斯：培养研究生和攻读研究生对老师和学生来说都是很紧张的过程，这种过程会带来几个副作用。首先，教师不可能同时深入指导 25 名学生。在某个阶段，教授可以指导的学生数量的上限较少——也许是 6 个或更少的学生。当人们在谈论研究型大学中教授的教学工作量时，必须考虑他同时在指导几个研究生（惯例如此），该指导过程可能和养育孩子一样耗费时间。

或者可以换种说法。老师一般同时兼任教学、科研和行政工作，但通过以上对师生关系发展的描述，我们可以看到，师生关系同样涉及科研和教学。帮助学生成为一名活跃的研究人员既是教学工作也是研究工作，研究是与作为自己学徒的研究生合作进行的。因此，当我们在考虑研究型大学的教授要做多少工作或者要完成多少工作量时，必须确保考虑到了其指导的研究生人数。对许多（也许是绝大多数）导师来说，师生关系可以给工作带来极大的乐趣；但与此同时，这也意味着巨大的挑战和承诺。因此，相当多的教授（尤其是那些不在一流院系工作的教授）可能并不愿意指导太多研究生。

给大家说一点离题的，关于一些不那么负责任、工作有点懈怠的教授们。研究生期间最重要的活动之一是就是撰写论文，它会贯穿整个研究生生涯。经过几年的时间，这些论文会发展成博士论文中的章节。学生们几乎都碰到过不能在规定时间内及时返还有详尽批阅痕迹的论文的老师（恕我直言，其实这样的老师就是不负责任）。学生该如何处理这样的情况？首先，如果其他条件相当，选择这样的老师作为你的论文委员会的成员无异于给自己挖坑（如果他是你的论文导师，那就更糟了）。在我们系，教授返还一篇论文（或一个章节，或整篇博士论文）所需的时间有明确规定：按页数除以 100，取整数后再加 1，得出评阅论文的周数。因此，100 页以下的论文会在 2 周内返还；305 页的论文可能需要 5 周（我发现这个公式对教授们来说似乎相当慷慨，但别忘了，教授很可能身兼数职；除了教学和科研之外，他们可能同时还有其他好几件需要同时进行又十分耗时的工作）。

约翰·科姆洛斯：大家不应忽视这样一个事实：导师不可能一直手把手教你。你不能对导师的指导产生依赖。无论对于任何学科而言，一般情况下，当你开始撰写自己的论文后，至少在有些阶段需要"自食其力"。当然，请教导师依然重要，但导师并不见得总能帮上忙，比如你在实习或者导师在休假的时候。[3] 这与实验科学领域的情况（师生之间在实验室里的接触和老师的指导是很自然的事情）不同，不过即便如此也并非必然。你必须清楚的是，导师的名气越大，指导的学生也就越多。虽然有些导师在你需要的时候就会出现，但有的导师给学生指导的时间可能一个月最多一小时。因此，你应该选择一个符合你个人需求的导师。如果你认为自己不能独自面对困难，最好选择一个不太知名的学者作为论文导师，他会有更多的时间给你指导。还有一点，如果你能为自己找到那么几个人，帮助你渡过不可避免的困难日子，那么你能取得进展并成功完成论文的机会将大大增加。所以，记得结交几个可能对你的工作感兴趣的其他专业的朋友，他们可以从跨学科的视角拓宽你的思路。

彭妮·戈尔德：是的，经常会有一些别的老师对你研究工作的某些方面感兴趣，你可以向他们请教。同时，你也可以和其他学生谈谈你的论文内容、研究进程以及碰到的障碍和困难。有些院系有让学生们（有时还有教师们）聚在一起进行交流的正式机制，以便他们汇报各自目前的工作进展。如果你所在的系部没有类似做法，可以看看你自己是否能组织这样的活动，或者至少能经常和其他人进行非正式的交流。论文写作伊始，就是你开始与其他学校做相关研究的学者建立联系的最好时机。参加学术会议是一个好办法，哪怕给素未谋面的人"斗胆"发出一封电子邮件，通常也会得到同行们的热心回复和帮助。

约翰·戈德史密斯：当学生能够独立进行研究时，就必须面对不再依赖导师的支持和认可的阶段，而这正是学徒阶段的必然组成部分。这会是十分困难的过渡，但必须依靠学生自己来完成。

大多数情况下，导师对于学生的指导不仅限于老师和学生之间，也会涉及老师在业界的一些关系。导师有责任向业界推介自己的学生，并在学生从研究生院毕业、开始进入学界发展的时候做出评价。很少有导师会毫无顾忌地对自己的学生做出负面评价——哪怕仅仅是出于个人尊严。然而，导师的责任和承诺又隐含着某种矛盾，一方面要对正在学术界寻找第一份工作的学生负责，另一方面要对学术界负责（也就是对其他大学的同行负责，他们需要的是对这个学生真实而坦率的评价），在两者之间取得平衡并不是件容易的事。

　　我要说明一点，虽然我们每个人主要关注的都是自身所从事的专业领域，但对于接受基金资助的实验室学科（如物理学、生物学、化学、心理学等）来说，很多方面的情况是完全不同的。在实验室学科中，研究生是团队中的一分子，在某种意义上和其他研究生、博士后及实验室负责人形成了一种伙伴关系。一般来说，实验室每周至少会有一次正式的例会，团队成员之间每天都会进行非正式的讨论，而且实验室在暑假期间通常也会正常运行。

　　约翰·科姆洛斯： 在选好了论文导师后，你应该和他共同确定其他论文审阅人。[4] 同你的论文导师一样，你的性格应该和论文指导委员会的其他成员相宜，这样才能相处愉快。在确定好论文指导委员会之后，你就可以专注于论文写作了，这可是研究生阶段最具挑战性的任务。

你是否有过拒绝学生邀请你担任导师的经历？

约翰·戈德史密斯：我拒绝过。鉴于学生和导师关系的复杂性以及对这种关系的要求，从教授的角度来看，同意担任某个学生的导师未见得会是正确的选择，因而还是拒绝为好。这个问题比较敏感，当然也会引起争议。但在我看来，我们之前所谈到的内容表明，学术职责并没有要求导师必须同意指导某个具体的学生。

对于学生和导师来说，维持良好的师生关系并不那么容易。良好的师生关系建立在对知识和学术的密切交流上，而这种关系可能会因为其他原因而触礁——可能仅仅是因为两人性格不合，因为谁也无法保证大家同时对同一个课题感兴趣，又恰好在同一所大学工作或求学，并且还能性情相投。

第四章

博士论文写作

让我们聊聊博士论文的那些事吧

约翰·戈德史密斯：要想成为研究型大学、综合型大学或四年制大学的专任教师，必须拥有博士学位。不同专业对博士学位的要求标准一致。学士学位通常是攻读博士学位的先决条件（但并不总是如此），有时还需要具备硕士学位。如果没有文科硕士或理科硕士学位，则必须具备以下条件：完成一到两年的研究生必修课程，具备一定程度的外语水平或计算机语言水平，以及一篇略长于学期论文的研究论文。博士本身还会有几个额外要求：必须通过入学考试才能正式录取；明确要求修完额外的一些课程（尽管这个要求通常不会被白纸黑字地写出来，因为如果学生不修读完一些必要的课程则无法达到上述其他要求）；提交一到两篇研究论文；具备第二外语阅读能力；通过专业笔试或口试来证明自己对专业领域的充分掌握；以及具备了所有上述条件之后才能问津的最重要的部分——博士论文。

博士论文是造成研究生恐慌和苦恼的绊脚石，很多学生被称为"ABD"[1]，意思是其完成了所有任务（All），除了（But）博士论文（Dissertation），而且博士论文对有些学生来说是一条无法逾越的鸿沟。

什么是博士论文？怎么就那么难？

约翰·戈德史密斯：博士论文有一本书那么厚，通常在200页左右，但很少超过500页。少数专业（如数学专业）的论文可能会短些，而有的专业的博士论文可能会由学生已经在专业期刊上发表的三四篇文章组合而成。抛开这些特殊情况，论文通常首先会提出一个该领域内具体的、明确的问题，并综述该问题在以往文献中的研究情况，这就为从新的角度研究该问题奠定了基础，随后用两章或更长的篇章来深入研究和探讨。[2]

学生在实际动笔撰写论文之前，通常是在完成主要的研究工作之前，必须写一份开题报告，说明研究的主要内容以及预期的目标。大多数情况下，只有在满足了所有其他要求后，博士生才可以提交开题报告。不过，开题报告不同于其他学业要求，当一个系部通过开题报告时，实际上就是与学生签订了一份隐形的协议。它承认学生拟开展的研究项目结构清晰、意图明确、有一定的价值，并且其内容和范畴符合博士研究的水准。如果学生按照开题报告的大纲完成并提交了博士论文，学院必须通过——除非该论文在具体内容上有明显的错误才能加以否决，不能以提出的问题不够重要或需要增加一个章节来说明另一个问题作为否决的理由。开题报告一经提交和通过，原则上相当于签订了一份具有约束力的、关于论文研究范围的协议。

有没有关于取消博士学位论文要求的讨论？

约翰·戈德史密斯：其实是有的。经常会听到的一种说法让我很惊讶，即论文是过时的东西，只是个仪式罢了——甚至某些懂行的人也这样说。论文写作（包括论文答辩）也许是一种仪式，但绝不仅仅如此。撰写一篇论文并进行长期研究是一项艰巨的任务，而完成这项任务的人也会因为完成任务的过程而发生改变。在现代社会，人们可能很容易忽略这样一个事实，即传统仪式的本质就是：人在经历过严格训练之后会有所改变。研究生在5年后毕业时，不能还保留着刚入学时的思维和习惯，而应该有所改变。最终的成果就包括写一篇论文，这一成果以对博士的所有其他要求为前提，并且是所有要求中最苛刻的。

如何选择博士论文题目？

约翰·科姆洛斯：选题要非常谨慎。不要忘记，论文是你研究生阶段最重要的成果，并将影响你未来多年的职业方向。撰写论文通常需要持续数年时间 [3]，而且很可能还需要打磨几年之后才能发表。鉴于你将用人生中一段很长的时间来完成博士论文，选题一定要十分慎重。

　　有些导师会提供两三个论文题目供你参考。这样做很好，因为导师对本领域有更深入的了解，他们熟悉相关资料，并且很清楚该题目能否在规定的时间内完成。实际上，这也意味着你得到了一个重要的、不言自明的承诺，即你在这个研究过程中会得到导师的悉心指导。当然，有些教授不愿意就论文题目给出建议，因为他们心里认为那是学生的工作；或者认为自己一旦给出了建议，就要承担相应的责任和义务；也有可能只是因为不想过多干涉学生。请注意，有保留的态度很可能预示着导师不愿意与你密切合作，因此做出其他选择可能更明智。

　　如果你的导师提供了选题建议，最好接受，这样你就能获得更多的时间来学习如何选择好的研究项目，这一点不是轻易能学会的。当然，有些人主张采用"任其沉浮"的态度，他们的假设是，学生能够通过被迫自己选择论文题目来学习这些技能。这种观点肯定是有道理的，但以我的经验来看，如果导师已经提供了选题建议，你最好还是保守一点，接受建议，因为在这个阶段失败的可能性太大了，除非你有理由认为自己已经掌握了选题技能。你还有第三种选择，那就是你和导师交流讨论、交换意见后确定自己的选题。

　　如果你有充分的理由证明自己的选题前景光明，或者你不喜欢过于密切、限制太多的指导，那就按照自己的节奏向前推进，但至少要有一些心理准备——你的做法很有可能把自己引向一个危险的方向。事实上，许多学生最终都没有完成论文，因为他们后来发现选题太过困难，而刚开始却没能看出来。无论如何，一定要确保自己在研究开始之前得到了导师的全力支持。

学生和导师都必须对选定的论文题目感兴趣。导师对题目抱有兴趣非常重要，否则其帮助你的积极性就会大打折扣。你自己对题目的兴趣也非常关键，否则很难鼓足勇气攻难克坚。原创性研究极具挑战性，有时会让人产生挫折感，因为你在这个过程中需要克服数以百计的障碍。除非你真正着迷于课题，并认为该课题具有内在的价值、值得你为之努力，否则你很容易沦为 ABD，而不是 PhD（博士）。

切记，如果你对论文的主题还不熟悉，千万别动笔。要提前做好计划，哪怕该计划只是意向性的，其目的就是在开展研究之前对主题有个充分的概览。如果你在研究生学习期间已经涉猎了一些相关问题，有了一些初步的考察，将对论文非常有用。如果你已经就题目的某些方面写过一两篇学术论文，那么当你再进入论文写作阶段时，就会表现得更如鱼得水一些。你要熟悉大部分相关文献，了解最近受到关注的问题，知道有哪些学者在做这方面的研究。这些知识将帮助你厘清思路，写出更有说服力的开题报告。此外，你现在应该清楚自己对这个选题到底有多大的兴趣了。

一旦与导师协商确定了选题，你应该尽可能地得到他的积极指导。任何选题都有不易察觉的隐患，而你的导师可以而且应该能够帮助你解决这些问题。博士论文是多层面的，其过程很复杂，结果也不可预测。我做过很多研究项目，所有项目都超出意料，有时甚至会推翻最初的假设。选题越接近导师的专业领域，你就越能把握方向，也就越容易避免犯错或在过程中陷入困境。这些问题在实验室学科里可能不太重要，因为在实验室里，研究生通常属于一个联系紧密的研究团队，从事导师自己的研究项目，并得到导师的指导和资助。这样的领域里有更多的团体互动，而且在项目的研究设计方面也有更多的合作和协调。

你必须要了解该研究领域有哪些重要人物。你可以向导师咨询哪些学者目前比较活跃，然后到网上浏览他们的个人主页，搜索他们的文章。你还可以查询你所在领域里专业组织的会议安排，以寻找对相关主题感兴趣的学者的信息。某些学科的主要专业协会的内部通讯中有时会发布正在撰写的论文，或者你也可以查询论文注册信息。即使这些论文不够完整，它们也肯定是有价值的。你还可以在密歇根大学（University of Michigan）存储的微缩胶片中查阅未发表的学位论文信息。[4]

在某些院系或专业，学生与导师的接触可能很有限。在你将开题报告提交给导师之前，最好与同学讨论一下你的初步想法，甚至可以向他们展示你的开题报告。

博士论文是你第一个真正的研究项目，我们不希望你在完全未知的领域中贸然出击——这样的做法很不成熟。你应该尽可能地控制主题所覆盖的范围，在既定的学术范式内开展研究。不要尝试去解决本学科中两个对立学派之间的纷争，不过你可以通过案例来探讨学术争议的某个方面。博士论文就如同中世纪的行会对申请成为正式会员者要求其提交的"杰作"一般：你可以把自己想象成一个刚满师的学徒，准备向行业成员展示自己的技艺。换句话说，论文未必要有突破性的贡献，但无论贡献多么微不足道，它都必须是原创的，并且能展示你所掌握的该领域的专业知识和技能。此外，它还必须展示你的研究水平和论证技巧。实际上，撰写论文的一个不言而喻的目的就是淘汰掉那些无法进行原创性研究的人。

约翰·戈德史密斯：我认为在不同的学科、大学和院系之间，论文选题存在着相当大的差异。之所以建议学生选择一个与其导师研究方向非常贴合的选题，我可以给出很多理由来证明这一点。刚才已经给出了大部分理由，但我还想说的是，越聪明、意志力越强的学生更应该认真考虑挑战全新的研究方向。不过我的意思是，只有那些才智超群的学生才能在传统的学术范式中提供更有说服力的论据，用以证明为什么新课题更有价值。这确实是个非常高的要求。

实际上，博士论文的选题往往是导师和学生在某些方面协商的结果。我从来没有遇到过带着三四个选题来找我征求意见的学生，其实如果学生能做到这一点，倒是真不错。

彭妮·戈尔德：不管是采用导师给定的选题还是自己确定选题，我都要强调一下约翰·科姆洛斯提出的意见，即你必须对选题感兴趣。我认为，如果题目是由学生自己提出而且是其真正想探究的问题，学生就更有可能产生兴趣。如果你提出的问题已经有人做了详尽的研究，该怎么办呢？如果你的答案是"不怎么样，不过是个时髦的话题"，可能你还需要进一步探索。这种兴趣必须足够浓厚，才能让你坚持接下来可能长达数年的艰苦工作。你的学术身份也将通过博士论文的选题而明确。在这个学术领域，至少在初入学术界的很长一段时间里，直到开始做下一个大的研究项目之前，你是否想让自己因为这个课题而被人们所认识？

约翰·科姆洛斯：我想谈一谈论文经费资助这个更实际的问题。如果你还没有任何经费来源，应该到图书馆查阅各类科研基金的材料汇编。你可以向导师、研究生秘书、院系秘书、大学研究生办公室咨询相关事宜，你还应该了解高年级同学获得过哪些资助。一些国家专业组织有与本学科相关的、能够提供经费资助的机构名单；此外，许多组织的内部通讯也会刊登此类信息。[5]你应该提前做好计划，尽早开始行动，并写出最有说服力的申请报告。你要尽可能地申请所有可能符合条件的基金，因为获得资助而不接受要比没有申请而等待来年申报要好得多。有些基金相互不排斥，允许申请人同时接受或者完成一个基金项目后再接受另一个资助。当然，我们的目标不是要发家致富，而是获得足够的经费支持，从而保证论文能够顺利完成。此外，你要给自己预留足够的时间，时间规划要宽松，因为许多人倾向于对完成项目所需的时间过于乐观。别忘了，这是你第一次做原创性研究，你应该预见到可能存在意想不到的弯路，因此需要更多的时间才能完成项目。

完成博士论文需要多长时间？

约翰·戈德史密斯：笼统地说获得博士学位需要多长时间可能会显得很草率，因为统计数据表明，有人获得学位用了 3 年，而有的人用了 20 年，但有一两个重要的观点是这些数字不能说明的。或许有一点很关键，那就是获得博士学位的速度确实至关重要。我曾与很多朋友和同事交流过这一话题，大家普遍认为，优秀的学生总是能在很短的时间内获得学位，当然也有优秀的学生花费了比普通学生更长的时间来获得学位。打个比方，求职者当然会尽可能地表现自己的优势，证明自己比其他竞争者的能力更强。那么，为什么最好的学生通常能在更短时间内获得学位呢？我们可以给出很多原因，绝不仅仅是因为先天的智力因素（不管这个因素的内涵是什么）。迅速获得学位也可能表明这个学生非常自律、做事有条有理，或者在论文指导老师看来，他对自己的要求非常严格。

就语言学而言，我认为读完博士平均需要 4 年半的时间。当然，很多人花的时间更长。那些超过 5 年时间的学生，大多是拿一部分时间做其他事情了，要么是抚养孩子、挣钱、选修额外的课程，要么只是简单打发一下时间。在我看来，这些事情都无法和博士论文相提并论。但是，任何关于读完博士需要多长时间的说法，都无法体现个人活动的差异——严格来说，以上活动都是完成博士学业的绊脚石。

据我的经验，学生在给自己设定的完成各项任务的时间安排上存在着巨大差异（记住，一旦我们开始讨论博士论文，时间表的安排最终都由学生自己负责，而不是其他人）。有些学生会给自己 3 年的时间完成其他人预计在 9 个月内完成的任务。作为导师，我可以鼓励那些速度较慢的学生加快工作进度，但任何人想赶上别人的速度，都会受限于一些实际问题。

彭妮·戈尔德：这里有一个非常复杂的关系问题。相对具体的研究主题将促成论文的及时完成，也会使你的简历看起来更加光鲜亮丽，并有助于减轻你的经济负担，可以让你少还一点贷款。正如我所在的研究生院的一位教授那样，他在其门上张贴着"博士论文不是书"。更准确地说，论文写作是对你进行的训练，以证明你有能力进行研究。从另一个方面来说，如果题目很大但完成得很好，也会给未来的用人单位留下深刻印象。虽然博士论文不是书，但是很多专业要求它必须具有成为书的潜质，因为在进行终身教职评审前，你需要将博士论文拓展成专著（或者发展成新的研究项目）；如果论文的研究范围狭窄，后续目标将很难实现。

约翰·科姆洛斯：还有一个似乎大家都知道但实际上我不得不强调的一点：学生在动笔前，应该咨询大学的论文办公室，以了解论文的标准格式和引用规范。重调格式会非常耗时；如果一开始就遵循了正确的格式，后面就容易多了。你可能会感到惊讶，因为大学对论文格式的要求非常严格，毫无弹性可言。如果你事先知道参考文献中需要列出哪些信息，就不必之后再浪费时间去查找引文。举个例子，你需要在参考文献中列出引用期刊论文的出版年月，而不仅仅是刊号，或者可以同时列出出版日期和刊号。

在论文写作过程中，你面临的最困难的挑战之一是被研究中附带产生的一些问题所吸引，转而想去研究这些问题。这时，你必须坚持论文委员会已经通过的选题。然而，任何原创性研究都会产生过去未曾探讨过的无数个问题，你必须有意识地避免被这些问题转移注意力。你只需要告诉自己，应该以后再来研究这些问题。当然，你也可以把这些问题当作预选的论文题目，推荐给你自己将来的学生。要不惜一切代价避免落入思维的陷阱，即不要认为弄清这些问题是完成论文的前提条件；更多时候，这只是表面现象，是你缺乏研究经验的表现。请向你的导师（和后援团）咨询，了解如何解决这个盲点，而不是自己花费数月时间来填补这一空白。记住，尽量不要扩展论文的主题。

彭妮·戈尔德：我想，要区分清楚是因次要问题而被带入歧途，还是在研究过程中想要拓展主题或转移重点，二者有本质区别。事实上，我认为在研究过程中因获得新知而转变研究重点是一个好现象，说明你的研究比较深入且富有成效。

约翰·科姆洛斯：对论文的理解不能过于僵化，我同意这一点，但不能按时完成论文的主要挑战在于无法抵挡扩大研究范围的诱惑。我觉得有必要再次强调，博士论文不是要解决与其主题相关的所有未解之谜；这既不合理，也没有人期待你这么做。我们希望你能证明自己可以解决原创性研究中的难题，并写出一篇条理清晰的论文。论文能否顺利完成取决于你是否有能力妥善解决研究中产生的未知问题。对于这些问题，你不需要回避，应该直截了当地指出，"该问题需要进一步研究，它对我的研究结果可能产生如下影响"，然后列出所有可能性，说明其对论文结论所产生的微妙影响。以这种方式思考后，你可能会意识到，不管未知的问题有多重要，它对你的研究结果影响并不大。假设你不知道一个变量的大小，但你对它可能的最小值和最大值有一些直觉的判断，就可以用这些值来检验你的研究结果。[6]你的目标不是写出一篇完美的论文，因为这样的论文几乎不存在。所有的论文都有优缺点，你的论文也不例外，所有学者都明白这一点，这也并非是我们讨论的主要问题。最重要的是，你应该通过论文来对知识的探究做出真正的贡献。我强调这一点的原因是，根据我的经验，苛求完美会阻碍个人的学术生涯发展。

我承认，上面只是一个很简单的例子，而你所面临的情况可能会更复杂。然而，我的主要观点是，你需要掌握一些能够帮助自己不被某些问题困住的技巧。你可以通过类比或按照重要性级别来进行论证，并且说明你的结论是试验性的，可以通过进一步的研究进行修正。承认工作存在局限性没有什么可丢人的；相反，这样做是明智的，因为这一领域里的前期研究不充分并不是你的问题。在你构思研究问题时，其实已经对研究范畴进行了限定，而随着研究的进展，你对范畴的限定将越来越窄。如果你无法克服这些困难给你带来的心理障碍，坚持要在大学里写出第一篇完美的博士论文，你会遭遇真正的拦路虎。

如果学生对论文题目失去信心怎么办？该如何应对？

约翰·科姆洛斯： 这听起来可能很夸张，但你要做好心理准备：无论你选择什么题目，到某个阶段，你都可能会后悔自己没有选择其他题目。当然，博士论文是原创性研究，这是个创造性的过程，充满了矛盾、错误和挫折。你应该意识到，即使最简单的题目也会产生无数的意外。探索一个新奇的观点、提出异议、驳斥论证或者设想自己错了都需要很大的勇气。此外，研究过程会有起伏，你也会有卡壳的时候。不要绝望！你可以去构思论文的其他章节或讨论其他问题，还可以尝试写论文的引言。然后你会发现自己重新进入了状态，过去几天完成的工作要比前几个月加起来还多。不过，如果你发现自己在很长一段时间内完全陷入了泥潭、无法自拔，咨询学校的心理健康专家可能会有帮助。大多数大学都有优秀的心理专家，他们在解决学生因论文受挫而产生的心理问题方面很有经验。

毫无疑问，如果论文的进展连续几周或几个月都不尽如人意，你会产生自我怀疑。当写作受阻时，着手撰写论文的其他部分是可行的策略。你迟早会知道如何克服以前看来不可逾越的障碍。然而，有一点绝对应该避免：如果你已为这篇论文投入了6

个月或更长时间，尽可能不要放弃这个选题。你可以试着通过调整研究重点或换个不同的框架进行构思，想办法续写这个选题。到了这个阶段，再重新开始选题会面临很大问题。

才智是成功开展研究的一个重要前提，但同样重要（也许更重要）的是你的工作习惯。之所以如此，是因为发现（即创造性洞察力的闪现）是非常稀少的，因而尤其珍贵。但发现的乐趣很快就被二维空间（即纸面）的烦琐而掩盖，因为要呈现这些想法的细节显得复杂而乏味。描述实际所使用的设备的枯燥性替代了等待实验结果的兴奋感。这就是为什么一开始就对选题感兴趣并养成可靠的工作习惯如此重要的原因；否则，这种苦差事会让人难以承受。

约翰·戈德史密斯：我还从未见过有人在论文完稿时不讨厌自己的论文——在论文提交后，这种感觉通常会持续一两年。这个现象非常普遍，明智的做法就是接受会出现这种现象的可能性，并尽可能地降低其负面影响。这种感觉很可能会在论文完成前的最后几个关键月份出现，你一定要当心。

彭妮·戈尔德：这种在研究最后阶段的反感情绪也有好的一面——它可以激励人们尽快完工，彻底将它从自己的生活中赶走！我现在已经开始期待这种感觉的出现，因为它对我来说已经成为一个标志，预示着研究已近尾声，我要尽快完稿。

论文写完后还有些什么事项？

约翰·科姆洛斯：论文一旦完成并由委员会初审通过，你还需要过"论文答辩"这最后一关。一般来说，这一关基本是形式上的；如果导师（以及整个研究委员会）同意为答辩安排时间和地点，就意味着他们或多或少没有太大异议，会同意论文过审。在答辩时，学位申请人需要陈述论文的主要观点。答辩期间，所有论文答辩委员及系里其他愿意出席的人员都可以向学生提问，问题主要关于参考文献或论文的难点、要点等。虽然论文在这个阶段被驳回的情况很少，但委员会有可能在接受论文之前要求学生对论文进行修改。通常会由导师判断论文修改的完成情况，确定其是否达到了要求；进行二次答辩的情况非常少见。

约翰·戈德史密斯：没错。但有时的确也会出现论文答辩没有通过的情况，学生往往对此完全没有心理准备。所以要做好充分准备，在答辩前与导师和委员会成员进行详谈。

有些院系允许并鼓励学生旁听答辩，我所在的系就是如此。那些在自己答辩之前旁听过好几次答辩的学生会学到一些重要经验，并且能够给参加答辩的同学提供一些精神上的支持。据我所知，采取这种做法的院系不多，但我认为这是个非常好的传统，希望大家都能这样做。

第五章

寻找学术工作

在撰写论文以准备进入学术就业市场时，应该做些什么？

约翰·科姆洛斯： 当论文接近尾声时，你应该考虑如何将这一信息传播出去，并且提高你在校内外的知名度，这将使你更顺利地进入实际的求职阶段。即使在完成论文之前，你也应该寻找一切可能的机会来正式谈论你的研究。向更多听众展示你的初步想法和发现将使你从中受益。学术界以思想交流为荣，所以你越早开始练习做有效的演讲越好。你从听众那里得到的反馈会有助于你了解别人是如何看待你所讨论的问题的。

你可以趁离开学校到某地做研究的机会来介绍自己的论文。当地的人有时会对你提出的问题有不同的看法，而且他们有更多一手的资料来源，可能比你和你的导师都多。你当然可以从中获益，但要注意的是，各国的研究风格可能大不相同。你的研究方法在国外可能不会像你所期待的那样获得赞赏，但务必牢记你最重要的目标读者是论文委员会的成员。

　　此外，你应该尽快开始参加学术会议（如果你还没有参加过），以便与志同道合的人切磋交流，特别是认识那些与你的研究领域相近的人，包括研究生和教师。你可以就你目前所取得的进展同他们交换意见，并进一步了解你所在学科目前正在进行的研究，这样的接触有助于你融入学术界。刚开始，你可以尝试在小型的会议上发言，因为这些会议比大型会议更加轻松而友好。大型会议往往议程紧张，一来与会者众多，二来发言时间很短。你可以事先请导师帮你一起准备一份论文提要，并提交给该会议的组织委员会。

　　彭妮·戈尔德：你要密切关注你所在领域的新闻通讯（无论是印刷版还是电子版），了解你可能感兴趣的会议公告（你应该订阅一两本专业期刊，或者养成定期去图书馆查阅这些期刊的习惯）。论文征集通知会明确规定论文提要的长度（通常一两页就足够了），以及应该寄给谁。

　　约翰·科姆洛斯：另外，如果你能在研究生阶段就开始发表文章，将是非常有用的。要想让你的履历表的未来读者记住你是认真开始学术生涯的，最好的办法莫过于拿出书面证据来证明这一点。显然，论文的某一章很有可能作为你可以考虑提前发表的内容，但发表的期刊文章或许比这更短。一些期刊对文章长度有要求：例如，《经济学快报》（*Economics Letters*）刊登的文章就比较短小（4 页至 6 页），以便可以将新的研究成果快速传达给专业人士。在撰写论文的同时提交文章是可取的，因为这会让你不会过多地纠结于研究本身，而是更多地考虑如何发表研究成果。如果你成功发表了文章，你的自信心会大大提高，并向学术界表明，你不仅训练有素、聪明智慧，而且有可能成为一名富有成效的学者。有了这样一段值得骄傲的经历，你找到好工作的机会就会大大增加。

彭妮·戈尔德： 在某些专业领域，竞争是十分激烈的，以至于发表论文实际上已成为找到工作的必要条件。

约翰·科姆洛斯： 另一个提高你知名度的方法是写专业书评。大多数重要期刊不会发表未经邀约的书评，但你仍然可以让他们知道，你非常愿意为某本书撰写书评。他们会将你为该书所写的推荐记录在案，最后多半会为此来联系你。但是，一些不太知名的期刊不太容易找到书评人，所以可能会对推荐意见采取更加开放的态度。你可以写信给书评编辑，介绍自己的研究[1]，并推荐一本在你的领域刚刚出版的、你愿意写书评的书。这将给你带来宝贵的经验，同时可以让专业人士一窥你的研究工作。

你还可以寻找更多方式来让学术界知道你已经"学有所成"。例如，许多论文足够优秀，有资格获得某奖项或提名。你可以向导师和图书管理员询问有没有此类信息的汇编。许多专业组织在年度会议上都设有论文分会，供大家展示交流论文结果，最好设法参加一次（可能需要导师推荐）。论文完成后，你可以将其发送给业内专家，征求修改意见，然后再寻求发表。关键是不要把论文弄得很神秘，不让他人阅读。专家对你的论文提出看法和意见需要一段时间，不可能一蹴而就，并且只要你避免太强人所难（如不断打扰别人），尽力促成此事并不丢脸。

彭妮·戈尔德：我同意将自己的论文发送给论文委员会以外的学者是非常有益的一步。但如果只是为了让别人知晓自己的研究，我会发送一些篇幅较短的、已经发表过的内容。我会把论文（除非它很短，某些学科的论文确实很短）发给很少的几个人，可能只有一两个，而且他们的确能够给你提供有用的修改建议，这是对别人的一个很高的要求。非常幸运的是，我所请教的专家都花了很多时间来指导我——有些专家素未谋面但久闻其名，并且将论文发送给他们以求指导的理由非常充分（包括其他学者的推荐，以及他们发表的文章与我的研究领域关系密切）。

约翰·科姆洛斯：唉，我那时在发送自己的论文方面比较轻率，肯定向专业内的学者们寄了几十份。现在回想起来，我也得到了一些不错的反馈。我一点也不后悔花费了这笔费用。现在方便多了，你可以使用互联网发送文本。顺便提一下，我有1000多位经济史学家的联系方式，我可以向他们发送我和我的研究生的著作信息。

在专业会议上阐述论文前要做哪些准备?

约翰·科姆洛斯: 无论是受邀做讲座、面试还是在专业组织的会议上发言,口头发言都有一些共同点。它可以涵盖一个完整的论文章节,也可以是大型研究项目的一部分,但它必须是自成体系的;也就是说,你应该连贯地探讨一个具体问题,并提供一些合理可信的结论,即使它们仍然不太成熟。研究结论不需要是惊天动地的,但你在吸引听众注意力的同时,应该清楚地提出问题、阐述想法或论点,以及解决争议。

约翰·戈德史密斯: 在所有与我合作的研究生第一次做会议发言之前,我都会与他们进行一次谈话,让他们去面对自己最大的敌人。他们总是惊讶地发现,每一个即将面对公众发言的人都会受到他们头脑中一个讨厌的声音的挑战。这个声音轻声说:"这就是你要说的全部吗?那太显而易见了。如果你站起来宣读所有这些显而易见的结论,听众会认为你是彻头彻尾的傻瓜。"这个批评的声音继续说,接受这篇论文的大会组委会显然误解了论文的摘要,把它误认为是一篇有实质内容的论文了。

我还没有遇到过不承认有过这种想法的学生。他们惊奇地发现,自己并不是唯一在脑海中听到这个讨厌的声音的人!而这一切的后果就是,为了平息这个声音,学生们删除了那些原本要陈述的论证清晰、逻辑通畅的内容,只专注于他们目前碰到的难题,即他们自己也没有弄明白的一些问题。很明显,这样做就大错特错了。有一点你必须牢记于心：在学术会议上，你只能讲述自己已经研究得非常透彻的内容。这并不意味着你不能在最后抛出一个有待研究的问题，但那是在你已经完成了主要的阐述之后才进行的；最后这个问题只不过相当于是一道甜点。哪怕你能很好地、有说服力地阐述一个陈旧的话题，你也有可能为这个老的课题注入新的内容。如果你讲的是你自己都还不了解的东西，结果只能令人沮丧和失望，因为你没有和听众进行有效的交流。

约翰·科姆洛斯： 我劝你千万不要冷不丁地做学术发言！在你正式发言之前，必须先在导师和同学面前试讲一遍，以获得一些有用的反馈。在记下他们的建议后，你应该继续练习你的发言，无论是在在家里还是与朋友一起，无论是在飞机上还在你的酒店房间——要在任何可能的地方开展练习，直到熟练为止。这种训练对你以后的校园面试很有帮助。最初，你甚至可以考虑背诵整篇发言稿——如果这样能提高你的自信心，或者你认为这样做可以大大改善你的发言。换句话说，你要想方设法来提高发言的质量和效果。

约翰·戈德史密斯： 我已经做了 25 年的学术报告，但现在如果要做一个正式的报告，即使准备的时间非常有限，我还是会在办公室里关着门大声练习——而且我可能会讲 20 遍。对于没有做过学术报告的人来说，重要的是要掌握一个基本的事实：在公众面前讲话也是一项工作，需要精心准备，并花费大量的时间。我尤其要强调一点：对待内容深奥的学术报告，要做好像专业运动员一样的训练和准备。不好好准备口头报告并仓促上台，会是一种严重的失礼行为。

在准备一个重要的演讲时，起码要提前把文稿写好，并在空白处注明时间，比如第1分钟、第2分钟应该分别讲到哪里，以此类推到第20分钟、第50分钟，一直到报告所规定的时间。我认为，在正式演讲的规定时间结束时，如果发现自己还有一些重要的东西没有讲，那就是严重的失误了。

既然说到这个问题，我还要提另外一点。人们通常认为语速快是不好的，但其实并非完全如此：语速快本身**并不会**导致理解困难，更重要的是停顿。你要给听众一点时间来反应你的话语所传递的内容、消化你的观点，并从停顿中理解你之前所表达的重点。必要时或者在适当的时候，要学会重复。所有这些都离不开计划、准备和练习，尤其是不断地练习。

约翰·科姆洛斯：我非常同意。学术报告过程中的表现非常重要，任何借口都无法掩饰错误。如果某个学术报告对你而言意义重大（可能最终决定你能否获得某份工作），你就应该事先演练。正如约翰所提到的，不要担心短暂的沉默，因为它可以是一个强有力的沟通工具。遗憾的是，研究生院除了举行一些学术报告之外，并没有积极开设公共演讲课程。由于很少有口试的机会，你就很少有机会提高自己的有声思维能力。因此，提高口语交际能力的责任全在于你自己。[2]

即使完成了一篇优秀的论文，你也不应该完全依赖导师的帮助。你需要在其他地方寻求建立信心的途径。你要积极寻找机会，尽可能地在本校其他院系或其他大学的研讨会上阐述你的研究。有了一些成功的演讲经历，你的自信心就会增强，逻辑也会更为连贯——更重要的是，你就有能力从容地应对问题了。

学术会议上的论文演讲往往时间很短，通常为 15 ~ 20 分钟。注意千万不要超过这个时限，否则研讨小组的成员会心不在焉，而听众也可能会不耐烦。不要忘了，即使是最复杂的想法也可以用简化形式来表达，你的论文也不例外。你的演讲不必纠结于细节，感兴趣的人自然会看你的书面报告。

大型的国家级学术组织通常都有年会，这为高年级研究生提供了展示自己研究成果的绝佳机会。此外，这些组织通常都有区域性的附属机构，这些机构会举行地方性的会议。虽然在地方性会议上的演讲所受到的关注较为有限，但它确实会提供宝贵的经验，而且这种机会更容易获得。即使论文还未完成，你也应该尝试在他们的会议上参加一个小组讨论。你可以征询一下导师的意见：已完成的章节或某篇研讨会文章是否适合在学术会议上报告？你应该给该学术组织写信，了解下一年的会议由谁主办，以及论文的截稿日期。请确保自己提前做好了计划，因为交稿的时间间隔总是很长。如果会议在 12 月召开，通常在当年的 2 月就要提交论文提要。因此，你需要提前一年开始制定计划。如果你想参加，就向会议主办方发送一份报告提纲，以此来说明你的情况。许多会议都鼓励研究生参与。

当然，实际情况与我们以上所述的情况可能会有出入。例如，一般来说，在地方性协会的年会计划中获得一个名额比在全国性协会的计划中要容易。如果你的主题是跨学科的，你可以尝试参加某个相关学科的会议。你还应该了解哪些协会特别鼓励年轻学者的参与：例如，如果你的主题包含了历史视角，可以试试社会科学史协会[3]（Social Science History Association）举行的年会，该协会比较欢迎年轻学者。[4]换句话说，如果你不断尝试，总能找到参加学术会议的机会，这一点很重要。如果你利用一切机会在学术会议上发言或做报告，你的面试能力会大大提升，工作机会也会显著增加。

约翰·戈德史密斯：在我的专业领域，有一些地区性会议比全国性会议具有更高的专业性。全国性会议往往要考虑大局，保持某种平衡，而小型会议通常不存在这种因素，因而使其对理论的探讨更加深入、有力。但我不认为所有的领域都是这样的。

约翰·科姆洛斯：请记住，如果你能建立一个完整的研讨小组，包括一位主席、三位论文提交者和一两位参与讨论者，可以提高你获得参加学术会议专题讨论会的机会。会议主办方一般喜欢收到团体申请，因为这样可以省去他们自己组织专题讨论小组的麻烦，而这是一项相当耗时的工作。因此，如果你知道有人从事同一专业领域的研究，就可以尝试以某个主题建立一个讨论小组。当然，这比你想象的要耗费时间。你必须联系有可能发言的人，获得他们确定参加的承诺，并确保他们将发言提要发给你，并为会议找到评论人和主席（可能是参与者之一）。请注意，即使你得到了他们参加会议的承诺，他们也可能改变主意。因此，你可能不得不争分夺秒地寻找替代人选。此外，你建立的讨论小组可能不被会议接受，所以除了积累了一些在以后有用的经验之外，你的努力可能是徒劳的。其实，最好的办法是在一开始就参加由导师或你在某次学术会议上认识的同行所组织的小组。

不管是自己组织讨论小组，还是寻找一个合适的研讨小组并提交论文，都会使你受益良多，不仅可以提高你的自信心并结识同行，还能让你有机会通过陈述论文来展示你的观点。当然，它还能使你的简历变得更加出色。同样重要的是，它还会通过为你提供新观点和为你已有的观点提供新视角来改进你的论文。我每一次做学术报告，都能从中受益良多。

彭妮·戈尔德：我想强调建立讨论小组时"结识同行"的重要性。在你职业生涯的早期，这是进入（有时甚至是建立）你所在领域的人际网络的一个好方法。除了与志同道合的人互动所带来的乐趣（如果将来你在一个没有人做与你相类似的研究的大学任教，这种关系就显得更为重要），你还将认识那些可能有能力帮助你的人——他们能够为你修改初稿，向你提供面试地点的信息，为你写推荐信，等等。

即使不是去参加工作面试或做会议报告，也应该去参加会议吗？

约翰·科姆洛斯： 当然应该参加。参加会议是一个好主意，即使你还没有准备好自己做报告，因为这可以让你有机会和其他参会者交流想法并表达你的观点。参加会议也表明你即将成为专业组织或学术团体的一员，这是你的职业化进程的一部分。你会遇到在此之前慕名已久但素未谋面的学者们。你将与其他学校的研究生交流信息，并通过他们更多地了解本领域内其他学者的研究工作。你还会深入了解其他人对本学科中尚未解决的重要问题所持的观点，并对新的研究可能采取的方向形成自己的想法。当论文完成后，你和导师的联系就不再那么紧密了，那时你的研究应该朝哪个方向发展？参加学术会议还可以让你尽早了解别人对你的研究工作的评价。

此外，你还能学会做正式学术报告的规则和技巧。你将亲眼看到其他人在紧张的情况下是如何表现的，以及这种学术争鸣的会议上的一些不成文的规矩。你会结识一些朋友，其中一些人日后可能对你很重要。你可能会受到邀请，并在全国各地的研讨会上做学术报告。你可以与出版商谈论你的工作，以确定他们对你的研究有多大兴趣——哪怕仅仅是初见端倪的兴趣。你可以与期刊编辑聊聊，了解他们现在对投稿的要求。对一个有备而来的求职者来说，参加这样的学术会议是获得各种机会的好时机。

不要因为你可能不认识任何人而不知所措，毕竟大家都是这样过来的。⁵ 在这样混乱的情况下，有些人的行为可能不太礼貌：他们可能会打断谈话，或者在和你交谈到一半时看到另一个人，然后把你扔下，急着和那个人握手。这确实需要一点时间来适应，但参加了几次这样的会议之后，你就会适应各种情况，与上次认识的人打招呼时也会更加自如。

彭妮·戈尔德：关于与出版社代表交谈，我还有几句话要说。编辑们总是在寻找有可能出版的稿件。在那些出版社展台里的人不仅仅是收银员，而且往往是你所在领域的组稿编辑，他们希望了解学者们正在进行的研究工作。你可以在会议上直接找到他们，但更有效的做法是提前几个月给 10 ~ 12 家以你的研究领域为主要出版方向的出版社寄信，介绍自己的论文，说明你也会参加即将举行的会议，并询问他们是否有兴趣与你谈谈你的论文。⁶

求职的具体过程是如何开始的？

约翰·戈德史密斯：从某种意义上说，这个过程早在学生专注于求职之前就开始了，因为求职包含了确定论文题目、参加学术会议、发表学术演讲等内容。但从实际意义上讲，找工作始于与导师协商后做出的决定，此时论文已经完成、答辩在即，是时候向公开招聘的大学发出求职信了。求职通常还包括参加全国性的大型专业年会，如现代语言学协会（Modern Language

Association）或美国语言学会（Linguistic Society of America）的年会。[7]

我的一位同事向我指出了研究生在毕业求职时采用的不同策略。他区分了两种策略：一种是等到毕业论文完成后立即申请所有自认为适合的职位；另一种是在几年内只申请最有吸引力的工作，甚至在自己还没有准备好的时候就开始申请（在现实中，求职时的具体做法往往介于这两者之间）。我和我的同事的观点是，第二种策略很有可能导致灾难性的结果。

彭妮·戈尔德：而且，即使你通过第二种策略成功地找到了工作，在你的论文还没有结束时就去求职也是自取灭亡（哪怕是从长远来看）。还有一个恼人的事实是，你需要维持生计，而你的奖学金和助学金可能在论文完成之前就已经到期。相反，如果你在论文即将完成之际找一份工作，不但不会拖延论文的进度，反而会促进你早日完稿，尽管这在当时看来不太可能。这是因为在第一年或第二年之后能否保住工作可能取决于学位的完成情况，而没有什么比面临一个固定的最后期限和失去生计的威胁更能激发你迅速完成论文了。

约翰·科姆洛斯：求职一般在初秋招聘广告出现时便开始启动，招聘广告通常刊登在学术团体的内部通讯中，互联网上也有一些不断更新的职位信息。《高等教育年鉴》还列出了全年所有学科的职位空缺，包括一些你可能符合条件的行政岗位。此外，对于离你较近的大学或者你所心仪之地的大学，你还可以写信或致电应聘。

应该如何查阅招聘启事？

约翰·戈德史密斯：你应当尽早查阅并经常查阅招聘启事。在许多学科中，大多数招聘公告都会刊登在漂亮的广告页上，然后邮寄到全国各地的研究生院。但这毕竟是你的人生大事，你得多花点精力去寻找更多的工作机会。国外的招聘信息一般不会通过广告页进行宣传。

约翰·科姆洛斯：通常情况下，标准的程序是在你所在大学的就业办公室准备一份求职档案，并且可以将你的各种证明文件发送给可能招聘的单位。为了节省时间和精力，这份档案是作为通用的申请档案建立的，但它本身并不足够。这个档案包括一份成绩单、三封推荐信和一份附有论文摘要的简历，都是按照标准格式的要求完成的。建立这样的档案可以使你的导师不必亲自向你所申请的每一份工作发送推荐信。相反，他只需要写一次，其余的工作都由就业办公室负责。然而，这样的推荐信往往有点过于笼统，因为其不是针对某个特定职位的具体要求而写的，效果也不一定好。因此，如果你的条件并不完全符合招聘启事中的要求，可以请你的导师根据职位要求为你写一封更加个性化的推荐信。另外两封推荐信将来自你的论文的其他审阅人，除非你与系里的其他教师有更密切的合作（例如，你当过教学助理）。推荐你的教授越有名气，这封信就越能为你争取到面试机会，但前提条件是他必须在一定程度上熟悉你的研究工作或你在研究生院的其他方面的表现。即使是最著名的学者写的一封充满溢美之词的推荐信，也不能保证你一定会进入面试。当然，在面试之后，推荐信的效果很快就会消失。此后，你就得靠自己的实力说话了。

你需要向招聘委员会的主席发送一封求职信，说明你对已公布的空缺职位感兴趣，并让他知道你的求职档案已经寄出。重要的是，你的求职信要针对具体职位的要求来写，强调你特别适合这个职位，你要认真思考如何才能体现这一点。你可以突出你的经验和成就中显得特别适合该职位的那些方面，但这些在你的档案材料中可能并非一目了然。你应该再用一个简短的段落来总结你的论文，尽管这已经包含在你的档案中。更重要的是，你要加入一些可以增加求职筹码的补充材料，如教学评估结果或出版物。如果你觉得有必要，还可以发送一份论文导言，或者附上一份关于你的教育理念的声明。此外，你要尽量找到你所求职院系的教职工的联系方式。这意味着你应该在某种程度上熟悉该院系，至少可以通过其网站做到这一点。你的导师甚至可以通过电话或电子邮件与他在该系认识的人联系，说明你的条件符合该职位描述的要求。但是，你不能自己打电话，要等他们先联系你。

彭妮·戈尔德： 你的求职档案可以包含至少 3 封推荐信，但不要太多，否则读起来很费时。如果你在邻近的学院或大学教过书，并且那里有人可以证明你是一位优秀的教师，就请他写封推荐信。如果不请他写推荐信，至少要在申请材料里把他列为证明人，以便招聘单位能够联系到他。如果你已经从研究生院毕业并在其他地方全职任教（无论是临时职位还是你不打算长期留任的职位），一定要请系主任或其他担任要职的教师写一封信，说明你任教时的表现。教学经历对你在其他地方应聘很有帮助；如果有人能详细证明你的能力，就更有帮助了。

约翰·科姆洛斯：请允许我提醒一项容易被忽视的注意事项：为你写这封信的人所在的大学应该与你申请的大学等级大致相同（或更有声望）。否则，根据我的经验，这封推荐信不但不会有任何帮助，反而会减损你的身价。

彭妮·戈尔德：如果求职的时间超过一年，你应该及时更新个人简历和推荐信（以及档案中的其他内容）。尤其是如果你在这些推荐信写完后又完成了你的博士论文，务必请你的所有推荐人重新撰写推荐信。即使你在第一年就找到了工作，你仍然可以关注更好的职位，而你的求职档案可以在完成论文后的一两年内还能为你所用。即使没有什么变化，你至少也应该请导师重新签注推荐信的新日期。当前的推荐信比一年多前的推荐信对你更有帮助。

申请材料应包含哪些内容？我认为，首先，材料一定要适量。我所在的院系通常会收到一两百份申请，而英语系和哲学系收到的求职信要翻倍，这意味着大量的文档需要被处理。如果每位求职者都能将材料放在一个纸质文件夹里，管理档案的秘书会对你心存感激，该系的教员们也会感谢你，因为他们几个星期之内都得随身带着这一大堆材料，更别提还要阅读它们了。当然，如果招聘启事要求提供作品样本（例如，申请工作室艺术或创意写作的职位肯定要求这样做），那就按照要求发送过去。但除此之外，我建议你可以见机行事或发送一些简短的材料（如文章的复印件或教学大纲样本）。如果你通过了第一轮筛选，可能会被要求提供更多的材料，如果你受邀去学校面谈，当然也会被要求提供更多的材料，这时你就得提供你的整篇论文，或者已经写好的论文内容。

约翰·科姆洛斯：我倒不担心招聘秘书会被太多书面材料压垮这件事。当然，从数百名候选人中选出几个人确实是一项烦琐的任务，但这正是申请人需要呈现最具体的信息来证明其是该工作的最佳人选的原因。如果你了解到招聘委员会中有人是从事伊比利亚历史研究的，而你碰巧用葡萄牙语发表过论文，请务必将其发送过去。

彭妮·戈尔德：我想补充一点关于寄送教学评价的注意事项：与教学评价相比，我通常对来自和你在同一学校任教的同事的推荐信印象更深。因为如果教学评价是定性的（比如几页的学生评论），人们就不知道你是提交了所有评论还是只提交了好的评论。定量评价在这方面更可靠，但如果没有所在学校平均分数的比较数据（有的教学评价会提供），那么这种定量评价也不能说明太多问题。在我参与的诺克斯学院的招聘工作中，尽管我们关注的是应聘人的教学能力，但这种封闭式的教学评价材料是否发挥了强大的效力，我记不太清楚了。

我还想再强调一下求职信的重要性。我看了看最近求职成功的同行们的求职信，发现每封信都是有的放矢的。但你应该先写一个"模板"，然后根据每个职位进行修改。就像报考研究生院时所写的个人陈述一样，这封信将成为你的申请材料中最有特色的部分，因为会有许多其他应聘者来自与你类似的研究生院，他们都有来自声誉良好的教授的优秀推荐信，而且学术成就出众。你的求职信会被仔细审查，因为它能告诉招聘委员会你是一个什么样的人。当然，求职信本身的表达能力和风格也会受到评判，因为求职信本身就是一种"写作范本"。我对自己读过的每封求职信都做了不少笔记，之后再问自己："这是我很想面试的求职者吗？"正是你在求职信中的表述决定了这个问题的答案是"是"还是"否"。当然，在把求职信寄出去之前，一定要让你的导师或某位老师对其进行评价和润色。

由于求职档案中的推荐信对求职成功与否非常重要，你可以考虑请一位教授或其他学校的同事向就业办公室索要一份你的求职材料并进行"审阅"。如果有的推荐信写得分量不够，你自己可能无法察觉，但如果审阅材料的人告诉你这封信有明显的问题，你可以从自己的档案中删除那封信，然后找其他人为你再写一封。

约翰·科姆洛斯：并非档案中的所有信件都是机密的。我认为教授们可以选择将他们写的推荐信给提出要求的学生看，但总的来说，我不主张通过第三方来获取机密信息。这对师生关系是一个微妙的考验，一旦被发现，可能会对以后的合作产生不利影响。我认为学生应该直接从他与论文导师、导师和院系其他教授的交流中了解他们对其能力和前景的看法。

彭妮·戈尔德：如果你不想让你的推荐人提及某些事情，请提前告知他们。例如，我认为简历不应包含个人信息（如婚姻状况、子女情况等），如果你自己没有在简历中提及这些方面的内容，你也应该让推荐人不要在推荐信中提及这些，同时也请他们不要描述外貌特征（当被推荐人是女性时，外貌特征有时会被提及）或身体残疾。如果你获得了面试机会，这些特征自然会在以后的某个时候为人所知，没有必要冒风险让未来的雇主知道这些与你的工作资历无关的信息，这可能会让他们在招聘时犹豫不决。你还应该与你的导师进行深入的沟通，确认他是否掌握了关于你的经历和成果的全部信息。当然，他也将谈及你的论文和你在同行中的表现，但他不一定知道你的业余教学经历，或者你做过的一些重要的社区服务工作，你需要将这些信息告诉他。如果你是少数族裔成员，也可以请他在推荐信中提到这一点，这可能会非常有用，因为许多学校正在努力使他们的教师队伍更加多元化。不过，也有一些少数族裔应聘者可能不希望档案中包含这些信息，这也是合乎情理的。如果你是少数族裔，应该向你的推荐人说明是否要提及这个信息。

　　为什么要避免提供有关婚姻状况和子女情况的信息呢？因为根据我的经验，这些信息会影响应聘人的竞争力，特别是女性。请记住，当招聘委员会将进入面试的候选人范围缩小到 10 个名额时，他们会发现合格的人数远远超过这个数字。因此，各种影响候选人评判的因素很可能在这个时候出现在他们的考虑范围内。到了从 10 人中选取 3 人进行校园面试时，情况更是如此，招聘方将在每个候选人身上投入大量的金钱和时间。当然，主要的标准是候选人的学术成就。但招聘方不可避免地会考虑这样的问题：如果我们决定聘用该申请人，他有多大可能会来这里？该申请人在我们这种类型的学校的适应程度如何？这些问题具体表现为以下几个方面：在加利福尼亚生活了一辈子的人真的会搬到中西部吗？应聘者来了之后，会不会留在这里？那些一直在综合型大学接受教育的应聘者，能很好地适应小型文理学院吗？如果在当地没有给其配偶提供合适的工作，那些已经结婚的应聘者愿意来这里吗？由于其中有些问题是你无能为力的（如地理环境、曾经就读院校的类型等），我建议你将个人信息留待以后（即拿到录用通知后）再处理。

　　性别差异也是存在的。对于男性应聘者来说，关于婚姻状况的信息似乎对他们并没有什么影响，[8] 但我经常听到有人对女性应聘者提出过这种担忧。也许对我的男性同事来说（尤其是那些年纪稍长的同事），很难想象他们会因为妻子的工作而搬家，尽管在我们诺克斯有这样的例子。这并不奇怪，因为这在他们那一代人中是闻所未闻的——在那个年代，妻子经常会为了丈夫而搬家，但反之则不然。如果招聘学校的位置不理想，无论是未婚还是已婚的女性应聘者都会感到两难。单身也可能是不利因素，如果工作地点在小型城镇，招聘方可能会担心你会因为社交生活不愉快而想要离开。当我在 1975 年申请现在的工作时，我没有在简历上注明已婚。系里的同事都认为我是单身，我是在某次吃午饭时发现这一点的：我未来的一位同事提醒我说，这种小城市会限制我的择偶空间。我说这不是问题，因为我已经结婚了。这一回答立即引发了大家的议论，他们开始询问我丈夫的情况，我尽量使自己的答案让他们感到放心。我丈夫当时也是研究生，还没开始找工作；我想他们很可能把这视为一种风险。我很庆幸他们当时已经录用了我！常见的情况是，一旦你申请了一份工作，你就会开始想象自己如果得到这份工作，生活会是什么样子。你可能没有意识到的是，招聘方同时也在想象如果录用了你会是怎样的情形。我建议双方在对未来的预测上都要保持适度。

要避免过早提及有关婚姻状况的信息，只在一种情况下例外。如果你和你的配偶或伴侣从事密切相关的领域，并且两个人愿意应聘一个职位，那么从一开始就提出申请对你是最有利的。采取被动的方式申请（如各自申请，寄希望于两人都能进入最后的筛选，然后再与学校讨论此事的可能性）是不切实际的。如何做到这一点呢？你们应该作为独立的申请人各自写单独的求职信，但要相互参照对方的信，说明你们愿意共同申请同一个职位，并把申请材料放在同一个信封里寄出。我所在的学校现在有几个这样的共享职位，虽然这种情况对夫妇来说肯定会带来经济上的损失（这是一个主要的不利因素），但他们能在同一地点从事同一份热爱的工作，而且让他们有更多时间做其他事情（如家庭生活、研究、写作，甚至共度休闲时光）。

约翰·戈德史密斯： 现在回到推荐信的问题上。包括我自己在内，有些老师不喜欢使用标准模板。语言学的圈子很小，所以被寄往不同学校的推荐信通常都会得到一些个性化的处理。如果学生的研究工作与我所认识的招聘学校里的某些人的研究相关，我就会在推荐信里写上这方面的内容。当然，我的推荐信也会随着学生完成更多工作或达到了其他目标、取得了更大成就而在几个月（或几年）内做出相应的修改。我想补充的是，根据我的经验，在我的专业里，应聘者的求职信非常重要。在求职信中，你可以充分展现自己的兴趣、经历和各种规划。推荐信的内容彼此有很大不同。我读过数以百计的推荐信，但读到我这个领域里那些最忙碌的学者煞费苦心地为学生所写的推荐信时，我还是会感到惊讶。在某种程度上，信中的细节是为了给人一种印象，即应聘者的文章对推荐人来说如此重要（从应聘者还处于研究生一年级起便是如此），以至于推荐人记住了应聘者的每一篇论文。这样的推荐信当然是非常有效的，但其中也不乏讽刺意味，因为导师的推荐信比学生写的求职信体现出了更深的学识和才华。

我们不要忽视个人履历的重要性，尤其是一份好的履历（或简历）。这是一份简短的文件，浓缩了你学术经历的要点，从你所受的教育（大学及以上）到你的工作、会议发言、著作发表、科研基金和奖学金（如果你曾经获得过），可能还包括为你提供书面评估的学者的名字。

编写一份好的履历表不是一件容易的事，如何选取合适的内容更是难上加难。我只能提供两点建议：在你写履历表之前，至少要研究 6 个履历范本（在网上不难找到，也可以直接借鉴别人的履历，但要说明原因），然后在写好草稿后给其他人（尤其是学校老师）看一下，找出你是否遗漏了什么，或者是否太啰唆。如果你有写简历的经验，记住两者其实差别不大，但绝不是完全相同的。履历表的文字和说明往往较少，但篇幅可能较长（许多人建议简历不超过 2 页，甚至只需要 1 页，而履历表的长度没有限制），而且一定要重点突出、布局合理。

约翰·科姆洛斯：你的个人履历必须保持准确和完整，绝对不能出现错误或没有解释清楚的不连贯经历。你的履历应该表述清晰、简洁连贯，并且美观得体。它应该突出你所取得的学术成就，并用一段简短文字介绍你的博士论文。招聘委员会通常会花不超过 20 秒的时间来初步筛选一份履历，因此你没有太多时间来介绍自己、解释你的研究，或让人相信你是合适的人选。你没有出错的余地：拼写错误、前后矛盾、语法错误、用词失当以及经历不连贯都会让你的履历迅速被淘汰。除了提供必要的信息外，你在履历表中还应该列出即将发表的论文（即已经被出版社接受的论文）、目前正在评审的论文、已完成但尚未投稿的论文，以及正在进行的研究项目。注意，你的履历必须要有吸引力。

　　彭妮·戈尔德：关于履历中的不连贯经历，原因有很多，其中一些可能是招聘方不喜欢的。年龄歧视虽然是非法的，但不等于不存在。在招聘初级人才时，招聘方脑海中通常有一个"初级人才"的形象，若是与他们年龄相仿或比他们年龄更大的人来申请这份工作，则可能会让他们觉得不合适（虽然这种态度有违法之嫌）。例如，如果你是一个40岁才开始读研究生的女性，在养育了几个孩子之后，你应该如何处理履历上的这一时间间隔？因为你的履历上通常会写有获得学位的日期，如果你在20年前就获得了学士学位，人们会知道你在这段时间并没有从事学术工作，所以你不妨在履历中简单地说明一下。有些人为了防止年龄歧视，在他们的教育经历中不写日期，但这只会让人觉得你在试图掩饰自己的年龄。如果你有短暂离开学术界而从事其他工作的经历，完全没有必要隐瞒，尽管有些行业比其他行业听起来更有吸引力（例如，法律行业相对于小学教育或秘书工作而言显得更有吸引力）。也许最尴尬的空白经历——或人们最好奇的空白经历——是你在完成博士论文之后的经历。我认为你应该让人们知道你在那段时间做了什么，而不是留下一段空白，让人随意揣测。

　　约翰·科姆洛斯：由于职位竞争非常激烈，导师的一点额外帮助也可能会非常有用。有些导师愿意不遗余力地为他们的学生

"开拓市场"，也就是拓展他们的前景；而有的导师则出于处事理念或现实原因不太愿意这样做。有些导师愿意主动向他们的朋友群发邮件，告诉他们你正在找工作。这种额外的帮助极为重要，因为导师的声誉其实给你提供了一种"保证"。他实际上是在说，他愿意为了你而冒着失去朋友和声誉的危险，保证你不会让他们失望。在你选择导师之前，可能不知道他是否愿意提供这样的帮助，但这些因素肯定在他以前学生的求职过程中产生过重大影响，所以读研之后要立即打听相关情况。有意保持稳定的研究生数量的导师往往有动力帮他们找工作，因为这是保证研究生生源的一种方法。如果导师的同事认识你所求职的学校里的人，导师也可能会请同事为你写推荐信。

有些专业（如芝加哥大学经济学系）会对即将求职的学生进行评级，以方便招聘方更好地了解学生的能力。评级结果会和博士论文题目的简述一起被寄往主要的招聘院校，而有名的院校只会面试在评级中名列前茅的学生。

彭妮·戈尔德：我个人觉得这种做法对学生不公平，对招聘方也不一定有帮助，因为招聘方的评价标准与研究生院的评价标准未必一致。考虑到这种情况时有发生，即便你个人的排名不是很靠前，如果碰到自己真正感兴趣的工作，建议你还是要提出申请。让招聘方来对你进行独立评估也没什么坏处。类似的情形时有发生，只不过不像学院给学生排名那么正式，而你不一定会意识到这类情形的发生：在个人推荐信中，教授们可能会将你与他们知道的申请同一工作的其他学生进行比较（这很少发生在申请档案中所包含的标准化的推荐信中，但可能发生在为某一特定工作而量身定制的个性化推荐信中）。但根据我的经验，这种情况并不常见。大多数教授都会尽力为他们的每个学生写好推荐信，然后让招聘委员会来仔细揣摩隐藏在溢美之词背后的真实信息。

约翰·科姆洛斯： 鉴于必须在极短的时间内处理大量信息，招聘委员会首先会看毕业院校的评估，并把其视为毕业生能力水平的一种上限。他们意识到，即使学校的评价不够准确，从好的方面看也有参考意义。如果导师对你的评价不高，学校也不会抬高你，而招聘委员会则根据自己的标准来考虑这个排名。对于招聘方来说，毕业院校的评价信息是简单而实用的。

当然，招聘是一个复杂多变的过程，有时甚至是混乱的。招聘方在对申请人有一个基本评价之前，必须审阅（至少看一遍）博士论文、评估推荐信并完成面试。即使经过了这样一个精心安排的过程，误判的可能性仍然存在。推荐信往往充满了溢美之词，即使是成绩一般的学生，推荐信也是充满了赞美："帕尔默女士是我来到这所大学任教以来所教过的最好的两三个研究生之一。"这句话的真正含义一点也不明显，因为作者没有指出他总共有多少个学生。如果他总共只有两三个学生，那么这个推荐就不像它听起来那样值得称赞了。然而，这句话并不虚假，尽管它很难被解释。因此，招聘委员会已经学会了用怀疑的眼光去挖掘推荐信中的真实信息。如果导师对学生持保留意见，推荐信便会用隐晦的语言来表达，只有经验老到的招聘方才能看出来。也许是我夸大其词了，但这都是为了让你清楚地知道，招聘委员会为某个职位挑出几个合适的人是多么困难的任务。由于对申请人的评估是一项极其耗时的任务，在招聘方未做出最终决定之前，导师或院系的特殊努力可能会有助于你获得好的结果。

应该定多高的目标？

约翰·科姆洛斯： 我想强调的是，确定导师对你学业的评估是否与你自己的评估相吻合是很重要的。他必须是一个热情的支持者，否则你找到好工作的机会就微乎其微。其他人会认为，你的导师是目前最了解你的学术能力的人，如果连他都不怎么上心，那么他们投入时间和精力来评估你的潜力又有什么意义呢？先根据导师的意见对你进行初步评价是最省时省力的。因此，我认为你应该根据导师对你的实际评价来设定你目前（而不是未来）的最高目标。

显然，导师和学生的处境都很微妙，仔细聆听导师实际在说什么和暗示什么是非常重要的。他没有说的话也可能同样重要。导师可能试图在不伤害学生感情的情况下间接地传达他的评估，因为在我们的文化中，直言不讳不被推崇。而学生们多年来致力于磨炼自己的逻辑思考能力，以求清晰地表达观点，因此很难明白老师的含蓄评价。除非你十分出色，否则不太容易确定导师到底是如何评价你的学业能力的。大多数教授（包括我自己）不会直截了当地告诉学生，他们会把其评价为一个 B 级的学者，尽管这对你来说是一个极其重要的信息。相反，他们会采用微妙的方式暗示你需要降低目标，比如他们会在回答你的问题时发生细微的音量变化。你应该仔细聆听：潜台词可能是他认为你不具备获得这一特定工作的必要条件。他不好意思直截了当地告诉你，也不好意思向他的同事推荐你。只有通过彬彬有礼的谈话，向你暗示他的看法，他才能暂时松一口气。你应该知道，导师对你的学业表现通常有多种不同的看法。如果你能注意到一些微妙的提示，也许就能避免申请那些你无法企及的职位。

彭妮·戈尔德： 有一种方法可以让你清楚地了解导师对你的评估，那就是带着一份该领域目前的职位空缺清单去询问他的意见，看他认为你可以尝试应聘哪些职位。拿着招聘院校的具体情况询问，可能比泛泛地问一些笼统的问题更容易获得导师对你的潜力的真实评估。

寄出求职信后会发生什么？

约翰·科姆洛斯： 一旦发出求职信，你能做的就只有静观其变了。在许多专业领域，标准的做法是由招聘委员会主席通过电话联系那些进入初选的申请者，要求他们参加专业组织的年会并接受委员会的面试。你应该合理安排时间，以确保不同的面试在时间上不会冲突。在这个阶段，第一印象非常重要，因此你无论如何也不能迟到。在整个过程中，自信心和干练的气质至关重要。如果可以，要尽量避免一个接一个地面试，因为你可能会想在进行下一个面试之前放松心情并思考一下刚刚发生的事情。由于不同的面试可能分散在几个相距较远的酒店，为了保险起见，你应该给自己留出至少半小时的面试间隔时间。

约翰·戈德史密斯： 在我们的专业里，对于希望进入"最终候选名单"（即被邀请到校园进行真正面试的名单）的申请人来说，参加本专业的全国年会并接受面试并不是绝对要求。当然，在年会上面试时，我们很高兴能够在那里见到许多申请人，因为我们可以排除那些在申请材料上看起来不错但实际情况离我们的要求相去甚远的学生。同时，我们可以接触到更多的候选人，也许是从申请材料上看不是非常具有竞争力但却"必须进入"校园面试名单的候选人。不过，当我们知道有一个条件出众的候选人时，无论我们是否在语言学会的年会上见过此人，我们都会知道。

彭妮·戈尔德： 另一方面，如果你获得了会议面试的通知，申请人也不能对此抱有太大期望。如果年会上只有一两个面试机会，你是否应该去参加（这意味着相当大的开支）？我会说是的，否则你可能会被完全排除在候选名单之外。如果你在国外，那就另当别论了；如果你离学校很近，有时招聘方会乐意在校园里约见你——但这种情况很少见，因为与在年会的客观环境中按顺序接受面试的申请人相比，这样做会被视为不公平。

正如约翰·戈德史密斯所说，会议面试可以大大改变招聘委员会对个别申请人的评价，其带来的影响既有正面的，也有负面的。事实上，这一点总是让我心生惭愧，因为这显示了书面材料在很大程度上不能完全体现一个人的真实水平。

面试名单是如何产生的？

约翰·科姆洛斯： 对于招聘委员会来说，确定在全国年会上进行面试的人员名单是一项具有挑战性的任务。幸运的是，优秀的应聘者供不应求，而且委员会通常有很多相当好的候选人可以选择。在这种情况下，学校的名气和导师的声誉非常重要。此外，委员会还经常寻找一些小的差异，如研究兴趣的差异：你觉得什么样的研究题目有吸引力？你在系里会是个好成员吗？社交能力也很重要。在一群具有同等资格的候选人中，细节差异的影响可能会被放大，这在所有的学术阶层都是如此。才华出众的学者如果在一个水平中等偏下的院系工作，往往会处于不利地位。之所以如此，是因为人们一般同气相求，不希望自己被同事超越太多。

约翰·戈德史密斯： 阅读招聘启事时要注意一些微妙之处。招聘启事一般很短，传达的信息相对较少，而且措辞往往不严谨。撰写招聘启事的人往往在做最终决定时没有太多发言权。招聘启事可能会指定一些相关专业为"所需要的",但外人不可能判断出这具体意味着什么。这可能意味着招聘方中的少数人非常喜欢这种有特定专业背景的人,但其他人未必在乎,当然也有可能招聘方的确强烈要求候选人具备相关条件。具体的含义往往无法确定,如果你觉得你的专业领域与对方的要求并非完全吻合,但还是有可能申请成功,那就不要错过机会。

　　我们系目前正在经历招聘初级职位人员的过程,所以有几点是我非常关心的。我会提到我是如何阅读求职信的。我会在电脑上制作一个图表,记录每个申请人及其推荐信的情况,当看完申请人的所有材料后,我会将申请人初步分为三类:非常优秀、立即淘汰和其他,即 A 类、C 类和 B 类。之后,我会简单地再看一遍所有的申请档案资料,以确认自己为什么把他们分为这三个粗略的类别。不幸的事实是,只有那些在最上面的类别(即 A 类)中的人才能通过初选。现在,不光是我一个人这样做,招聘委员会的所有成员都在对申请人进行排名,有的人我给了 B,但别人却打了 A,这对我来说没有问题。但如果别人推举一个在我的 C 类名单上的名字,我就会提出反对意见,并给出我认为不能选他的理由。

　　我发现自己会把大约 10% 的申请人归入 A 类。实际上,我一直在努力缩小这个比例,但总是有那么多表现优异的候选人,而我也希望了解更多关于他们的信息。但是,如果我们有 100 名应聘者,这意味着我想面试大约 10 个人,或者请他们来学校面试。遗憾的是,系主任给我们的资金不足以让 10 个人来学校面试，我们只能负担 3～4 个人。因此，在最终确定一个简短名单时，其他因素也会发挥作用。我们很难提前知道这些因素会是什么，但每个应聘者都应该知道，在这样的情况下，即使是细节也是重要的。

彭妮·戈尔德：诚然，招聘启事只是对招聘方各种复杂要求的大概反映，所以你不应该仅仅因为其中的描述不适合你而放弃申请。另一方面，你应该在求职信中针对招聘启事所要求的条件做出说明。比方说，如果招聘方要招聘的是研究欧洲现代史的学者，并且优先考虑能够同时教授非洲历史的申请人，那么如果你有相关领域的专业背景，就要详细说明。如果你没有相关背景，但愿意为了教学的目的进行深入学习（要有一定的可信度，如研究过英帝国的政策），也要加以说明。如果你完全不提相关领域，招聘方就会认为你在该领域既没有背景也没有兴趣。因为招聘方主要关注的是欧洲现代史学者，如果你符合这一点，这仍然是一份非常值得申请的工作。如果招聘方没有找到同时具备非洲史背景的优秀人选，就会聘用其他合格的申请人。如果你的主要专业领域是非洲史，第二专业是欧洲现代史呢？我还是会建议你去申请，但不要对进入面试抱有太大希望。

当招聘委员会面临缩小候选人范围的艰巨任务时，一些没有出现在招聘启事中的因素将不可避免地发挥作用。例如，你的研究方法论可能正巧与招聘方吻合（例如，招聘方的某位行为心理学家非常认同这种方法），或者是对招聘方的有益补充（例如，招聘方有许多社会和思想史学家，而外交史学家正是他们所缺少的）。另外，招聘委员会成员可能和你的一些校友有私交，因此你们也有一定的情感联系，甚至招聘学校已经有很多你的校友（这一点也可能是一个负面因素）。既然有这么多因素是你无法控制的，那就更应该对你能控制的部分非常小心，也就是你在求职信中对自己的介绍。

如果得到面试机会，将面临什么样的情形？

约翰·戈德史密斯：让我们首先考虑在专业会议上的面试，比如在现代语言协会举行的年会上的面试。在这样的会议期间，你可能会接受一个人或由几个人组成的招聘委员会对你进行的简短面试，并回答你提出的问题。

面试会谈些什么呢？话题各种各样，而且都是同时进行的。首先是了解你的个性：正如人们所说的那样，他们想看看你是否头脑敏捷、反应迅速，还是仅仅反应平常。关于这一点，你没有什么可以准备的：性格已经形成，很难改变，你只能展现自己真实的面貌。但你一定要尽最大的努力，以自己独一无二的方式展现魅力。

除了个性之外，面试官还会观察一些具体的方面。这份工作很可能会有一些具体的资质要求，面试官会想知道你是否符合这些要求。如果英语系要招聘研究 19 世纪英国小说的教师，那么你应该对《简·爱》（*Jane Eyre*）有所了解。虽然简历上会有很多这方面的内容，但你不能指望面试官知道这些。你的任务是让面试官详细了解你的专业背景。

不过，在这种简单的信息传递背后，还有一个更重要的隐性信息。当一个系部招聘教师时，它正在寻找的是工作主动和勇于承担职责的人：他能准备、组织和教授专业课程，能为学生提供咨询，并且善于和其他教员互动。

初次求职的研究生们经常忽略了这一点，倒也情有可原。他们可能认为最重要的条件是他们的研究兴趣与招聘方的要求相吻合。毫无疑问，这一点很重要，但在大多数情况下，他们只是间接符合招聘条件。

在面试时，应聘者应该试图传达的信息是，他有能力在缺少监督和没有系部其他成员的额外帮助下完成工作。例如，如果一个音乐系要雇用一个人教授音乐理论，招聘方首先要确信这个应聘者精通主流的音乐理论，而且能够为学生提供恰当的教学，不会有学生提出异议。应聘者若有足以改变该学科历史进程的创新性的学术观点当然最好不过；但学校需要新教师讲授长期以来已经完善的既定课程，因此招聘方首先要确认申请人具有这种基本能力。创新性的观点对于文章著述当然很重要，在时间充裕的现场面试中，这些观点会更加受到关注。但招聘方首先关注的一定是最基本的综合能力，这一点毋庸置疑。

彭妮·戈尔德：我所参加的面试则有些不同。我们在面试中大约用一半时间谈研究，另一半时间谈教学。事实上，我认为在会议面试中，我们会花更多的时间谈论研究，因为我们知道这可能是申请人最熟悉的话题。一旦申请人来参加校园面试，我们就会花更多的时间谈论教学。我们通常会在每个部分以一个宏观问题开始，然后从不同的方向跟进。你得准备好回答这样的问题："请描述一下你的研究工作""你的研究对这个领域有什么贡献""除了目前的研究工作，你还可能从事哪些研究课题""你最想教的课程是什么""你将如何教授专业入门课程""你的入门课程的主要目标是什么"等。

约翰·科姆洛斯：毋庸置疑，这将是你职业生涯中的关键时刻。比方说，你所申请的某所大学已经与你取得了联系，商定在全国会议上的面试安排。

学校和导师对你的评价越高，你就越早可能被招聘委员会联系。在大多数情况下，初步安排会提前一个月左右定好，但有时也会到最后时刻才定下来，这主要取决于招聘委员会处理文件和做出决定的速度。如果他们电话联系你，回答时应该专业和直接（包括录音电话的回答也需如此），不要讲夸张的话或开玩笑。

顺便说一下，初次面试的费用由你自己承担。你可能面临的一个意想不到的重要问题是获得面试所在酒店的房间号。虽然年会都有登记册，原则上你可以找到这些信息，但有的教授会嫌麻烦而不登记。酒店不会透露客人的房间号，所以你必须提前打电话询问面试地点。不要把这件事留到最后才做，你必须避免在面试时迟到，或者因为在寻找房间时遇到问题而惊慌失措。酒店的电话线路不多，而且往往因数以百计的申请人联系各自的招聘委员会而不堪重负。有些酒店内的电话可能会失灵，在这种情况下，你可能需要零钱或信用卡来使用付费电话。所以要给自己留出足够的时间，因为各种事情都可能出错。例如，我记得一位面试官联系我时把酒店的名字说错了，我只得争分夺秒地找到她真正所在的地点。有时，一个招聘学校可能有几个招聘委员会，这时情况就会变得复杂。因此，寻找面试地点所花的时间可能比你预期的要长。迟到的代价很高，你不能心存侥幸，而且如果做事匆匆忙忙，往往就会紧张。[9]

一些顶尖院校的毕业生在求职时希望给对方留下他们的确非常优秀的印象，但他们身上表现出的过度自信往往被认为是一种傲慢。他们认为，在竞争激烈的市场上，这是一种合理的策略，因为面试官可能会把应聘者对自己的评价作为一个指标来衡量其职业潜力（就像有些人把价格作为衡量产品质量的指标一样）。我不知道这样的策略是否真的管用，也许在短期内确实如此，但我个人并不推荐这样做。

彭妮·戈尔德：我强烈建议应聘者在面试时要呈现一个**真实的自我**。试图取悦面试官或投其所好会适得其反。首先，你不可能知道他们想听什么，反而很可能产生误判。即使你以某种方式想出了如何"取悦"面试官，这样做也很容易被识破。老师们大多阅历丰富，对这种事情司空见惯，对于求职者而言，并不见得能达到取悦面试官的目的。此外，精心准备与包装和撒谎之间的界限是相当细微的，一次说谎会导致一直谎言缠身，你总不想陷入这样的境地。这并不意味着你需要主动说一些会让招聘委员会成员误解的话（例如，作为一个从未去过哈德逊河以西的东海岸人，不要对来自爱荷华州的招聘者说："我真的无法想象自己住在中西部会怎样"）。其实，处事机智是一种值得培养的好品质。如果你通常不是一个机智的人，那么该如何遵循我的建议，"呈现一个真实的自我"呢？这是一个挑战，你需要在参加第一次工作面试前就好好考虑。

约翰·科姆洛斯：此外，你也需要从面试官的角度来审视自己。如果你知道自己有某些不良的习惯，就要有意识地考虑如何改掉。例如，如果你习惯对问题做出简短的回答，就得练习如何详细地回答问题，因为简短回答可能是无效的。假如面试官问你是否愿意住在爱荷华州，如果你仅仅回答"愿意"，可能不太合适，如果你可以描述曾经开车经过那里，或者去过其首府得梅因（爱荷华州首府），或者听亲戚讲过爱荷华州的情况，效果会好很多，但当时你不一定能一下子想到那么多。

彭妮·戈尔德：我在上面给出的建议——"呈现一个真实的自我"——同样适用于面试时的着装问题。你要穿一些自己觉得舒服的衣服，否则穿着上的不舒适可能会影响你的面试表现。在这个最重要、最令人紧张的场合，你要表现得镇定、精神集中、口齿清楚！你希望面试官专注于你所说的而不是你所穿的，所以不要穿得太引人注意，以至于分散了谈话时的注意力。这一点对男性来说比女性容易得多，因为男性有一套万能的着装"模板"，几乎适用于所有场合：运动夹克、领带和除牛仔裤外的任何裤子，不一定要穿西装。如果打领带不舒服，也可以有其他的选择（比如用衬衫和背心代替，或者用夹克和毛衣代替）。对于女性来说，没有标准的着装，而且由于人们往往通过穿着来观察女性（这和学术界之外的情况没有区别），穿着不当有较大的风险。除了要穿出"自我"、穿得舒适外，还有一些事情需要避免：不要穿得过于讲究，好像是在参加世界 500 强公司的面试；不要穿低胸上衣或很短的裙子——你希望面试官看的是你的脸，而不是你的乳沟或纤腿；另外，要确保你穿着这套衣服坐着和站立时一样舒服。你可以准备几套面试服装，向对你友善而又有招聘经验的女教授请教。如果你在面试前有机会参加一两次全国性会议，注意观察人们的穿着。有些会议（如现代语言学协会的会议）流行新潮时装，而在其他会议上，人们的服装通常趋于保守。如果你发现自己花在服装上的时间和花在如何回答论文问题上的时间一样多，也不要为此感到心烦，因为很多人和你一样。当女性可以不再担心她们的穿着时，学术界就真正实现了男女平等。

约翰·科姆洛斯：人们觉得着装能反映一个人所有的性格特征。虽然男性有固定的着装模式，但因各地习俗不同也会有差异。例如，我发现戴帽子是个大问题，特别是在冬天。有一次我参加面试，地点是一家餐厅，当时我戴着一顶在比利牛斯山脉买的贝雷帽。在酒店门口见到面试官的那一刻，我从他的眼神中推断出我不大可能获得这份工作。也许他认为对他所在的学校来说，我是一个知识分子味太浓的人，或是个性太强的人，或是某种激进分子。我不确定他是怎么想的，我只知道我戴帽子只是为了防止感冒。我确实没感冒，但也没有获得录用。当时我的俄式帽子在干洗店，戴那顶帽子去面试或许效果会更好。

彭妮·戈尔德：面试中还有些不为人知的地方需要多加注意。在面试你的几个人之间，可能存在个人分歧或者政治意见的差异。如果你在面试过程中感到一些敌意，可能是因为上述的原因，而不是你说了什么不恰当的话。他们可能会问一些问题，以了解如果你被录用会站在谁的"一边"。如果你看到这种情况出现，必须做到既要坦率面对，又要巧妙应付。

在面试中应避免哪些情况？

约翰·科姆洛斯：在现实生活中，没有一个委员会是完全民主的，也许理想世界中会有，但我们都不会生活在理想世界。招聘委员会主席和委员会成员通常由系主任指定，而不是由系里的投票决定。哪里有群体，哪里就有等级，这在招聘委员会上也是不可避免的。有些人被安排在委员会中，可能是因为他们很容易受到其他人的影响。你无从得知委员会内部的影响力分布情况；因此，你要采取的唯一合理做法是尽量留意关于这一点的各种信息，同时尽可能小心谨慎。

刚开始时，你要谨慎行事，不要将自己置于极端的处境中。你要灵活得体，不要过多猜测招聘方的想法。你要对招聘启事的描述保持开放的态度，尽量让招聘委员会成员对其要求做出详尽解释。你要弄清楚招聘方真正想要的是什么样的人选，而不要想当然，认为事情就该如此。例如，在我们学术界，政治立场不应该是决定是否录用的公开标准之一，但没有理由认为你实际面对的委员会完全遵守了这一点。应聘者可能会因为他们的意识形态立场、个性特征或另类观点而被"弹开"（淘汰），这些因素理论上不应该是决定是否录用的标准。我上面的贝雷帽轶事就是这样一个例子。有这么多同样优秀的申请者，淘汰容易选择难，所以尽量不要让人拿到你的把柄，以致你被淘汰出局。导致某事发生的真正原因可能与其所宣称的完全不同，但在没有有效替代方案的情况下，人们会采用一个公众所能接受的理由让你出局。

委员会成员不仅对你的学术表现感兴趣，而且还会把你视为未来的同事或教师来考察，这一点的重要性不亚于你的学识和成就。因此，你的自信心和表达能力也是至关重要的因素。你未来的同事希望了解你在院系会议上是否是好相处的（或是否是易起冲突的），以及你是否将成为一名优秀的教师。如果你进入了校园面试环节，或者今后在面临晋升时，这些问题会一再浮现。请记住，在面试刚开始时，你并不需要对任何事情做出坚定的承诺。面试官只是想探究一下你的想法，以便了解你在某些问题上的思考方式。你对问题的反应如何？你对批评和建议的态度如何？你是否有过分的要求、潜在的野心或极端的政治立场？例如，有人可能会问你是否愿意上晚间的课，其实并不一定是因为有真正的需要，而是他可能想看看你的时间安排是否灵活。因此，即使你不太愿意晚上上课，也得毫无保留地表示十分愿意，否则就会降低自己被录用的可能性。我见过有人因为类似的小事而被淘汰，其实招聘方是通过申请人的回答来了解其基本性格特征的。诸如"我还没有考虑过"这样的回答可能会引起一些不必要的想法，比如你究竟需要多少时间来决定一件小事。请注意，一个肯定的，甚至十分乐意的回答并不意味着录用后就会被安排晚上上课，况且人总有改变自身想法的权利。因此，你在面试时的回答只是被视为对你的灵活性或对该职位的兴趣的一个测试，而不会被当成郑重承诺。

尽管在面试中压力很大，但你要尽可能放松。请记住，这只是初步的面试，因此你的回答也应该是初步的。太过热情的回答（例如，"是的，我很想在晚上上课"）听起来并不真诚。即使是真的，大多数人也并不喜欢这样（即使是这种夸张的回答，也可以通过说"我习惯在晚上工作"来找个台阶下）。不过，请注意，从这样的回答中，面试官已经充分了解了你的个性，这才是他们真正的目的。

面试官一定会问及你的博士论文。你应该提前准备好 3 分钟的简短陈述，来应对此类问题。面试中可能会有大量的讨论，在这一点上，回答问题的经验将派上用场。招聘委员会成员可能不太会问私人问题（许多问题是不适合问的，而且有违法之嫌），但他们想知道如果聘用你，你是否会因为某些不可推卸的责任而难以接受这份工作。你可以暗示他们你对居住地的选择很灵活，或者你配偶的职业很自由，你们可以灵活选择居住地。

彭妮·戈尔德：我希望招聘方在面试时尽量不要问私人问题。有些问题即使不恰当或违法，有时也会出现，使你陷入尴尬的境地，不知道该怎么回答。如果你以"这个问题是违法的，我不会回答"的方式回应，可能不会产生好的结果。关于婚姻状况、配偶就业情况或是否能够搬家的信息，只有在录用后询问才有意义，尽管招聘方在早期就对这些事情感到好奇（这是可以理解的）。如果招聘方真的问了，你应该如何回答呢？说实在的，我也不知道。不过我建议不要采纳"导师女士"的建议，撒谎说你的丈夫是一名自由撰稿人。[10]这样做不仅不道德，而且很不明智——因为如果你得到这份工作，真相就会大白，而你的同事们会觉得你不值得信任。如果你被问及是否已婚，我建议你简短地回答是或否，除非他们还有进一步的问题，否则不需要多说。如果你回答"是"，而他们问了后续问题，就像约翰·科姆洛斯所建议的那样，你可以采用简单而灵活的回答方式。你可以反问："这对你们来说有区别吗？"

约翰·科姆洛斯：然而，我担心回答得过于**简单**可能会让人产生误解。一个简短的"是的，我是"，对方可能会认为你在反问"是的，那又如何？"，我个人觉得稍微多说两句也没什么关系，虽然我完全同意只有学术表现才是招聘方唯一应该考察的标准。然而，在现实世界中，委员会确实会考虑应聘者的个人因素，从他们的视角来判断应聘者是否合适的人选。

研究方向肯定会成为决定能否入选的重要影响因素。学者们总是在寻找有共同兴趣的同事，因为这有助于他们的研究。如果你有类似的兴趣，就有可能进入他们的圈子，而你的研究工作也可能从总体上提高整个院系在该专业领域的知名度。你还可以在由更资深的同事主持的学位论文委员会中担任第二评审人。因此，一旦录用你，系里不仅会得到一位研究人员（比如一位劳动经济学家），而且还可能因为你的加入使得本系多了一个专业方向。请注意，如果你的研究兴趣比较广泛，这时就有了用武之地。例如，委员会中可能有人对人口统计学感兴趣，而如果你在劳动经济学之外还对人口统计学有所研究，将对你大有帮助。同时，你需要注意如何强调这项技能。如果你漫不经心地问："我可以教人口统计学课程吗？"别人会误以为你在说："我对教劳动经济学不感兴趣，我真正喜欢的是人口统计学。"这样的回答还可能给人一种印象（即使并非出于你的本意），即你未来的研究方向将从主流的劳动经济学转向人口统计学。此外，这个问题可能会被看作是向人口统计学领域的资深学者发起竞争，他可能想继续教授导论性的课程，因为他已经投入了相当大的精力来开发该课程，不想让你插手其中。因此，尽管你的专业能力很强、兴趣很广泛，也需要谨慎行事。

　　彭妮·戈尔德：在面试接近尾声时，你可能会被问到是否有任何问题要问面试方。你可以问："你觉得人们有多少选择权来教授他们想教的课程以及开发新课程？"有些院系有非常固定的课程设置，你会被准确地告知必须教什么，而有些院系则有很大的灵活性。这是一个合理的问题，并且它也会让你了解在以后的教学中有多少自主空间。

　　约翰·科姆洛斯：向面试官提出一些问题确实很重要；否则，招聘方可能会认为你对他们的院系不感兴趣。但是关于灵活性的问题不能问得太直接，因为如果对方给予教师的自主空间不大，那么委员会就可能把这个合理而单纯的问题理解为你在**暗示**并寻找自主性，从而会认为你的要求和系里的实际情况并不相符。提一些比较中性的问题会更加合适，比如，"系里还有哪些其他要求"或"你们希望我教什么课程"。

　　约翰·戈德史密斯：我可以给申请某所既定大学的应聘者一个最重要的建议，就是你必须对那里正在进行的研究怀有真正的兴趣。假设你是一名语言学专业的研究生，而俄勒冈大学（University of Oregon）的语言学专业刚好有一个职位空缺，并且邀请你参加语言学协会年会的面试，你应该马上打开电脑，上网了解该系所有教师的情况以及他们的研究课题。最理想的情况是，你对许多教授久闻其名，还阅读了他们的论文。花点时间研究这些人和他们的研究工作是值得的。如果你能在面试中把你自己的研究工作或兴趣与俄勒冈大学的教授或学生的研究工作或兴趣联系起来，一定要这样做，这将对你有极大的帮助。这不是弄虚作假；恰恰相反，这说明你求职的态度很认真。令我惊讶的是，真正做到这一点的学生少之又少。如果你能对某个面试老师的某篇著作发表一些见解（赞同的或批评的都行，这并不重要），你会给人留下非常深刻的印象。可惜的是，我从未见过这样的学生。

让我们再来谈一谈教学经验。大多数招聘委员会会非常关心本科教学。我觉得面试官如果指望找到四年制大学或大型公立大学的某些职位的合适人选，都会非常重视本科教学。你应该预料到面试官会提一些关于本科教学的引导性问题，你可以借此表达对本科教学的兴趣（我希望这种兴趣是真实的）。我建议你在面试中尽可能详细地讨论这个话题，让面试官全面了解你的想法。学生对教学的了解显然会比对其研究课题的了解要少，但面试官想了解你对教学的看法，那就一定要讨论教学的话题。我记得在一次专业会议上，我的一个学生参加了一所大型州立大学的面试。第二天早上，其中一位面试官（我认识她）走过来对我说，她很遗憾某某应聘者对如何教授语言学入门课程说得太少。后来我才知道，这个学生的公文包里其实有一些非常好的语言学课程讲义，是她为那学期教的一门本科课程准备的，只不过她没有在面试中将讲义拿出来。由于她没有把她最好的一面展现出来，自然也没有进入下一轮面试。

人们在过去一般认为如果应聘者面试时表现不错，那么教学能力一定也还可以。然而，最近人们越来越认识到，面试表现良好并不一定表明教学上的表现也令人满意，现在很多大学也意识到需要对研究生进行引导和训练，使他们成为善于教学的教师。[11]

首轮会议面试后，是否应该联系面试老师？

约翰·戈德史密斯：我认为这个问题没有唯一的答案。有些人可能认为，出于礼貌，应聘者应该写一封感谢信，这当然也不会有什么坏处。如果你是这么想的，写信表示感谢就可以了。另一方面，如果面试中谈到了某个专业问题，而你正巧写过关于这个主题的文章，或者知道这个面试官不了解但似乎很感兴趣的参考资料，那么无论如何都要继续与他交流，发封电子邮件或是将文章和参考资料发给他都是可以的。但你要知道，这是一年中教授们最忙碌的时候，所以不要指望他们会给你回复。

下一步该怎么做？

约翰·科姆洛斯：招聘委员会将在首轮面试结束后的一两个星期内开会讨论决定进入校园面试的名单，通常会选定 3 个名额，他们将被邀请到校园进行更深入的讨论。如果你在首轮面试后的 3 周内没有收到任何通知，就可以确定自己没有进入下一轮面试。不幸的是（这么说是因为我确实觉得这很不公平），该院系不可能在未来几个月内正式通知你面试出局，你只能自己推断。

彭妮·戈尔德：这对申请人来说是很痛苦的，但从招聘学校的角度来看，它们有充分的理由这么做。可能会发生这样的情况：被带到校园的前三名候选人中没有一个成功录用的，要么是因为他们在校园面试中表现不佳，要么是因为他们虽然被录用但最终不能赴职。然后，招聘学校不得不重新在会议面试的名单上选择合适人选。即使过去了几周，学校还是希望你不知道自己不是他们的第一选择。我觉得在这方面，求职双方都应该坦诚相待：招聘学校最好能在会议面试后给应聘者发一封邮件，告知他们没有进入校园面试的初选名单，但选拔仍在进行中，他们的求职档案将被保留到招聘结束。学校是否这样做，可能更多地取决于招聘委员会主席的组织水平和秘书协助的程度，学校通常不会故意让应聘者蒙在鼓里。

约翰·戈德史密斯：现在大家都在使用免费的电子邮件服务，因此招聘学校可以每两个月通过电子邮件发送一个简短的确认，说明招聘程序的进展情况。但正如彭妮所解释的，学校通常不会在整个程序结束之前宣布结果（或谁被淘汰），而这意味着得知最终结果的时间比大多数人预想的要晚得多。

约翰·科姆洛斯：我担心的是，在及时通知申请人落选这件事上，学校的做法越来越随便了。通常申请人总是先猜到结果，过了很久之后才会收到书面通知。我听说有些申请人根本就没有得到任何反馈，也见过招聘在没有通知申请人的情况下就草草结束的情况。在我看来，如果一场招聘有 60 名申请人，首轮面试后，招聘方完全可以轻松决定 40 个人不能进入下一轮面试，并在一周之内发出通知。这似乎是学术界需要改进一个方面。

如果没能进入下一轮面试该怎么办？

约翰·科姆洛斯：千万不要绝望，也没有必要给招聘方的系主任打电话，肯定会有其他的机会。你没有引起招聘委员会的兴趣这一事实，不一定与你的能力或资格有关。招聘委员会有各种不能公开的目标。系里分配给该委员会的任务可能是寻找一名劳动经济学家，但委员会主席却一心想找一位专门研究第三世界劳动力市场的专家，因为他无法获得授权来雇用一名发展经济学家，而这是他的首选。系主任看到这位德高望重的同事很失望，为了安抚他，因此让他负责委员会的工作。他没有得到授权为招聘研究第三世界的劳动经济学家做一个启事，因为没有得到系里的批准，但他现在还是有机会获得一个令他满意的结果。你可能无法知道，面试时的一些问题是为了确定你是否愿意研究发展经济学。回忆一下面试过程可能有助于你在下次面试时领会这种暗示。

另一个你无法控制的因素是，人们通常会被志同道合的人所吸引。有些学术界人士会嫉妒甚至讨厌水平超过自己的同事。如果你面试的学校在学术上并不居于领先地位，让面试官觉得你已经达到常春藤联盟（Ivy League）的学术水准未必能让他们对你另眼相看，反而可能对你不利。他们对应聘者的定位是成为好教师，而不是成为知识的创造者，他们在州立大学的地方分校或文理学院传授人文、自然或社会科学知识，并发挥了极其重要的作用。也许这也是你的目标，你可能不想在完成博士论文后再做更多的写作或研究工作，这完全没有问题。你应该让招聘委员会知道，你主要对教学感兴趣，而不是对发表文章或出版著作感兴趣。为了吸引面试官，你甚至可以强调教学即便不是你的兴趣所在，你也会分清主次，以教学为主。如果你与其他同事的追求相去甚远，在这种环境下会感到不顺心。随着时间推移，你的目标很可能会发生改变，但即使是一份临时性的工作，也能让你在学术界保持一席之地，直到你找到更符合自己定位的学校。

理想的情况是，你的职业定位与招聘学校的职位要求相匹配。实际上，双方都可能会退而求其次。不要以为该学校一定会选择和你的职业定位一致的人。招聘学校的目标可能比你的高，也可能比你的低，而且你的整体素质可能高于职位要求，也可能低于职位要求。

彭妮·戈尔德：在此，我想提醒大家不要去猜测不同学校对学术研究的重视程度。你可以确定的是，那些名牌大学对论文发表和著作出版的期望值是非常高的，而其他大学就很难说了。许多教学型大学（即使是那些教学任务繁重的大学）也希望其师资队伍中有科研能力强的学者。在面试中，当轮到你向对方提问时，应该问一问这个问题："对于终身教职而言，在发表著作方面需要达到怎样的要求？"

约翰·科姆洛斯：是的，你肯定应该问清楚这方面的要求。当然，重要的不仅仅是对方告诉你的内容，更重要的是你最终要了解他们关于科研的最新要求。

约翰·戈德史密斯：在这里我必须提到关于大学院系的一个普遍规律：大学中的每个院系几乎总是通过某种方式不断地自我复制。在招聘新教员时，他们会找到符合他们模式的人，并且会延续他们的传统。你可能认为我指的是纯粹的学术方面，确实如此，但在其他方面也是如此，招聘方和申请人在处事风格、个性特点和理论方法上都要气味相投。在某种程度上，招聘方会考察申请人能在多大程度上延续原有的传统。应聘者通常对院系的整体风格等一些微妙的情况并不了解，而且在这方面也不可能有哪些针对性的表现，不过我在这里要重复一下之前的建议：你要了解你所面试的院系，并积极利用你对那里发生之事的了解来应对面试。

约翰·科姆洛斯：我完全同意，这里再接着说一点。可以说，**大学**总是在自我复制。你可能认为院系的规模较小，因而容易改变，但实情却更为复杂。院系的标准和文化是由于相互关联的各种盘根错节的因素而保持动态平衡的，并且受到整个大学内部各种力量的相互影响。这些因素和力量是大学政治的一部分，人们已经适应了它们。这种氛围和特质是通过趋同排异来维系和巩固的。教员们付出了很多时间和精力来维持相对的平衡和传统，而"改变"往往不符合他们的利益。

彭妮·戈尔德： 我认为，在规模较小的学校，情况可能有所不同。在一个只有五六个人的院系，如果两三个人相继退休，该系就会经历一场剧变，你有可能借此时机在新一轮的人员组合中获得一个重要位置。

约翰·科姆洛斯： 我在前面提到了学术界内部的分歧问题，既包括意识形态层面的，也包括政治和学术层面的。如果你坚信自由市场经济是最有效率的经济组织机构，那么学术观点倾向于强调市场经济致命缺陷的院系就不太可能录用你。如果你的政治观点偏左，政治保守的院系就不可能视你为主要候选人，反之亦然。

还有许多其他原因导致你在首轮面试后没有晋级。比如，招聘委员会可能已经有一个"内部"人选。可以肯定的是，招聘委员会有义务至少选几个合适的候选人进入校园面试，否则整个过程看起来太不公平，也无法向系主任交代。不过，你也有可能是因为太具竞争力而被淘汰，所以也不必感到失望。就业市场很大，工作机会很多，你总会在适当的时候找到适合自己的位置。当然，这可能不会立即发生。因此，你需要耐心，对自己的才能和目标有一个准确定位，并对就业市场的运行机制有一定的了解。

简而言之，不要觉得你未能在竞争中晋级是自己的个人失误。由于你不了解这一结果的真正原因，可以与你的导师讨论这次面试，也许能够找到相关的解释。然而，你没有必要花费过多时间去猜测被淘汰的原因，事已至此，无法更改。当然，回忆一下面试过程中的谈话可能会让你有所收获。虽然我强烈建议大家不要把面试失败的责任归于自身，但失败的次数越多，寻找其中的原因就越重要。

请注意，虽然看到合适的职位就应该去申请，但你也得明白，每一份申请都是既费时又费力的：每份申请材料可能都需要一整天的时间来准备。因此，在你申请之前，对招聘院系进行一些研究是值得的，以便了解自身条件和职位要求的匹配程度。

进入下一轮面试的申请人该怎么办？他们可能会面临什么情况？

约翰·科姆洛斯：他们将收到一份由招聘委员会主席或系主任发出的校园面试邀请。校园面试将在首轮面试结束后的几周内进行，所有费用由学校承担。第二轮面试通常要持续一天，如有特殊情况，也可能延长到第二天。你将被要求就你的博士论文主题做一场报告，内容关于论文中最重要的几个问题。报告的内容不应该是你的下一个研究项目或你最近写的文章。即使完成博士论文距离现在已经有一段时间，对你来说已经是老生常谈，但你还是要在面试时讲述论文——当然，除非你已经是一位知名的学者。不要大谈选题过程或透露有关论文委员会的小道消息，这些闲聊适合留到饭桌上去说。我见到过有人在面试时谈论这些，结果被淘汰，这很不应该。尽管这个人显然胜任这份工作，但他似乎根本不知道正式的求职面试应该是什么样的。

面试报告不应该蜻蜓点水、泛泛而谈，不应该只讲人物故事或者闲话轶事。同样重要的是，报告的内容也不能过于深奥而让听众不知所云。你应该首先交代论文的构架，在引言部分介绍与该主题相关的讨论，并对你的论题做一个简短的概述，然后迅速进入你研究内容、数据分析或研究方法部分，最后给出结论。口头陈述与书面报告不同，为了让听众跟上你的思路，你应该偶尔重复主要观点。记住，为了取得良好的效果，报告的结构和思路应该简洁易懂，才能让听众保持兴趣。你已经反复研究了你的主题，对论文内容早已非常熟悉，但首次接触的听众对此还比较陌生，因此你要有效地使用视觉辅助工具帮助听众吸收理解，演讲效果也会更加生动。

如果你认为自己的论文题目对听众来说有些深奥，不要担心。听众很有兴趣看你是否能引起他们的热情，即便这是一个他们完全不熟悉的话题。不论是什么主题，作为一个有效的沟通者，你的表现会被加以衡量，这也是系里要评估的重要素质之一，特别是作为教学能力的衡量标准。

紧张会给人留下不好的印象：它不一定被理解为缺乏演讲经验，但很有可能会让人认为你不能很好地在课堂上进行沟通，从而很可能无法在面试中获得通过。如果你有一说话就紧张的问题，可以考虑寻求专业咨询师的帮助，找到解决问题的方法。

不要忽视这样一个事实：在校园面试中，演讲最为重要。大多数面试老师不会花时间阅读你的论文，他们基本上（也许不是完全地）会根据你的演讲和你在与他们的互动过程中留下的印象来取舍。

你的演讲必须是无可挑剔的。因为你在这个课题上已经花了好几年时间，你应该比其他任何人都更了解它。你的主要任务是在简短的演讲中总结出论文的要点。问问自己，什么是这篇论文的精髓？你提出了哪些论点？你是如何设计与构想问题的，为什么这样设计？研究方法有什么新颖之处？这篇论文有什么借鉴意义？演讲时要做到简明扼要，把细枝末节留给问答环节。重要的是，你要表现出自信心，但不要显得傲慢无礼。同样，听众想确定的是你将是一个什么样的同事，能否成为合格的教师。

彭妮·戈尔德： 关于校园面试的演讲内容，我的观点有些不同。如果你还在写博士论文，或者最近才完成，那么汇报自己的论文当然是最好的选择。但是，如果你的论文已经完成了一两年，并且一直在从事其他某项课题的研究，那就谈谈手头的研究工作。最重要的是，演讲要让听众很好地了解你所做的研究，你能提出多么有说服力的论点，你能多好地解释这项研究工作的意义，以及你对研究工作有多投入。建议你选择一个能很好地体现自己目前的研究内容和研究方法的演讲主题。

约翰·科姆洛斯：演讲应该首尾连贯，自成一体。首先要提出问题或假设，然后介绍你的研究方法和视角，最后得出重要结论。如果你不能自信地做这样的演讲，最好别去面试。我认为，演讲内容如果是关于正在进行的研究的，就很难达到刚才说的标准，其效果更比不上已经完成、过审且已在多种场合报告过的博士论文。

约翰·戈德史密斯：我最近遇到过两个没有通过工作面试的申请人，他们被淘汰的原因出乎我的意料：他们都极不重视校园面试。这两个候选人完全不同，从事该领域研究的年限、在业内的地位和才智能力都不同，这还只是其中几个方面的差异。然而，两人都因为报告内容空洞无物且不着边际而被淘汰出局。

我还想提一下我的一次不寻常的面试经历，之后我又碰到过两三次同样的情况。在我还是研究生的时候，被邀请到加拿大的一所大学里进行面试，他们告诉我只要去面试就行，不会安排演讲。可当我到了那里，他们要求我在院系会议上做一个简短的报告，所以我不得不在现场准备演讲的内容。我永远不会知道这究竟是其严酷的招聘策略的一部分，还是因为缺乏组织能力而出现的问题，但我之所以把这次经历告知大家，是因为知道这一点是有价值的。你要随时要做好演讲的准备，做到未雨绸缪、有备无患。

招聘学校有时会要求应聘者上一堂课，系里的其他老师旁听。不过，我无法想象在没有预先通知的情况下要求课堂试讲。

彭妮·戈尔德：你应该事先问清楚招聘院系对这次演讲的要求，尤其是听众是谁：仅仅是本系的老师和研究生，还是更广泛——包括本科生在内的来自不同专业的老师和学生？如果是后者，你将面临巨大的挑战。你既要展示研究中的要点和难点，给面试老师留下深刻的印象，又要深入浅出、简明扼要，让本科生也可以听懂。在某些专业领域，化繁为简并不困难。如果面临两难选择，我会说目标要就高而不就低，宁愿保留原有的难度，也不要放低身段。在演讲中不时地抛出一个简短的定义或解释性说明也无妨，有些老师会特别欣赏这种做法。

约翰·科姆洛斯曾提到，你的演讲风格和内容同样重要。如果招聘学校没有安排你上课，那么做报告将是院系衡量你可能是什么样的老师的唯一途径。出于这个原因，问答环节也具有特殊的重要性。生动的问答环节可以弥补有些乏味的讲座，而一个不能与提问者进行愉快和有效互动的演讲者则会使本来优秀的演讲下降好几个档次。教学的核心是对话，所以你与听众的所有互动（包括在演讲时或在其他场合）将成为检验你的教学潜力的试金石。

约翰·科姆洛斯：这就是你应该在求职前寻找机会锻炼即兴演讲技能的原因。在面试中，你要给听众留下深刻印象，证明你将能够成为好的老师。因此，你的演讲不应逐字逐句地照搬书面文字，因为有效的口头交流与书面交流有很大不同，你可以有效地在书面上提出比口头上更细致的观点。你已经为这次演讲准备了很长一段时间，演讲的时候应该有板有眼、充满自信，而不需要借助于文稿。当然，一些笔记或简短的提纲是完全可以接受的，你可以偶尔参考一下。一篇好的演讲应该是简短的，不会超过规定时间，毕竟听众的注意力是有限的。在大多数情况下，40分钟就足够了。这是你用综合各种材料的能力来打动听众的好机会；但如果过于关注细节，演讲就不会成功。你应该把细节问题留给问答环节并尽量简化，以及把复杂的数据或信息放在书面文本的脚注中。在演讲过程中，你要时不时地总结一下，这样听众就不会忽略你的主要论点，也能跟上你的逻辑进展。如有必要，你还可以重复自己的观点。当你表述数字信息时，最好通过投影仪等视觉媒介展示。[12]

你在演讲时可能会遇到一些不太友善的反驳，一定要保持镇定。你比房间里的其他人更了解演讲内容，所以没有理由不自信。即使碰到了批评性问题，也不要惊慌，可以回答说"这听起来不错，我得多考虑一下"，但不要反唇相讥、以硬碰硬。灵活的回答比起针锋相对或顾左右而言他更有可能消除批评者的敌意。如果合适，你可以指出书面文本中对该问题进行了更广泛的探讨，如果需要，你可以提供。另外，听众也可能问到你的下一个研究课题；这并非出于想要讨论这个课题，而是为了评估你将来的研究方向。

约翰·戈德史密斯：聪明的学生在准备这个演讲时可能会感觉到一种矛盾，那就是如果讲述最新的研究进展或成果，大部分听众可能无法完全理解。毕业生在学校受到的学术训练可能会产生误导。在与自己的老师和同学的交流中，有很多观点是可以假设的，而这些观点不足以在专业领域中提出。成功的候选人会想办法弄清楚哪些观点属于这一类，并且不会在校园演讲中使用这些观点。如果在你的研究课题中出现了一个新的词汇，请确保从更传统的词汇中找到一个等效的词汇来解释它，并且在演讲中同时给出这两个词汇。

约翰·科姆洛斯：此外，如果可能，请尽量回答每一个问题而不要回避。"这个问题我以前想过，但现在还无法回答，因为还需要做进一步的研究；不过我确实思考过相关的问题，因为……"，这样的回答并不丢人，总比用一句简短的"我不知道"或不懂装懂要好得多，那样听众肯定会知道你在虚张声势。更重要的是，你应该在适当的时候表现得礼貌客气，比如"谢谢你让我注意到这个问题"就被视为一种和解性的回应。如果提问的人比较年轻，问题又简单乏味，你也不能让他难堪，不要说"我认为我已经说过这个问题了"之类的话。认真倾听的人其实都明白，并且会感谢你没有让他们的同事难堪。不要指出所提问题的前后不一致之处，要包容别人的错误。虽然各个学校对学术上的直言不讳接受程度不同，但在回答问题时，要注意灵活变通，除非你确定所面试的学校接受这种直言不讳的态度。

约翰·戈德史密斯：在校园面试前练习演讲是很重要的。大多数学校的研究生部现在都设立了半正式的演讲练习场所。在我们系，一般每周三的下午四点都有演讲，如果要去参加面试，学生通常会在这个时间进行演练。

不用说，你肯定会感到紧张，但没有人会因此而为难你。一般来说，我会建议应聘学生在着装等常规问题上偏向于保守，尽管多数大学老师并不是每天上班都穿得很正式。在现在的大学中，很少有男教师在工作日打领带，穿牛仔裤的倒是很常见。但我认为，应聘者不应该穿便装或者休闲服；总的来说，你要塑造的是职业形象，不能随随便便。顺便说一下，虽然我自己对穿衣风格不是特别在意——我甚至需要问别人某条裤子是否与某件运动夹克相配——但我对有些应聘者的邋遢打扮感到惊讶。当然，穿着不是决定取舍的决定性因素，但为什么不把你最好的一面展现出来呢？对于女性来说，着装问题无疑要复杂得多。[13]

彭妮·戈尔德：我总是能在校园里识别出哪些是应聘者，因为他们比其他人打扮得更正式。我之前对会议面试着装的建议在这里仍然适用，但另外还有一项准备事宜：无论你在校园面试中穿什么，都必须保证自己在一整天感到舒适。我的意思不是说你要穿运动服或 T 恤，而是穿得略微正式一些，同时显得自然，让你觉得可以做自己，而不是变成一本正经或者非常职业的样子。我们系曾经有一位应聘者在 6 月的一个非常热的日子来参加校园面试。她穿着一件夹克，当我们在校园里走动时，她显然热得不舒服。后来我建议她脱掉外套，她却说："但我的导师说我应该在面试时穿夹克！"因此，除了要听从导师的建议之外，还得运用你的常识行事。这个学生在脱掉夹克后舒服多了，最后顺利拿到了录用通知。

约翰·科姆洛斯：各种意想不到的事情都可能发生，你不可能事先都做好准备。例如，我记得有一次参加校园面试，刚开始演讲时就停电了，而我演讲的房间里没有窗户！最后我们只好转移到一个昏暗的走廊，在那里至少可以看到对方。原先准备的投影仪也不能用了，而本来演讲中有很多部分都要用到投影仪，最后只好干讲。但是我没有让这些问题困扰到我，最后我被录用了。难怪说，不幸中有大幸，意外的突发情况让普通的演讲变成了一次不同寻常的演出。[14]

在演讲前后，你会见到许多人。在你们交谈约半小时之后，老师和学生可能会邀请你一起吃个早饭或午饭，甚至是共进晚餐。如果出现这种情况，你可能需要调整自己的社交技巧，但要随时做好准备。[15]交谈的话题各种各样，一个经常被问到的问题是你还参加过哪些地方的面试。我也不知道该如何回答这种问题，特别是你没有很多其他面试安排的话。无论你说什么，听起来总归不太好。当然，如果你有很多其他的面试机会，透露这些可能听起来像是在吹牛，不过也可能产生一种跟风效应：他们应该录用你，因为别的学校都想聘请你。然而，每当我被问到这个问题时，我总是把它理解为面试官有点偷懒，并且这个问题过于拘谨，让人无法正面回答。[16]

彭妮·戈尔德：在这个问题上，你还是可以按照之前提出的基本原则，即每当出现尴尬的话题时，回答得要坦率而简洁。如果问题是在校园面试时被提出的，我认为给出一个直截了当的回答可能更合适。比如刚才"参加过哪些地方的面试"的问题，无论哪种回答都可以从正面或反面来理解：若应聘者回答"没有其他的面试"，学校就能松口气（不需要担心其他学校过来抢人），但也可能会担忧（我们是否错误地判断了你的优点）；反之，若应聘者回答"有一长串的面试"，也会引起招聘方两种不同的想法。然而，根据我的经验，这个问题更有可能在录用后被问及，以确定需要给应聘者留多长时间来做决定。我经常在校园面试中听到应聘者主动提出这个问题，我认为这样做其实没有什么好处。

约翰·科姆洛斯：在面试结束前，系主任可能会告知你工资大概是多少。在这一点上不要多说什么，点头就行了。现在你还没有什么话语权，以后也许会有。总之，在整个过程中，你应该像对待第一次面试时那样谨慎行事。

请注意，决策权很少会在一个院系内均衡分配，那些影响力最大的人不一定希望受到年轻新锐的威胁。因此，你应该表明自己是一个团队成员，并表示绝无兴趣问津权利的分配。如果你自视甚高，那么即便才华出众，招聘方也可能不录用你。

约翰·戈德史密斯：大家可能会碰到另一个敏感的领域，而且非常难应付：招聘院系内部可能会有意见分歧或派系斗争（这种情况并不罕见）。如果你是新人，原来的老师都会从自身的立场出发来观察你。他们想知道你会站在哪一边，而且往往会做出最不利的预测。如果招聘的是高级职位，有些教师会一心想寻找一位能力和性格都非常强势的人来做领导，而不仅仅是调解员。

面试结束后，应该做些什么？

约翰·戈德史密斯：也许这个时候是进一步联系的大好机会。如果手头有你在面试时提到的某篇论文，那么就给对方寄一份过去。如果你在面试中提到过一篇非常重要或你特别喜欢的论文，可以通过电子邮件发送该参考文献，或者可以发送论文原文。你应该表现得像是希望很快成为大学老师的样子。虽然这些都是可有可无的事情，但为什么不把你最好的一面展现出来呢（正如我之前所说的那样）？

如果不幸在招聘季结束时还没有获得录用，该怎么办?

约翰·科姆洛斯：如果你在招聘季结束时没有收到任何录用通知，也不应该感到绝望。你已经获得了关于求职过程的宝贵经验，这对你今后的发展很有帮助。对于某些职位来说，确实存在某个内部人员喜欢的候选人，而且委员会认识这个人，他们从一开始就倾向于雇用他。因此，那些没有被选中的人不应该把这件事放在心上。事实上，最重要的是你不要觉得自己被淘汰了。虽然这次没有被录用，但还有别的机会。而且要记住，即使你进了只有 3 个人的最终候选名单，也只有 1/3 的机会被录用。所以，要保持信心!

毫无疑问，你拥有良好的教育背景，功底扎实，但这样的人不在少数。美国大学体制的一个优势是能够培养大量人才，优秀学者的数量庞大。然而，话说回来，这样也使得就业市场供大于求，无法保证每个毕业生都能找到工作。这就导致了应聘者对优秀职位的竞争十分激烈，而从最优秀的应聘者当中被挑选出来，很可能要靠运气。

永远不要放弃，你还可以考虑一些当地的"二级市场"。这些领域包括规模较小的学院或大学，它们往往会将招聘安排在全国招聘结束之后。此外，由于终身教授职位一般在春季宣布，只有在这时，没有获得终身教职的教师才会告知系主任自己下一年将不再继续任教，这样就产生了很多空缺的非终身职位。此时，系主任急于寻找合格的临时教师，聘用期从一个学期到两年不等。虽然这种职位通常是没什么前景的，但也有许多好处。如果你本人愿意并且家庭条件允许，可以暂时在大学当一名临时教师，这种工作比较容易找到。这会给你带来宝贵的教学经验和进入学术界的机会，即使起步条件不太好。从更积极的角度来看，你能利用这个机会来开设或承担以后在职业生涯中可以用到的一些课程，而且临时职位也可能发展成长期职位。在这种情况下，你有希望成为"内部"候选人，并享有相对优势，因为该院系的老师们都认识你，你也结识了一些朋友，可以请他们为你写推荐信。最重要的是，其他老师会把你当成客人对待：你不会被要求在委员会中任职，甚至不用参加院系会议。这是一个巨大的优势，因为你可以将更多的时间用于学术研究，而不用像其他终身教授一样忙碌。另外，由于已经在学术界占据了一席之地，你会有更多时间寻找一份更合适的工作。

彭妮·戈尔德：我的第一份工作就是这种一年期限的职位。我的一位老师安慰我说，刚开始在某处工作，然后换个地方可能还是件好事，因为你可以在第一个任职学校中犯所有新老师都会犯的错误，然后离开，之后再也不用面对曾经的失误。这给了我很大鼓励，事实证明也确实很有道理。

约翰·科姆洛斯：然而，就像全职工作一样，这样的临时职位也会给你贴上个人身价的标签。这将被视为你在工作市场上的价值，就像棒球运动员的合同身价一样。正如母校地位能大致反映一个人的学术潜力那样，在你职业生涯的这个阶段，你所工作的学校会被招聘市场视为决定你个人"价值"的关键因素，即你未来发展的"潜力"。它对你的影响力比毕业院校的排名还要大。在选定了第一个就职学校之后，你就不太可能再去其他更好的大学求职了。将来要应聘的学校比你目前工作的学校等级高得越多，其难度也会越加成倍增长。顺便说一下，一旦你完成了论文，无论你从事临时教职还是获得终身教职，情况都是如此。因此，对你来说，与其接受一个你认为可能会使自己未来的身价降低的职位，不如坐等一年，倒也不无道理。[17]换句话说，你的出身在求职时关系重大。

彭妮·戈尔德：也许这就是少数几个最好的大学日后对你的看法。但是，鉴于许多专业领域就业市场的竞争是如此激烈，在找到终身职位之前，很多人都做过一两份临时工作，这是非常普遍的现象。根据我的经验，招聘这些应聘者的标准仍然是他们母校的声誉，而不是他们曾经工作的学校。我认为，在排名靠前的大学工作一年会对你有所帮助，在排名靠后的学校工作也不会对你有什么不好的影响。

约翰·科姆洛斯：我认为，以你目前的工作学校来对你做出总体评价的大学不在少数。我并不是说一旦接受了短期职位就不可能得到终身教职，但我确实认为，招聘委员会的成员心里会有很多疑问，想知道你之前为什么只找到了短期职位。如果面试时被问到这个问题，你需要做出解释。

约翰·戈德史密斯：当我在某次求职中被拒绝时，导师对我说："那是他们人生历程中的一章，而不是你的。"他的意思是说，从本质上讲，他知道我已经尽了最大努力，但招聘学校想法多变、关系复杂，最后怎么决定很难判断。值得安慰的是，有很

多得到工作职位的人似乎并不是最优秀的申请者。我们刚才已经
谈到了一些可能出现这种情况的原因。

　　彭妮·戈尔德：我想强调一点，要预测招聘院系会选择哪个
候选人是非常困难的。他们寻找的不仅仅是一个初入职场的助理
教授，还是一个潜在的终身同事，因为在大学里，工作关系可能
比许多婚姻关系还要持久。

求职的过程应该坚持多久？

　　约翰·科姆洛斯：我认为坚持两个周期是合适的，前提是你
真的全力以赴了。我指的是你的论文已经完成，并且不受地域或
其他因素的限制而申请了各个类型的学校。你真的需要广泛地申
请，因为你完全不知道自己的水平相对于其他应聘者究竟如何。
如果你在毕业后的一年里在全国性和地方性招聘中都没有获得职
位，不必立即决定退出学术界，当然除非你一开始就不确定自己
对学术研究的投入程度。也许你具有在商业界出人头地的才能，[18]
或者你能够在政府机关或学术管理部门找到工作，不妨一试，看
看具体情形如何。然后，你可以在第二年再次尝试申请大学教
职，这是情理之中的。毕竟你已经投入了若干年心血，不应该轻
易放弃。你要和导师保持密切联系，谈谈你的面试选择和潜在的
前景。从失败中可以吸取哪些教训？下一年求职的情形会有怎样
的变化？

也许你第一次求职失败是由于当年的就业市场行情惨淡造成的，也许你没有特别关注招聘市场的某些方面；但在第二次求职时，你应该掌握更多的信息，并且也更有经验了。这时，尽量不要让第一次失败影响你，告诉自己，第一次你只是在试水。如果连你都开始认为自己是个失败者，那么其他人也会这样认为，第二次求职成功就会更加困难。你可以暗示自己，你在第一年求职不顺，是因为还要兼顾论文。到了现在，导师可以帮你找到助教职位，或者你有资格获得研究基金或博士后奖学金。最重要的是，你要保持积极的态度。你的自信心是有感染力的，毕竟你比任何人都更了解你自己。

彭妮·戈尔德：求职应该坚持多久？关于这个问题很难给出建议。我不知道自己是否有毅力坚持 3 个以上的招聘季。但我在诺克斯的一位同事在获得终身教职之前，已经在就业市场上找了 7 年工作（期间一直从事临时工作，不愿意转向其他行业）。从我的角度来看，很难想象像她这样德才兼备的人怎么会找不到合适的工作。但她所从事的是一个竞争非常激烈的专业领域，而且是一个人才过剩的专业方向。她坚持了下来，现在我们诺克斯学院的同事们都因她的坚持才有幸与她共事。

担任临时教职的时间越长，招聘方就越会对你的申请投以异样的目光，他们会想你为什么一直找不到终身职位。但是，如果你仍然想从事学术工作，而且这些年在专业上不断进步，并通过参加会议和发表论文扩展了人脉，那么你可以把找工作的困难归因于市场条件，而不是个人性格和能力的原因。坚持下去，你就可能会得到好的结果。

约翰·科姆洛斯：我有一个朋友，他找工作时就像推销百科全书的巡回推销员一样推销自己。在招聘季后期，他真的亲自跑到每一所大学（在他想定居的地区）去问："你们需要数学专业的人吗？"他通过这种方式找到了两份工作，尤其是第二份工作，双方都很满意，最终他获得了终身教职！显然，在这种情况下，必须选择恰当的时机。我承认这是一种特殊的求职方式，但它表明，随机应变的能力对你很有利。

例如，你在早些时候已经向一些地方性大学发出了申请，在招聘季后期可以再次联系他们。你的简历可能已经存档，但再次表达兴趣可能会有所帮助。系主任们平时事务繁忙，总希望工作上能尽量精简。如果他们知道你仍然想申请，很可能会愿意录用你，这样就不用再联系已经归档的其他十几位应聘者，因为他们不清楚这些人是否还想申请。因此，从 3 月份开始，定期给某所地方性大学的系主任打电话可能会对你很有帮助。

另一种比临时教职更有优势的可能是博士后职位。所有学科都有大量博士后项目，从某种意义上说，即使收入略低。它们也比全职工作要好。这种项目很有价值，因为它可以让你有一到两年的时间专注于研究，不用承担任何教学义务或行政职责。与承担教学任务、腾出办公时间、准备课程、参加委员会会议和院系会议的全职教师相比，你有充裕的时间完成大量研究工作。因此，你的论文发表数量将大大增加。此外，博士后项目能提高你的身价，因为它可以向潜在的雇主证明，你在全国性的竞争中获得了成功。相比于社会科学和人文科学领域，博士后在自然科学领域要普遍得多。在 1998 年，仅有 4% 的经济学博士从事博士后研究，而在物理学领域中的比例为 48%。

彭妮·戈尔德：当然，你需要在招聘季开始之前就早早准备申请博士后项目；也就是说，通常你在写求职信的同时也要准备申请博士后。如果你同时得到了博士后和工作，不管选其中的哪一个，都会将另一个推迟一年。

约翰·戈德史密斯：在某些学科中，尤其是在那些拥有庞大研究基金的实验室科学中，做博士后研究是必经之路：学生在获得博士学位后，就立即进入某教授的实验室进行博士后研究，无一例外。而在其他领域，如社会科学或人文科学领域，做博士后研究并不是必需的（尽管在心理学等领域相当普遍）。尽管如此，你也要了解你的专业中关于这方面的情况。请记住，对于许多专业而言，即使你找到了固定工作，也可以继续申请博士后项目。你也可以在终身教职岗位的第三年或第四年脱产，到其他大学进行博士后研究，并利用这段时间提高自己的研究能力，增加论文发表的数量。我就是这样做的，我在印第安纳大学（Indiana University）工作的第四个年头，到哈佛大学做了一年的梅隆研究员（Mellon fellow），收获颇丰。

约翰·科姆洛斯：是的，博士后项目的确非常不错，对迈向终身教职而言是一个很好的起点。

在任何情况下，求职成功的主要因素是相信自己！如果保持自信并坚持下去，你就会成功，前提是要根据自己的能力确定目标。因此，重要的是不断调整对自己的认知，不要高估或低估自己。为了对自己有一个有效的评估，你要具备观察力，还要善于听取别人的意见，并且和了解你以及你信任的人讨论你的未来发展。

约翰·戈德史密斯：我有个同事讲过这样一件事情。有时候，招聘会由于这样或那样的原因陷入僵局，招聘方不能做出任何决定，因此也无法录用任何人。有一次，一位参加过面试的应聘者得知了这种不愉快的状况，于是他重新与招聘委员会主席联系，并说："我认为你们犯了一个严重的错误，我怎样才能让你们重新考虑我的申请呢？"结果是，他被邀请去参加第二次面试，并获得了录取。

彭妮·戈尔德：在被告知应聘失败的时候，也是你获得一些实质性的反馈意见的好机会。在校园面试之后，如果你觉得和招聘委员会主席相处得不错，可以考虑向他询问你在面试中的表现。这种询问不会导致任何损失，而且你还能得到一些有益的建设性批评——或者能确认一些不可控因素的存在。

讲讲好消息：如果收到录用通知该怎么做？

约翰·戈德史密斯：首先，祝贺你！这是你一直期待的时刻。这也许是你人生中一个决定性的时刻，也是你多年来一直在努力的目标。

约翰·科姆洛斯：通常在校园面试后的 2 ～ 4 周内，系主任会通过电话向你发出录用通知。[19] 他将比以前更详细地说明你的就业待遇，包括工资、福利、课时量、终身教职的要求、公休政策、产假等，[20] 所有这些条件因大学而异。你需要知道的是，口头承诺需要写成书面材料才具有法律效力，而院长或教务长的聘用信通常比系主任的说明更受欢迎。我们知道，在这一阶段可能会出现一些差错，比如系主任承诺的工资比实际工资要高，但这种情况很少发生，系主任的聘用信通常已经足够有效了。

约翰·戈德史密斯：很遗憾，根据我的经验，这个阶段出现差错的情况比我们想象的要多。例如，有时会出现口头承诺没有变成书面录用通知的情况，这在高级职位上比较常见，我们在后面的章节中会讲到。因此，请记住，虽然口头承诺听起来似乎板上钉钉，但在你看到正式的书面录用通知之前，不要反应过度。

但是在进入下一步之前，还有一些问题需要考虑。令我们惊讶的是，在许多情况下，应聘者在最终录用**前**会被问到一些奇怪的问题，我们应该先谈谈如果发生这种情况该怎么做。

设想一下这种情况：你去印第安纳大学面试后，已经过去了4周，而且你知道他们为同一职位还面试了另外两名申请人。某一天早上，电话响了，是系主任打来的。他之前似乎对你的申请很感兴趣，而且你有一种强烈的感觉，他一直看好你。但是，话说回来，当你在校园面试中遇到他时，那个时候他还没有看到其他候选人。他打电话告诉你：系里还没有决定最终聘用人选，不过你是他们的首选人。他想知道如果确定录用你，你是否会接受这份工作。他就这么直截了当地问你愿不愿意接受，这时你应该怎么回答？

在这种情况下，你能说什么呢？你的第一反应是："当然愿意！你们要聘用我？太好了，我愿意来！"但一刹那后，你会突然觉察到："等一下，这算什么问题？你说的'如果'是什么意思？你是要录用我，还是什么别的意思？"但这些你都不能说。第二种反应更合理。该院系如果没有提出正式的聘用通知，是无权询问你是否愿意接受的。因此，你别无选择，只能礼貌而亲切地说些客套话——类似于"上个月我来贵校面试，印象非常深刻，我实在想不出还有什么更适合我的学校了"，或者"我非常想加入贵校，如果上个月讨论的录用事宜确定了，我想不出有什么不接受的理由"。

事实上，你要做的是让招聘院系的老师感到你喜欢他们的学校，并且很重视他们，就像他们会让你感到被重视一样。但是，尽管这种来自未来雇主的奇怪问题经常出人意料地出现，但请记住，在真正录用你之前，任何人问你是否会接受都是不合适的。

最后，录用通知这份实实在在的东西终于来了。录用通知多半是通过电话发出的——在招聘中，好消息总是通过电话传达的，而坏消息是通过邮件发送的。系主任会给你打电话，通知你获得了录用。你应该接受吗？答案是不要立即接受，因为你们的谈判才刚刚开始。

约翰·科姆洛斯： 你将有大约两周的时间做出决定。如果你在等其他录用通知而需要更长时间，应该在两周后提出，不要提前说。院系通常会批准延期。

彭妮·戈尔德： 另一方面，如果你知道自己需要超过两周的时间才能从另一所你已经或者计划参加校园面试的学校那里得到消息，我建议你这样说："我正在等别的录用通知，可能需要超过两周的时间；但我会联系面试过的其他学校，看他们能否加快进度。"让已经录用你的学校知道你可能会收到其他录用通知，并不会影响你在这所学校的位置，而且还将有助于他们提前了解你是否有可能需要超过两周的时间来做出决定。

约翰·科姆洛斯： 但是，关键是要确保你不会误导你未来的系主任。如果你不知道（你也不可能知道）其他学校的决定，那么在一开始持不置可否的态度会让你有更多时间来衡量各种选择，并能更加肯定地判断下一步该怎么做。如果你立即透露自己在等其他录用通知，结果却没有等到，可能会对你不利。

　　重要的是你要认识到，一旦获得口头录用，你就可以开始谈条件——即便这是你的第一份工作，而你手上也没有太多筹码。你已经经历了一场激烈的竞争，已经是当之无愧的胜利者。招聘学校不会为了一部分额外的支出而放弃他们选中的人。他们不想再召开一次院系会议或举行另一轮投票。系主任直接与你谈妥条件，就能省去很多麻烦。例如，如果你想休息一年去做博士后研究，大多数学校会毫不犹豫地给你一年的无薪假期。如果你在一年后才开始教书，甚至对院长可能更加有利，因为你这一年的工资在他的预算中会被另列出来，他可以灵活支配。

　　不要把谈判与要求混为一谈，这一点很重要。在开始阶段，你不应该提任何要求。但是，谈判的艺术实际上在于找出可能性：哪些要求是可以实现的，哪些是不能实现的。在讨论的过程中，许多问题至少会逐渐明朗，或透露随后可能有用的信息。无论如何，你都要提出略高一些的薪资数额，或要求获得一些津贴或福利（例如配备一台电脑），也可以同时提出这两个要求。请注意，一旦谈定了条件，工资在很长一段时间内都不会有变化，这就是你的"市场价值"。除非你以后有了名气，或者有其他学校想要聘请你，工资才可能会大幅度增长。在此之前，你的工资每年只会有小幅上涨，幅度随物价指数而定。绩效工资也会有所提高，但幅度很小。换句话说，你现在有一点议价的资本，要好好利用它，但不能太过分。要求比学校提出的工资高 1000 美元到 2000 美元并无大碍，系主任会尽可能地满足你的要求，但他必须先让院长认为你的要求是合理的。同时，系主任也知道教师们会比较工资，如果一名新教师的起薪与系里的资深教师非常接近，他们会不高兴（这种情况可能会出现，特别是在州立大学）。系主任确实有一点调整薪水的权力，但不会很大。在任何情况下，都不要立即答应接受聘用，这样做没什么好处。你要考虑一下，到了规定时间再予以答复。在最终答复之前，你应当与其他人讨论一下这个问题。

彭妮·戈尔德：如果你能提出一些要求获得更高薪资的依据，而不仅仅是想着你可能会再多得一两千美元，将会更有帮助。一年来，你阅读了很多招聘启事，可以留意一下其他大学的起薪是多少。如果你的录用起薪相比之下很低，就要向系主任提出这一点。如果你目前的薪水高于招聘学校所提供的，也应该向对方提出薪水至少不能低于目前的水平（或你在目前职位上预测的来年收入）。当然，如果有另一所学校以更高的薪水聘用你，这就是提出加薪的更好理由。

约翰·戈德史密斯：录用通知的内容比较复杂，聘用条件包含很多项目。下面是一张简略的清单：

1. 工资
2. 搬家费用
3. 配偶的工作安排
4. 子女的学费

5. 为购买或租赁房屋提供协助

6. 办公室的大小或类型

7. 办公电脑和 / 或其他电脑设备

8. 暑期津贴

9. 在第一年或第二年的研究时间

10. 实验室空间（某些学科需要具备）

11. 职称——助理教授、副教授或正教授（现在可能不是问题，但对以后的影响不可忽视）

12. 申报终身教职的年限（如果有过教学经验，通常可以协商缩短年限）

13. 图书馆或办公室购书经费

14. 旅行经费

15. 助研津贴

16. 复印费

17. 教学工作量

18. 课程表、所授课程、备课量

19. 秘书服务

20. 工作起始日期

21. 学术假

22. 其他福利

是的，聘用条件就是有这么多，甚至更多。记住：在接受聘用之前，你可以就任何方面进行谈判；一旦被聘用，你的谈判机会很快就会变得微乎其微。

在我们讨论这个问题时，不要忘记另一条规则：你很可能会因提出要求而感到不好意思。不要有这样的想法，记住：当你获得自己所要求的待遇时，你并没有从其他人那里拿走什么；你的加入是在增强院系的实力。你可能是和未来的系主任谈条件，或者与系主任上面的院长直接交涉（尽管可能性不大）。系主任的行政能力有高有低，他可能善于跟人打交道，也可能未必如此。

我还想提出另一条规则，但大家对此意见不一。在你今后的整个学术生涯中，这条规则适用于各种谈判。但是，这也是一条非常难以运用的规则，多数大学教师从来没有掌握过它。事实上，许多人质疑它是否合乎情理。该规则是这样的：如果在结束谈判时，招聘方接受了你提出的所有条件，说明你低估了自身的条件。

这条规则乍听起来非常奇怪，它似乎是在说，如果你得到了你所要求的，你就错误地判断了自己的价值。但你应该以一种更细微的方式来理解它。该原则确实包含了这样的观点：你不要指望得到你所要求的一切，或者说如果学校没有答应你所有的要求，并不意味着学校不重视你。事实上，你将了解到实实在在的真相，并学到一个经验——大学是如何分配资源的。有些资源就是给像你这样的"对外招聘"的人员的。

这条规则还包含了这样的观点：你可以对自己想要的东西提要求，但态度不要过于强硬。如果你认为有些条件是必须得到满足的，那么在谈判过程中就要说明这一点。但是，这条规则不应该被视为可以提出不合理要求的依据；否则你的要求不仅不能得到满足，反而会让人觉得你是一个耍大牌的人，没有人会喜欢这样的人。我只是想告诉大家，在提出的要求完全合理的情况下，应聘者是有相当大的谈判空间的。有一点必须澄清，我并不是说每个人都得提出我上面列出的全部要求。有些条件相对而言是完全不合理的：例如，为助理教授配备私人秘书，或者所提出的薪水要求远远高于本专业或本系的其他教授。

在某些情况下（应聘者很难判断自己是否身处这类情形中），应聘者通过谈判成功获得的资源是院系内其他同事无法再获得的。在这种情况下，如果是我，就会在提出这种要求时非常谨慎。不幸的是，对于应聘者来说，要获得关于情况是否确实如此的信息并不容易。在谈判进入成熟阶段时，你可以直接问明此事。应聘者可以询问与他谈判的系主任，自己提出的加薪要求是否会对明年系里其他教师的收入产生负面影响。

彭妮·戈尔德：我想强调的是你要做一些调查，以便判断自己提出的条件是否处于合理范围。没有必要浪费时间去要求那些本来就有的待遇（比如差旅费和复印费），或者要求那些没有协商余地的内容（如学术假期、教学工作量、福利等）。如果你是与系主任谈条件的，这将是你第一次就敏感话题与他进行交流，很容易给他留下"耍大牌"的负面印象。如果你是直接与院长谈，情况会比较容易处理一些，因为你可以向系主任请教在该院系中哪些条件可以协商，哪些不能协商。与最近找到工作的朋友交谈也能让你得到一些有用的参考。

如果你和伴侣获得了共享职位的机会，一定要在这个时候问清楚学校的岗位要求。分担教学任务是比较容易的，但如何分配委员会工作和其他非教学职责呢？你们在系里是否都有独立的投票权？对你们的研究任务的要求是和全职岗位的一样，还是更低（因为你们每人只承担一半的工作时间），或者更高（因为教学任务少，空余时间多）？你们俩是一人一间办公室吗？如何处理休学术假的问题？系里对你们进行的是分开考核还是整体考核——是要求两人都达到终身教职标准才授予其中一人终身教职吗（你们应该争取分开考核）？如果学校有关于共享职位的书面政策，要在接受录用之前仔细研究一下，只有在这时，你才能对其中的某些条款提出异议［参见附录二中格林内尔学院（Grinnell College）的政策样本］。[21] 你从其他从事过相同工作的人那里得到的信息越多，你就越能知道在这个关键的谈判点应该提什么要求。

约翰·戈德史密斯：在谈判过程中，目前为止最难的是配偶的就业问题，即所谓的"双人问题"。在某些情况下，配偶也在找和学术有关的工作；而在其他情况下，配偶想在你所应聘的大学或当地找个非学术性的工作，希望得到校方的帮助。一些有先见之明的大学已经采取了有效措施，建立了一套行之有效的政策。一所中西部的大型州立大学为此设立了一个特别基金，并试图通过三方分担的方式落实配偶的工作薪酬：1/3 由最初提出建议的院系承担，1/3 由配偶即将工作的院系承担，余下 1/3 由大学设立的特别基金承担。但制定这种政策的大学为数不多。[22] 我认识的一位系主任发誓，如果他下次和一个非常优秀的候选人谈条件，而其配偶不愿意随之调动工作，他一定会聘请猎头公司参与协调。我还知道有这样一个案例，某所大学为希望进入职业学校进行培训的配偶提供全额学费，不过只有应聘高级职位的教授的配偶才能享有这样的待遇。

彭妮·戈尔德：有些大学位于大城市，周围有许多企业和各种就业机会，这样的大学不太可能向应聘者的伴侣或配偶提供实质性的帮助，因为他们认为在这样的环境下，应聘者配偶工作问题可以自行解决。但位于小城镇的大学就不一样了，他们更愿意在这方面给你提供一定的帮助。对于这种情况，配偶的职业一般分为两类：非学术类和学术类。前者比较容易解决。当你一说起配偶的工作（例如大公司的高管），显然他是不可能在这么小的地方找到合适的工作的。假如学校在某个南方小城，那就没什么可以谈的了。但通常还是有一些机会，系主任应该也愿意想办法寻找和你配偶的行业相关的熟人。从事学术类工作的配偶的就业问题解决起来就难了，因为除了在附近的大学托关系之外，还要看同一所大学内是否有合适的职位，因为你最希望的还是和配偶在同一所大学工作。除非配偶与你同专业（但又必须从事不同的研究课题，无法申请共享职位），你才需要与院长讨论聘用配偶的可能性，而不是与系主任讨论。配偶可以教授那些经常雇用兼职人员的课程（如英语写作、语言入门等），这样的机会是有的，但通常不是很稳定，而且收入也不高（每门课只有两三千美元）。

有些时候，大学对配偶的条件很满意，会为其量身定做一个长期职位，虽然这样的职位可能是兼职，并且没有获得终身教职的可能，但其工资标准相当于助理教授。在过去的几年里，我所工作的大学聘用了许多这样的人，并为此制定了专门的政策。

约翰·戈德史密斯：还有两个与录用有关的方面需要考虑。首先，当你被一所大学（比如哈佛大学，那里的助理教授别指望获得终身职位）录用而这所大学又不是你的首选时，你该怎么办？你必须立即联系另一所面试过的大学（比如芝加哥大学），并把这个情况告知他们。你要告诉他们，你更愿意接受芝加哥大学的录用，但你只有两周的时间来回复哈佛大学。芝加哥大学会告诉你在其面试中的排名，如果你是最佳候选人，他们很有可能会加快进度，并在两周内通知你结果。毫无疑问，如果你是最佳候选人，系主任会给你明确的提示；如果你不是，他也会如实地告诉你。

如果你还是不能做出最终决定，哈佛大学通常会多给你一些时间。如果哈佛真想聘用你，而你需要额外的一周时间，哈佛也不见得会因此收回录用。

这带来了一个更棘手的问题，谁也无法对这个问题给出好的建议。假设你已经接受了一所大学的聘用，比如爱荷华州立大学（Iowa State University），然后出于某种原因，突然收到了来自斯坦福大学的录用通知（这种情况比我们想象的更为常见）。如果斯坦福大学不能抢在爱荷华州立大学发出通知之前及早发出录用通知，而爱荷华州立大学希望在两三周内得到答复，那么这种情况就会发生。爱荷华州立大学可能认为早点发出聘用通知是明智的，但如果申请人在和爱荷华州立大学签约之后又收到了斯坦福大学的录用通知，该怎么办呢？我个人的建议是，经过仔细考虑后，申请人应该随心而行，放弃爱荷华州立大学。毕竟，如果知道自己本可以去斯坦福大学，他还会安心待在爱荷华州立大学吗？这两种选择造成的损失有巨大的差异。爱荷华州立大学将不得不在短时间内快速地（可能是临时性地）招人，以保证明年的课程有人讲授，这对他们来说是一件痛苦的事；而对申请人来说，这将会对他的职业生涯产生重大影响。但在我看来，这个问题并没那么简单。申请人接受了爱荷华州立大学的录用通知，就会觉得已经对其做出了承诺（事实确实如此），并且会觉得无论如何也不能轻易放弃承诺。但也要记住，此时的决定对申请人和大学会有不同的影响，应该全面考虑，三思而行[23]（如果大学教师像明星运动员那样有签约奖金，当然要把奖金退回去，但现在没有；这两种职业之间的差异值得沉思）。至于哪些因素是合理而充分的理由，申请人也要自己做出判断。你想在西海岸生活的理由算不算合理？我觉得不合理。但如果你的配偶也在同一个城市工作，而在西海岸以外的地方找到工作的可能性不大，那么我觉得就待在西海岸吧。

学术界以外的工作机会如何？

约翰·科姆洛斯：你可能是抱着不在学术界发展的目的去读

的研究生。政府机关和私营部门都有很多的工作机会。在私营企业中，工资往往比较高，但工作不稳定，假期也少。还有许许多多其他因素需要考虑，我们前面已经讨论了一些。

约翰·戈德史密斯：我和很多人讨论过从学术界转入企业界的事情，我的朋友阿米·克龙菲尔德（Ami Kronfeld）分享了一些他的看法。我曾与许多目前在企业界工作的语言学家共事，而我自己也曾踏入企业界。大学老师从事教学和科研，而这些人却能把学问运用到实践中，并把知识变为价值。关于这一点，我稍后会详细叙述。我也有一些朋友在获得博士学位后做律师或商务顾问，或者在教育考试服务类机构工作，这些公司一般会招聘成绩优秀并且学术功底扎实的博士。

在我看来，无论是担任大学教师还是从事非学术类职业，其实都很不错，关键在于是否能令自己满意，是否适合自己。职业各有利弊，关于这个话题我们可以再写一本书。我们在这本书里的目标是只关注学术界，毕竟这是我们最熟悉的领域。

但是，既然我们谈到了这个话题，我就说说语言学界发生的一些事情，这些事情使非学术职业成为语言学博士切实可行的选择。我把这种职业称为行业语言学（据我所知，这个词语是我原创的）。如今，计算机迅速融入普通人的日常生活，因此，研发能够处理、使用甚至理解人类语言的软件很有必要。这意味着在软件行业，无论是老牌大企业还是创新型小公司，都急需高水平的语言学人才。我们的研究生会看到这样的招聘信息：有一种名为"语言学家"的电子邮件服务几乎每天都有发送给业内人士的工作机会，这种服务流行于语言学界，大多数语言学家会订阅。不难看出，有相当比例的在线工作是关于行业语言学的，利用语言学来研发自然语言分析、生成、翻译的软件等。这种发展趋势是非常振奋人心的，我鼓励研究生从事这方面的工作，就像鼓励他们去当大学教师一样。我重复一遍：每个人都必须弄清楚什么样的职业既能最大限度地满足自身需要，又能最大限度地促使自己追求所向往的生活方式、价值观和个人发展路径。

业内声音

在伯克利获得哲学博士学位后，阿米·克龙菲尔德在康奈尔大学（Cornell University）教了两年书，然后重返学校攻读计算机科学硕士学位。随后，他进入加州门洛帕克的 SRI 国际公司工作，又在伯克利的一家新成立的公司工作，后来又在微软研究院（Microsoft Research）工作。他现在是一名独立咨询师。

从学术界转入商业界

阿米·克龙菲尔德

经常有人问我为什么离开学术界，原因有很多，其中之一是学术界的就业问题。我和我的妻子都是大学教师（她现在仍然是），当我们俩开始找工作时，很快就发现：我们很难在同一个州找到大学教师的职位，更不用说在同一个城市或县了。这样的前景是相当令人沮丧的。

但是，我离开学术界的原因并非都与就业市场紧张有关。我很喜欢教书，但我不喜欢批改论文。我非常喜欢自己的专业（逻辑学和语言哲学），但我对本学科的其他重要领域没有什么兴趣。此外，虽然我对自己所研究的哲学问题的概念复杂性和抽象性很着迷，但也希望参与一些卓有成效的实践工作，而撰写深奥的学术论文并不属于这个范畴。简而言之，尽管我喜欢自己的学术领域，而且从各方面的评价来看，我的成绩也很出色，但这对我来说远远不是最好的选择。

回想起来，我当初下决心离开学术界，似乎仅仅是因为**思想上的改变**。当然，这个过程完全不如听起来那么容易或轻松，"改变思想"的部分甚至可以说是潜意识的过程。

对于那些考虑离开学术界的人，我建议你首先给自己一些时间来了解你在学术界之外可能想要做什么和**喜欢**做什么。如果我自己的经验可以说明问题，那就表明学术界内部对非学术界的看法是相当狭隘的。后来我发现在学术界之外有很多有趣的可能性，而自己以前根本没有意识到这些。

好消息是，你已经有了相当多的技能，这些技能是非常必要的。坏消息是，像许多学者（包括当时的我）一样，你很可能大大低估了自己在学术界以外的创造潜能。我当时遇到的最大的问题是，我脑子里总有一个声音轻轻地说，我唯一会做的事情就是写哲学方面的学术论文。如果确实如此，那就麻烦了。当然，事实并非如此。

让我稍微解释一下这一点。你所拥有的一些技能来自你的专业领域。例如，我的一个朋友以前是人种学专家，现在正运用她的学科知识帮助公司设计产品（并在这个过程中获得了不错的收入）。我自己的语言哲学背景（涉及大量的语言学知识）帮助我在人工智能领域找到了一份工作，后来还凭此背景在一家专门从事为数据库做英文界面的公司找到了工作。但除了这样的专业技能外，其他能力也同样有用。例如，如果你是一个好老师，你就有很好的沟通能力，而这种能力正是企业所需要的。如果你碰巧在工作过的大学组织过会议，那么你一定可以胜任普通公司的大多数组织工作。仅仅是完成毕业论文，就足以表明你是一个独立的思考者，在专门研究一个问题、寻找可能的解决方案方面经验丰富。这样的技能对很多工作来说都非常重要。

如果你计划离开学术界，那么认识到自己可能拥有的、与非学术工作相关的技能是非常关键的步骤。但仅凭多年的大学任教经验，恐怕很难对此获得清楚的认识。幸运的是，有一些好书可以启发你，强烈建议你读读这些书（我就是这么做的）。这些书除了能帮助你从新的角度看待自己的能力外，还能使你认识到自己已经拥有的有益技能，同时增强信心。当时对我帮助很大的一本书是汤姆·杰克逊（Tom Jackson）写的《如何在 28 天内得到你想要的工作》（*How to Get the Job You Want in 28 Days*）。当然，这本书现在可能已经过时了（书里都找不到任何一个网站），但我相信它的主要观点仍然是有效和有用的。

在我即将离开学术界的时候，有一件事给了我当头一棒，那就是我完全忽略了商业界的一个基本而简单的事实。例如，我不知道学术简历和商业简历之间有什么区别，也不知道如何向企业申请工作，以及学术工作面试和商业面试之间有什么区别。这是一个重要的问题，而我采用了典型的学术方式来解决：查阅书籍。我先读了汤姆·杰克逊的《完美简历》（*The Perfact Resume*），后来又读了黛博拉·珀尔马特·布洛赫（Deborah Perlmutter Bloch）的《如何在求职面试中取胜》（*How to Have a Winning Job Interview*）。

例如，你知道如何在面试时对待薪水这个话题吗？当我离开学术界时，对这种事情一无所知，但后来我找到了一本关于这个话题的小册子：杰克·查普曼（Jack

Chapman）写的《如何一分钟赚1000美元：薪水和加薪谈判》（*How to Make $1000 a Minute: Negotiating Salaries and Raises*）。我从中得到的一个简单但极其有用的见解是，尽量让面试官先说明他们愿意提供的薪资，这是对我最有利的做法。这听起来似乎很简单，但以我当时的思维模式，是不可能想到这一点的。此外，这本书提供了在面试中可以运用的简单而有效的技巧。运用了书中学到的技巧之后，我的薪资得到了大幅提高。

大多数学者非常善于快速有效地从书中提取信息，请好好利用这一技能。当然，不要指望从"如何……"之类的书籍中获得什么有深度的知识。但另一方面，你也不要让学术界的骄傲和不安全感（尤其是在与商业部门打交道时）混杂在一起，妨碍你从这些书中获益。

当然，书本不是获得有用信息的唯一来源，学术界以外的朋友同样可以提供帮助。

如果有可能，在找工作之前先接受一些正规的职业教育或培训肯定会对你有帮助。显然，如果你想做律师，就得去读法学院，如果想做当医生，就要去医学院，这一点不用多说。你在选择其他职业时也要如此。例如，以前你也许有机会接受良好的计算机在职培训，但现在不同了。计算机公司可能会雇用你担任语言学家，但如果你不会编程，机会就会非常有限。以我为例，获得计算机科学的硕士学位对我的工作非常有价值。当然，其他领域也有类似的项目。

另一方面，无论你是一个多么优秀的学生，也要尽量避免过于专一于你的专业。趁你还在大学，要多去旁听一些外系的课程——这些课程都是可以旁听的。我第一次接触计算机课程是在读博的最后一年，当时我选了编程入门这门课程。现在回想起来，这门课简直改变了我的人生。我在康奈尔大学教哲学时，也选听了不少计算机课程。事实证明，这些课程也非常有用。

不用多说，在我攻读计算机硕士和进入公司时，比同学和同事都大了不少。经常有人问我是否觉得年龄是个问题。就我而言，我并不觉得这是个问题，尽管我意识到了年龄的差异。当你像我这样改变职业方向时，不可能完全从零开始。你有丰富的知识和经验，做事成熟稳重，这些对你非常有利。所以在合适的地方，年龄也是一种优势。当然，有些年轻人编程比我快得多，这一点偶尔会让我有些难过。但正是因为我年龄大，也有一些事情可以做得更好。

无论是从客观上还是主观上来看，年龄问题都比较复杂。我的一个好朋友以前是哲学家，在学术界的时间比我长很多，但最终决定从事法律工作。他被一所顶尖的法学院录用，还受邀写了一些法律评论，在班上也名列前茅。但是，他得到的工作机会（甚至是面试机会）比那些表现不如他优秀的年轻学生要更少一些。因此，我认为年龄对他来说是一个影响因素。不过，他最终还是找到了工作。

那么，商业界的生活与学术界的生活有什么不同？如果你离开学术界转入商业界，金钱上的回报可能会增加——如果你运气好，也许会大幅提高。你还可以**更**灵活地选择住处、工作单位和工作时间等。第一次享受到这样的自由选择权时，我感觉非常兴奋。在拓展思维的同时，学术界也大大缩小了你的选择范围。

在学术界以外工作还有一个好处，那就是能更**直接**地获得成就感和满足感（我并不是说在学术界难以获得这些感受）。就我而言，撰写一本学术著作给了我巨大的成就感，我也知道很多学者认为做研究很有价值。但是，这需要花费很长时间，而且其结果是相当无形的，通常很难衡量其影响。在商业界，成就和回报都是直接和具体的。你接到一项任务，然后去做，当你**完成**时（比如3周后），你手中会有一些相当具体的、即时有用的东西。事实上，这种感受确实让人兴奋：别人真的**需要**你刚做出来的东西，而且你做出来的可能就是一种"新"事物。此外，工作任务通常由一个团队共同完成，而你是其中一员。幸运的话，你会遇到一群既愿意互助又风趣幽默的团队成员。这样的经历与我写书时的自我怀疑形成鲜明对比，当时我独自奋斗了好几个月，有时心里会怀疑到底有谁会在意我写的东西。

这就引出了另一点，这一点现在几乎没有人提及，但在我看来却非常重要。学术界以外的工作更有可能让你有机会发展某种你可以引以为豪的技艺。我非常尊重那些掌握技艺的人：木匠、鼓手、杂技演员、计算机程序员、厨师等。如果说学术界的工作主要为了探究**是什么**，那么学术界以外的工作在很大程度上就是知道**如何做**（这种说法过于简单，但请容许我先这样说）。无论你是在帮助设计一个好的产品，还是在法庭上打赢一场重要的官司，或者是盖了一个新的屋顶，**技艺**就是你值得骄傲的资本，而学术界——尤其是人文学科——并没有提供类似的舞台来让你展示这种意义上的工匠精神（显然教学是一个例外，但遗憾的是，它没有得到应有的重视）。

以上说的都是好消息，但商业界也有其不好的一面。商业界和学界之间最重要的区别之一就是，在商业界，无论你被要求做什么，唯一的目的就是**赚钱**。金钱往往是管理者衡量员工价值的最终标准。

显然你早已明白这一点，但除非亲身经历过，否则你恐怕不会真正了解，这需要你慢慢适应；而学术界是**非常**与众不同的。

赚钱不好吗？当然不是。但是把赚钱作为最终标准并且忽视其他一切因素，必然会产生一些明显的后果。例如，在大学里，即使在因为极其恶劣的政治因素而没有评上终身教职的情况下，你都有可能会得到将近一年的全额工资，从而可以在此期间考虑下一步怎么做。这种奢侈的待遇在商业界是闻所未闻的。在大多数裁员情况下，你只有大概**两个小时**的时间来清理办公室物品，然后离开。这种情况在我身上发生过一次（虽然当时我只是个顾问），当时我和 20 来位同事同时遭到解雇。除非亲眼所见，否则你不会完全理解对利润最大化的绝对追求意味着什么（顺便说一下，在发达工业国中，美国是唯一一个可以允许公司大规模突然裁员且不付遣散费的国家）。

还有一些由基本性质不同而产生的细微**差异**。例如，在学术界，人们期望你能完成你所能完成的最优质的研究工作；而在商业界，你要在**严格的时间节点**内做出最好的成绩。这方面的差别是很大的。当然，学术界也有日益逼近的最终期限，使你不得不做出妥协：写书评、批改试卷或论文、写推荐信、参加招聘委员会以及在出版日期前完稿等，更不用说终身教职评定的时间表了。但是在最重要的领域，也就是你的研究方面，最后期限通常是以月甚至以年为单位。此外，如果你最终对研究成果不满意，你是可以决定不发表的。这样做可能会有些不利影响，但这完全取决于你自己，你把握着自身职业道德的水准。

另一方面，在商业界，最后期限通常是几周甚至几天，质量要求上会有所妥协，这几乎是普遍现象。很多时候，质量甚至不是首要目标。这就是我前面提到的有关技艺的负面问题。你有机会运用技艺，但通常给你的时间不够，难以做到尽善尽美。如果你和大多数人一样——也就是说，如果你想以自己的工作为傲——这就是一个重要的问题了。

这与学术界和商业界的另一个重大区别有关。大学和企业都是管理严格、自上而下、等级严密的机构，但学术界和商业界在底层甚至中层的权力和自主权方面存在着显著的差异。在大学里，即使你还没有获得终身教职，在选择上**哪些**课程方面还是有决定权的，在教授**方式**上的自由空间也更大，而且你完全可以自主确定研究课题（也不完全如此，特别是如果你需要研究基金，但我们现在先不考虑这一点）。

商业界的情况当然有所不同。你随时都可能被派去做别的项目，或者一转眼就被调到其他部门。不可否认的是，这种不确定性是商业界工作环境的重要特点。有些人适应得快，有些人适应得慢，但所有人都必须面对这个问题。不过，我想补充的是，在很长一段时间里，我设法取得了相当程度的自主权，从事自己设计和开发的项目。无论如何，我在这方面并不孤单。即使在商业界，也有一些稳定的领域，你可以找到自己的位置，享受相当丰富而富有成效的职业生活。

　　事实上，大多数人都在这种模式中工作和生活，如果他们有幸拥有和本书读者将要拥有的同样的教育程度和背景，他们就能在这种模式中兴旺发达。只有学术界是个例外。

　　那么，我们的结论是什么？简而言之，选择空间比你想象的要多得多。如果由于某种原因，大学环境不适合你，这并不意味着你的职业生涯会比别人逊色（绝非如此）。我还要补充一点，商业界当然也不是唯一的选择。我把重点放在商业界，因为这是我在学术界以外最了解的领域。但是，非营利组织、政府机构、政治团体和其他非公司实体都可能提供同样有趣且有价值的工作机会。

第二部分

学术职业

第六章

助理教授的生活

新任助理教授刚开始第一份工作时是什么感受?

约翰·戈德史密斯: 我们有机会在本书中讨论各种角色的转变,其中从研究生到助理教授的转变是最困难的。这确实是一个人在学术界成熟起来并对自己的行为完全负责的时刻。助理教授突然进入了一个陌生的领域,并且没有得到一份准确的地图。

和任何离开一个城市和一份工作而前往另一个城市的人的感受一样,助理教授往往会面临搬家或者改变生活地点的所带来的影响。他很可能需要找到一个新住所,适应新的城市和地区,并结交新朋友。

约翰·科姆洛斯: 确实如此,许多新的和重大的挑战都会摆在你面前。这与你以前的学校无关,因为新学校肯定会让你感觉到不怎么习惯。但是,你应该对自己坚持不懈和取得成功的能力感到欣慰。毕竟,你确实有了一份全职的学术工作,并不是每个人都能得到。读研无疑是一个重大挑战，有时甚至可能是一种艰苦的经历，但你有坚持不懈的内在力量和完成课程的才能，这自然会让你在学术界名列前茅。

虽然学术界的工作通常会带来有价值的体验，但不应该被理想化：它有很多意外之处，而且与其他官僚系统的运行机制也有诸多相似。也许值得重申的是，即使你已经加入了这个精英群体，也不应该指望你的价值完全体现在薪水上。你需要从你的教学、研究和周围人对你的尊敬中获得满足，而不是从你的收入中。

约翰·戈德史密斯： 许多研究生都有过一些教授本科生课程的经验——在特定领域中的说明文写作课程或入门课程。大多数情况下，这种授课是在教授的直接指导下进行的，而研究生本人几乎没有独立制定完整教学大纲的经验。

约翰·科姆洛斯： 或者说，他们没有从头到尾规划一门课程的经验。

彭妮·戈尔德： 你现在既是一名专业人士，对自己的工作完全负责，几乎没有任何直接监督，又是一个在全新环境中成长的新手。

此时可能是你最手足无措的时候，但又要去适应新的环境，这不是一件容易的事。你要从头开始备课，同时你可能正在尝试完成博士论文并开始发表。在入门课程中，你可能要教授在你专业领域之外的内容，因而特别具有挑战性。我记得在我从教的第一年，我总是希望学生在课堂上不要问我问题，因为我对授课主题的所有了解已经在课堂中倾囊相授了。我还记得一位同事安慰我说，我忙于教学上的时间在若干年后将会是最少的。当时我很难想象这一点，但随着时间的推移，各项事务之间的比重会发生改变，这是不争的事实。

你如何兼顾好各项工作——教学、研究和行政事务？

约翰·戈德史密斯：资历尚浅的教师会面临两个特别严重的问题，值得我们关注。首先，他应该如何应对从受人指导的研究生到独立研究人员的转变？其次，他该如何在工作上的种种挑战（涉及教学、研究和行政事务的需求）中合理分配自己的时间和精力？我们将一一讨论这些问题。

这种兼顾全局的问题对新手教师来说是最困难的。如果读博时一切顺利，你已经学会了如何做研究，但现在你必须学会如何在做助理教授的同时做研究，这就像杂耍演员学会在鼻尖上顶着木棍的同时去骑自行车一样。

当然，每个人都必须自主决定如何发展自己的生活和事业。关于如何平衡教学、研究和行政事务的问题，没有特别的秘诀。每门课程和各项活动的类型都不同，不过都有一定的回报和不同的要求。教学可以是一种非常社会化的活动，其中有很多与年轻人的互动；行政事务也是社会化的，虽然可能少一点；研究则往往是一个很不社会化的活动。虽然每个人都必须根据自己的优势和个人价值做出自己的决定，但还是需要了解一些陷阱和潜在的困难。任何讨论的背后都存在一个事实：担任助理教授几年后，你会不可避免地面对终身教职评审。在大多数情况下，助理教授认为他们的工作会帮助他们通过这一关键的考核。但在很多情况下，他们做出的选择使其很难甚至不可能获得终身职位。

最大的问题是一个简单而众所周知的问题，被称为"不发文就走人"。具体来说，在多数大学里，如果你的研究出版记录不那么令人满意，那么在终身教职评审时就没有什么可以拯救你。终身教职和终身教职评审是我们稍后要讨论的问题（见第八章）；现在，我们可以把我们的问题看成是助理教授应该（和不应该）做什么，以便在研究、教学和行政事务方面创造令人满意的记录，从而在终身教职评审时不至于遭受暴击。

约翰·科姆洛斯：因为每个人的情况都是独一无二的，所以我只能对助理教授应该如何分配时间做出大致的描述。说到底，时间的分配应该以让自己感到合适为标准，但要确保你每天的时间需求总和不要超过24小时。虽然时间不够用是常事，但务必将终身教职评审的规划放在心中。时间过得总是比你预期的快很多，你不能总是拖延你的研究计划。当然，不同学校对教学的重视程度不同，但请注意，教学工作对于研究型大学的终身职位评审而言并不那么重要，把课堂教学做好是你理应完成的。尽管如此，在大多数文科类院校，教学是最重要的，因为这些院校要通过其良好的教学声誉吸引学生，从而在高等教育领域占有一席之地。

教学、备课和研究是助理教授重要而基本的职责，将占用你工作时间甚至全部时间的 85% 左右（见附录三的表 7）。除此之外，还有一些额外的时间要求，包括发表论文和参加会议，但这些都是不定期的。在学术生涯的起步阶段，还有一些重要性可以忽略不计的工作，包括论文指导和同行评审（即为资助和晋升提出建议，以及为期刊和出版商审阅稿件）。在规模较小的院校，你还需要做一些社区服务或向当地报纸传递与你的学科相关的动态，以便更好地宣传自己的学校。

彭妮·戈尔德：随着时间的推移，花在各种活动上的时间比重会发生显著变化。在我教书的第一年，除了备课、吃饭、睡觉（时间很短）以及把我的老爷车开去修理外，我几乎没有做什么。现在，26 年过去了，我在管理和服务上花费的时间与我在教学上花费的时间一样多，而且我的睡眠时间明显增加（尽管仍然没有达到我想要的那么多）。

应该优先考虑哪些事？

约翰·戈德史密斯：你要考虑一下学术界的三个基本规则：第一，你必须在上课时间出现在教室里；第二，你需要处理好各种行政工作；第三，没有人会要求你做研究，完全凭你的自觉。我希望大多数人都会认为这些是不言自明的。但我惊奇地发现，许多人认为他们没必要遵守这些规则——事实上，他们确实也没有遵守。

我们中的大多数人会被要求做我们力所不能及的事情。在我们初入学术界时，面对他人的请求或要求，常常只能简单地回答一个"不"字。这些繁重的要求经常会占用我们的时间和精力，去完成在大学中不那么重要的一些事项，而那些在大学中很重要的事情却经常受到影响，即项目研究和论文发表。请记住，仅仅因为你被要求做某事，并不意味着此事是必须完成或者必须由你完成的。没有你，世界也会照常运转。如果有一项工作没有人愿意承担，可能是有原因的——这项工作可能不值得承担。

还有一种情况是，如果你的自身背景从传统意义上说是少数群体——例如，如果你是女性或非洲裔美国人——就会有无数的团体邀请你加入，而你参与真正有价值的事业的机会也是相当大的。你将被要求加入更多的委员会和工作组，以便形成一个"平衡"的团体。在一个非裔同事很少的学校里，一个非裔教师会感到有责任去花时间指导本系甚至其他系的非裔研究生，而一个白人同事很可能不会做类似的工作。关于此事的最好说法就是，这位年轻的黑人助理教授现在是一个楷模，而且为了不辜负这种责任，他承受了巨大的压力（包括内部和外部的）。在这种情况下，每个人都必须顺从自己的内心，如果这些短期工作对她早期的研究计划产生了严重的负面影响，那完全是得不偿失。我并不是说不要帮助他人，但一定不要依靠别人来安排你的研究，你要对自己负责，倾听你内心的声音。

彭妮·戈尔德：将不同的工作分门别类是一项持续的挑战。我们的大学会要求我们做很多常规日程以外的事情，诸如参加招聘委员会和特设工作组、指导自主学习课程、指导学生团体，以及对招生部门或校友团体进行宣讲。这些任务中有相当一部分是有趣的和有回报的。但是，你会被要求做很多超出你能力范围的事情，那么你要花点时间弄清楚以下方面：你是否有天赋或技能，是否有强烈的兴趣并愿意全身心投入，是否很有可能取得成果，以及是否能与你有兴趣合作的人发展成工作伙伴。

是什么让我们难以说"不"？非终身教授和终身教授所面临的压力是不同的。非终身教授可能会担心，自己必须时时处处讨好终身教授、行政部门和学生。终身教授有时则认为，学校提供了医疗和福利，因此我们要竭尽所能地工作。是的，学校的医疗和福利源于我们每个人在教学和研究之外为学校做出的贡献。但是，如果有教师愿意全身心地投入工作，并以他们最擅长的方式做出贡献，对学校是最为有利的。为我们能力范围之外的或我们不确定其价值的工作忙得焦头烂额，对学校来说是不利的。这里有一些说"不"的方法："我希望我可以，但我真的没有时间，也许我们可以再谈谈。""恐怕我不是最佳人选，你有没有想过问一下某位教授？""我很抱歉，但我现在有太多的其他工作了。""这听起来很有趣，但我可以明天再给你打电话吗？我需要一点时间来考虑，然后再做决定。"

在这方面，兼职教师处于一个特别困难的位置。你可能会被要求做和全职教师一样多的工作，但出于遵守合同义务和公平起见，你应该比其他人多说一倍的"不"，这很难做到。人们（包括教师和学生）可能会忘记或没有意识到你是兼职教师，他们可能会因为你不常待在办公室而感到失望。我建议你在每门课程开始时告诉学生你是兼职教师，你们每次见面的时间间隔会比较长（如果你能在不在办公室的时段提供电话或邮件联系方式，将会有所帮助）。同时，直截了当地提醒一下你的同事也无妨。

另一方面，有些人不愿意承担额外的工作，他们认为自己的时间比其他人的时间更重要。他们的回避使那些说"是"的人更加忙碌，因为他们会被要求做更多的事情。

为什么我现在要开始考虑终身教职的问题？

约翰·科姆洛斯：应对终身教职评审是你在学术生涯下一阶段的重要任务（见第八章）。在此我必须强调你，你应该从赴大学履职的那一刻起就开始考虑这个问题。你在确定优先事项时必须认识到，获得终身职位并不是一蹴而就的。当然，找到一份工作本身就是一项成就，但要想在专业学者群体中获得永久成员资格，你还面临着更多的障碍。你没有太多的时间，不仅要规划好第一年，而且还要考虑好可行的策略，从而在 6 年后获得终身职位。一个好的经验法则是，项目完成的时间通常是最初设想的两倍。不要忘记，承担更多的额外工作会影响你的整体表现。保持精力可控的一个简单方法是避免接受暑期教学任务（暑期教学任务的报酬很低，一门课只有 2000～3000 美元，这几乎无法弥补你因研究效率下降而造成的终生收入损失）。

你可能在求职面试时提到了终身教职的话题，即使只是顺便提一下，但在到达校园后，你应该与你的系主任（以及你的同事）再次进行更充分的讨论，直到你非常了解所在院系职位晋升的实际要求。[1]系主任不可能给你一个确定的承诺，因为其中涉及很多变数，而且要求总是模棱两可、灵活多变的。终身职位的标准一般要符合当地的科研、教学和公民职责的良好标准，一般是按这个顺序的，尽管文科院校更重视教学。比如，卡尔顿大学（Carleton University）、达特茅斯学院（Dartmouth College）和阿默斯特学院（Amherst College）等比较知名的大学还会要求有值得认可的论文出版记录才能获得终身职位，不过，它们通常对原创性研究和综合性研究的区分没那么严格。例如，在研究型大学里，一本教材（即使是一本好的教材）不足以让你获得终身职位；但在规模较小的院校里，则可能对你有好处。在历史系，你可能需要写一本专著，但这本专著应该有多长、应该在哪里出版、评论应该有多好，这些都没有确定的标准。由于获得终身职位的标准模糊不清，你需要寻找更多信息来帮助自己弄清学校的真实标准要求。你需要理清这些标准对你而言意味着什么，与你的同事在喝咖啡时谈论这个问题可以让你有更细致的了解。

约翰·戈德史密斯： 我想起了一个棘手的案例，一位语言学家因其强大的计算机语言学背景和语言学博士的身份被一个计算机科学系聘用了。虽然这所大学是一所教学型大学，但系主任希望培养一个强大的研究核心，少教书而多研究。因此，系里聘用了一大批研究型的年轻学者，但当这些学者面临终身教职评审时，由于学校对研究的重视和评级都不如教学，以至于获得终身教职对这些研究人员来说成了一件难事。

彭妮·戈尔德： 获得终身教职的最大乐趣之一是你不用再惦记这个问题了。直到我在获得终身教职的几个月后，意识到自己不用再思考这一问题而感到解脱时，我才认识到它的重要性。这种压力是难免的，但这并不意味着它必须完全掌控你的生活。不要在你的原则上妥协，即使你有时不得不违背自己的心意。试着找一些学术界之外的朋友，和他们聊聊别的事情。

获得有关过去的终身教职评审的有用信息，可以帮助你应对所在学校的情况，从而缓解你的焦虑情绪。你要了解最近的续约或终身教职被拒的原因，从中获得有用的信息，但不要听信小道消息。对于终身教职被拒的案例会有很多说法，有时候合乎情理，有时候也并非如此。系主任对系里的人而言是一个重要的信息来源，但也不总是完全可靠的，这取决于其本身所处的立场。

怎样和新同事相处？我有点担心

彭妮·戈尔德：这在很大程度上取决于你对所加入的大学的文化有多了解。至少要在学期开始前几周到校园里走走，这样你就可以在忙碌的工作开始之前考察一下这里的人和事。这个学校是如何运转的？谁是关键人物？这个地方的价值观是什么？哪些研究方法占主导地位？这里有怎样的人际关系风格？你也必须了解系里的这些情况。关于这些事情，你在求职面试时会得到一些零碎信息，但现在是真正深入了解的时候了。你在研究生教育中学到的任何观察和分析技能现在都应该在这里得到演练。虽然你主要的长期职业目标是获得个人成就，但只有在与你的学校建立良好工作关系的情况下，这一目标才有可能实现。你在一个地方工作的时间越长，你的职业目标就越有可能是为学校的发展和成功做出贡献，这甚至可以成为这项工作的一个相当有意义的方面——有机会成为这个复杂机构中的一员。如果你很幸运，你的第一份工作将与你自己的目标和风格相符（找一份教师工作就像挑一所大学去读书，你可以在你的能力范围内选择最适合你的学校）。但是，即使你觉得自己与该学校的定位有分歧，你也需要建立足够融洽和有效的工作关系。如此一来，当你想去其他地方工作时，人们才会愿意推荐你。

如果你能与各种各样的人相处，包括一些你不是特别喜欢的人，你在院系里的生活会更容易一些。在一所大型大学里，你所关注的领域主要是个人所在的院系。在一所规模较小的大学里，系里的关系是至关重要的，同时你还要直接面对来自学校层面的影响。你越了解学校的运转方式以及谁是主要领导者，你的效率就会越高，就越不会感到受未知力量的左右。

你如何才能了解所有这些事情呢？你需要知道的信息可以通过书面形式获得（例如教师手册——虽然无趣，但必须阅读）。但你需要通过观察和积极提问来了解大多数事情。你可以和其他人建立良好的关系，当你对一些事情有疑问时，可以向他们求助。为什么甲教授和乙教授在教师大会上那样针锋相对？为什么没有人在院系会议上谈论某个问题？为什么丙教授去年没有获得终身职位？你在第一年的主要目标之一应该是大量结识校园里的同事，这不仅是为了交朋友（当然，这在任何新环境中都是很重要的），而且也是为了找到那些会成为你的信息和建议来源的人。运气好的话，这些人中有一两个会成为导师般的人物；如果没有他们，你在学术丛林中的旅行就会更加困难。

你的系主任将是一些信息和建议的重要来源，当然也应该是你获取有关工作的技术信息的第一站（例如，如何开设一门新的课程，如何获得外部资助，如何安排休假等）。但你要争取在自己的院系内建立广泛的工作关系。这些人往往是你在工作中面对困难时最能帮助你的人。当然，他们也是几年后在你的终身教职评审中进行投票的人。

同时，你也要结识其他系的人。即使你在系里的关系是完全融洽的，你也希望能够得到外界关于你系里的看法。你的系主任告诉你的本系历史很可能并不准确，来自外界的视角可以帮助你理解系里复杂的人际关系。你也需要跟别人宣泄情绪，发发牢骚，而这是你和系里同事不能说的。有配偶或伴侣的主要好处之一是，你们可以随时向对方倾诉（如果你们不在同一个系里工作，事情就好办；但如果你们两个人在同一个系工作，要小心任何可能产生的放大效应）。所以不要只向家里人倾诉，而要寻求从学校内其他人的视角来看待你的情况。几年来，我通常会与一个在其他系工作的年轻同事进行电话交谈："你今天有什么新鲜事吗？"与她谈论当天的事件是非常治愈的。与其他学校的人建立联系也很有用，他们不仅可以为你的研究提供建议（后面会详细介绍），而且你一旦与他们熟识，还可以交流各自学校的人际关系与利益等校园政治问题。

的确，这就是一个关于校园政治的问题。也就是说，大学中的一些人比其他人拥有更大的权力（无论是从终身教职、资历、性别、人际关系还是其他方面来看），而权力并不总是被合理地用于获得更大的利益。打个比方，人们如何在水域中航行？第一件事是绘制水域图——你越了解浅滩和水下岩石、港口和岛屿的位置，你就越能安全地前进。当然，你也可以听取曾经有过同样旅行经历的人的建议。但是，新的情况随时会出现，你将不得不比你预想的更早采取行动。我将提出 5 个有助于在学术界取得成功的建议，也是维护自尊的必要条件。如果你在这 5 个建议的基础上与同事建立关系，生活就会更轻松。这些建议并没有什么特别之处——它们适用于任何一种长期关系，而这正是你希望在大学里建立的人际关系。

1. **处事灵活**。如果你是招聘委员会的一员，而一位资深的同事强烈推荐一名候选人，这位候选人是她一位亲密朋友的学生，这也是这位候选人唯一明显的优势。那么你要克制自己，不要当众斥责你的同事。相反，你要为你所知的更强的候选人提出令人信服的理由。招聘委员会的其他成员很可能会赞同的你的意见。当天晚上，你可以打电话给其他院系的知情人，对这一事件发发牢骚。这种公开的策略与私人的减压相结合，会对你有帮助，毕竟没有必要在公开场合让任何人难堪。如果所争议的事情意义不大，你应该尝试去忽略它。但是，如果这件事有重要的意义，而且是你关心和了解的，那就要发表自己的意见，不过要保持冷静、理性和说服力。你的同事对此会很感激（他们中的一些人可能因为胆怯而不敢直言）。

2. **诚信正直**。处事灵活并不意味着歪曲或欺骗，你需要与各种各样的同事建立体面的工作关系。如果没有良好的信任，就很难做到这一点。说话和行动要诚实，这是获得信任以及让自己过得愉快的最佳方式。

3. **合理有度**。有时一件小事也会引发巨大的争议，也许在其他类型的学校中也是如此。你可能会被卷入很多纷争，那就选择参与那些对你和学校来说真正重要的事情，而那些无关紧要的争议就顺其自然吧。

4. **幽默风趣**。与合理有度密切相关的是幽默感。如果你不懂幽默，生活会变得非常艰难。如果你能帮助别人偶尔轻松一下，那就更好了。

5. **有始有终**。如果你说自己要处理某事，就一定要做到。你希望人们知道你是一个可靠的人，就像你希望能够依靠他们一样。

要把所有这些原则牢记在心并不容易，多年来我只碰到过一位能始终坚持这些原则的同事。他在校园里备受尊重，当他在教师大会上发言时，每个人都会聆听，而且大多都会投票支持他。虽然我们不可能都像他那样，但也要尽力一试。

约翰·科姆洛斯：这都是很好的建议，但助理教授需要假以时日，才能把握处事灵活与诚信正直之间的界限，学会做到合理有度。他需要时间来了解这些问题在大学框架内将如何得到解决。如果一开始就把注意力集中在学术生活的政治方面，那么他在研究型大学获得终身教职的前景就不容乐观了。

例如，我认为研究型大学的助理教授对学校招聘人选的决定提出具体建议是不妥的，特别是当其他资深教授持相反的观点时。选择特定的立场可能会在终身教职评审时付出代价。在一个人开启职业生涯时，在其试图改变周围的世界之前，应该最关心的是为自己获得终身教职。如果一个人以牺牲自己的终身教职为代价去聘用一个有价值的同事，又有什么用呢？即使是在职业生涯的后期，为他人的任职问题而奔波也不见得总是有益的，因为不能确保自己对特定候选人的评估是正确的。我曾多次在策略问题上犯错，而在做决定时完全没有意识到。如果认为自己在职业生涯初期的判断是可靠的，就未免有点自以为是了。相反，我发现经验能磨炼一个人的决策能力。在有些时候，我支持的候选人后来都变成了我的对手。因此，在我看来，招聘用人的问题通常太复杂了，一个刚出道的助理教授不可能有任何把握去解决。这一点与在小规模院校里是有明显不同的，因为在那里你从一开始就需要更多地参与各种工作。但是，尽管你那些胆怯的同事们在你的终身教职评审时仍然不敢为你发声，不过他们会感谢你替他们在有争议的问题上发言，这对你来说也算是小小的安慰了。

怎样应对大学的官僚主义？我知道这可是一个挑战

约翰·科姆洛斯：你需要接受学校的现有体制。你已经成为一个没有人情味的官僚机构的一部分，类似于企业界。我的建议是，暂时不要积极参与部门政治——最重要的是，不要试图影响重大决策。整个学校比你大，比任何个人都大。有无数的理由可以解释为什么事情会做得如此低效或者不合逻辑，但你要接受现状；如果你难以容忍，那就尽最大的努力尽快置身事外。改变一个由成千上万的人组成的机构需要付出巨大的努力，他们的需求和利益各不相同。如果你试图这样做，很可能会陷入官僚主义的困境之中。所以，你要把这个问题留到获得终身教职以后甚至更晚的时候，或者根本就不管了。

彭妮·戈尔德：我想你可能也猜到了，我对这个问题有不同的看法。高校确实是一所官僚机构，不容易改变；但另一方面，它们也一直在变化。积极参与这种变化，帮助学校制定和实施新的计划，可以给你带来巨大的满足感。虽然未获得终身教职的人显然应该把教学和研究工作放在首位，但他们仍有大量空间去参与学校变革。例如，负责起草诺克斯大学新课程提案的委员会中，有三名非终身教职工和四名终身教职工。如果没有最了解其领域最新发展的新学者参与其中，学校对于基础课程改革的决策将会是非常糟糕的。而且我想，参与其中的人都认为他们的工作很有趣、很有成就感，即便他们花费了大量的时间。

约翰·科姆洛斯： 然而，对于还没有获得终身教职的教师，我认为远离学术政治是比较安全的，反正你也会有很多新的工作需要去适应。你应专注于工作的关键方面，比如获得终身教职、教学、发表论文，以及在这个陌生且神秘的世界中站稳脚跟。

你需要了解大学的组织结构和运行机制，然后才能开始在其中感到游刃有余，或者开始为自己的目的去影响你所处的环境。你最好根据来源于经验的知识行事，而不是根据你在研究生院时对学校运行机制的假设。社会变化的原因可能会大相径庭，部分原因是人不同，部分原因是你所处的位置不同，还有部分原因是大学也不同。

你的同事们具有相当丰富的经验优势，会知道那里工作的方式。谁在特定情况下做主？权力是如何分配的？[2]谁是某个关系网的成员，他们之间的联系有多紧密？这些关系网是如何互动的？谁是谁的上司，谁是谁的下属？同事之间的交流有多公开？同事的配偶之间有什么关系？这种关系揭示了系里的小团体。如果配偶之间的关系很好，你的同事有可能也会这样。此外，你可以听一听他们的配偶在说什么，因为他们往往在交流一些你同事不愿意告诉你的信息。小团体是如何形成和做决定的？院系内部过去的关系如何？谁受制于谁？谁对谁怀有敌意？这些因素将决定院系的内部动态，而你在一开始不可能了解。

你要采取观望的态度，对表面现象持怀疑态度。不要认为每个人都会完全遵循最严格的道德和法律原则。所有的社会群体都有自己的风格——一些不成文的行为准则。尽管人们经常保持着得体的外表，但在组织中的行为却与私下里不同，特别是当责任可以推卸到其他人身上，或者他们认为某一特定行为能将风险降到最低时。

关于你的职业生涯，基本上有四大任务摆在你面前：成为一名成功的教师，逐步建立良好的学术声誉，努力获得终身职位，以及在做这一切的同时避免被权力所打压。只有通过采用有效的策略来开展研究、教学以及与同事和管理人员相处，才有可能取得成功。虽然这绝非易事，但如果你关注系里的运行机制，就可以在工作中学习，并在这个过程中收集信息，相应调整你的行动。

有一个合理的策略可以帮助你避免过多地卷入或纠缠于校园政治，那就是直截了当地宣称自己对这些事情不感兴趣。你的首要目标是获得终身教职，这样的策略可以在一定程度上让你摆脱困境，尤其是在开始的时候。然而，你还是应该参加院系的会议。这些会议是有意义的，因为你可以在这种环境下更好地了解你的同事。然而，保持谨慎的态度是必要的。人们的讨论往往是拐弯抹角的、充满了策略，他们所说的并不一定出于本意，并且他们所说的内容可以有各种不同的理解。[3]

每个院系都有自己解决分歧的独特方式。可能会有很多公开的冲突——在这种情况下，你将很难保持中立；还可能有许多必须由那些不爱耍外交手腕的人以某种形式来解决的争议。招聘工作和终身教职评审往往是最有争议的，因为它们决定了院系的未来发展方向。另一方面，没有明显的分歧并不一定意味着决策是和谐的，这也可能是系主任强势领导的结果。

你与资深同事的关系无疑会影响你个人终身教职的评审。系主任在这方面有很大的话语权，假如系主任很看重你，你与他人合著的出版物可能会被其当作你的独著一样对待。如果你在学院的终身教职成员中很受欢迎，大家可能不会介意你的论文是否被发表在权威期刊上。如果你的博士论文由一家小出版社出版，也可能会被视为由重点大学出版社出版。

一旦你在院系待了一段时间，派别的存在和划分就会变得明显。你要保持不置可否的态度，继续关注你自己的事。"这听起来确实很有道理，但我想多了解一下这个问题。"你总是可以边点头边说"也许"。"再聘一个计量经济学家对我来说是没问题的。""这似乎完全合理……""对于下一任系主任的人选，我没有什么意见。"我想起了《哈姆雷特》（*Hamlet*）中的波洛涅斯（Polonius）对他儿子拉伊特斯（Laertes）的建议，因为他儿子即将启程前往法国。在波洛涅斯敦促儿子"忠于你自己"的同时，他也告诫其要"多倾听，少发声"。

这并不意味着你在委员会或院系会议上要完全保持沉默。如果你这样做，可能会给人一种印象——你根本不关心系里的工作。但你应该选择一些没有争议的问题来表达意见。例如，你可以谈论院系或图书馆的预算不足。如果你的问题被无视了，就不要再追问。这很可能不是偶然的。简而言之，你需要表现出安分守己的姿态。无论怎样，政治往往是学术生涯中最难以预料和最不受欢迎的事情之一。

如果我无法置身事外怎么办？

约翰·科姆洛斯： 如果助理教授都不能远离系里的政治纷争，那这个系可能不是一个适宜久留之地，你也不应该在这样的学校长期工作。

彭妮·戈尔德： 有些院系的确令人难以忍受，生存其间意味着你要一直谨言慎行、小心翼翼，并需要从院系内外的多个信息源查看关键信息。有的院系由资深教授主持局面，他们非常关心非终身教职工的成功和专业成长，也关心系里的教学工作。当然，还有一些院系是介于两者之间的。在一些系里，对争议问题的刻意回避会被视为缺乏担当或责任心。你愿意信赖一个在重大问题上从不勇于表态的人吗？你需要弄清楚自己所在的系有什么特点，然后在这个环境中竭尽所能地完成你的职业目标。

约翰·科姆洛斯：我正是这么想的。对大多数人来说，需要几年的时间才能弄清楚其中的门道，到那时，你也快要面临终身教职的评审了。与此同时，你应该遵循波洛涅斯的建议。耶鲁大学历史系的一位不愿透露姓名的教师通俗地诠释了它："当你是一名初级教员时，你应该闭上你的嘴，这是一种智慧。"[4]

彭妮·戈尔德：高校（以及你所在的院系）的规模将决定院系内部的关系。在综合性大学的较大院系中，内部关系通常比小的院系更为复杂；因为在小的院系里，你更容易认识所有的同事并与他们建立工作关系。另一方面，在这样的小环境中也有一些隐患。如果系里有一两个人性格桀骜，或者对你所做的工作不屑一顾，你是几乎不可能避开他们的。在一个大的院系中，32 票赞成和 3 票反对的选票分布可能不会左右终身教职评审的结果；而在一个小院系中，投票成员可能只有 3 人，一两张反对票就有可能决定结果。你在一个小院系中要承受的压力可能比在一个大院系中更大，因为大院系的生活方式和学术立场的多样性（更不用说种族、性别、民族、性取向和宗教等）可能被视为理所当然存在的。处事灵活、诚信正直、合理有度、幽默风趣和有始有终这 5 项原则在任意环境中都会对你有帮助。别人缺乏诚信并不意味着你应该失去你的诚信，你必须竭尽所能地坚持原则。

竭尽所能在不同领域都很重要。当然，最主要的还是自己在教学和研究方面做出成就，这也是学术工作的核心。但是，还有更大的学校层面——正如科姆洛斯所说，个人应该在这个舞台上成为"好公民"。我们通过应聘成为高校团体中的一员，它的成功依靠我们每个人是否愿意跨出自己的一亩三分地去思考院系和学校层面的更大问题，如课程、评审、教育政策等，这些问题使院系正常运行并履行其使命。我不明白为什么要等到一个人有了终身教职后才能积极参与到这些事务中。是的，在没有获得终身教职的情况下，可以合理地减少时间投入，但如果只有小部分人完成所有的维护和变革工作，整个学校就无法繁荣发展。我希望你为了学校的繁荣发展而贡献出自己的力量。如果你能找到一个世俗的理由来做这件事，就是与你的底线（获得终身教职的机会）有关；你可以这样想，如果你不尽自己的一份力量，其他资深同事可能会愤愤不平。在一些学校中，你需要做的工作会非常少；在另一些学校里，你需要做的工作会比较多。这是你需要考虑的另一件事。

约翰·科姆洛斯：我知道这些在小规模的大学里是适用的，但在研究型大学里，如果在工作的最初 5 年里没有集中精力进行研究和教学，这些尚未获得终身教职的教授会遇到严重的问题。我们必须意识到这样一个事实：在研究型大学里，做一个好公民在终身教职评审时根本不值一提。事实上，即使在获得终身教职后，人们也必须非常谨慎地合理分配时间。我举个例子，在一个争夺全国顶级排名的重点院系里，一位终身教授被解雇了。因为当时正值通货膨胀严重，她没有获得任何赔偿。她唯一的错误是编写了一本教材，而这本书没有被认定为原创性研究！无可否认的是，这似乎是一个极端的例子，但事实并非如此。在研究型大学里，学者发表原创性研究的压力非常大。

如果我想参与大学的变革，应该怎么做？

彭妮·戈尔德：如你想在你的院系或整个学校中寻求发展和创新，我有一些建议。

1. **与他人合作**。⁵ 我们每个人都有自己的不满，以及对学校进行一些变革的想法。然而，成功变革的关键是找到一些突破点，并将对特定问题感兴趣的关键教师群体聚集起来。每个人都会提出某项倡议，但如果想要取得成功，这些倡议就需要被碰撞、被重塑甚至被否定，以便在讨论中获得更好的想法。如果你想实现学校变革，必须准备好与他人合作。当然，为了与他人合作，你就必须了解他们，这也是在你所在的系内外建立良好关系的另一个原因。

2. **避免自以为是**。我的一位同事说过："今天，当我回忆起我的火焰之剑是如何凶猛地燃烧时，我感到害怕。"不耐烦、自以为是或充满敌意的态度会使你的立场带有偏见。你要了解你感兴趣的问题在学校层面的相关背景。你所寻求的解决方案以前可能已经被考虑过并被否决了。也许现在时机已经成熟，但你应该了解过去的历史，向那些之前参与过讨论的人寻求信息和建议，然后考虑你的行动方案。

3. 选择你的战场。考虑哪些问题和原则对你来说是最重要的，哪些问题和原则有可能让你的同事为你站台，以及哪些问题和原则在目前的体制环境中至少有一些成功的可能。

4. 利用合适的渠道。每个大学都有自己的管理组织，其主要目的之一是提出讨论和推进变革。你要找出哪个委员会负责你所关注的领域，并与该委员会的主席交谈，看看你的项目是否可以列入议程。根据提案的性质，委员会层面的批准可能意味着该项目将被提交给全体教师（或教职工代表大会）进行审议以待最终表决。有时委员会没有回应，你应该寻找其他途径。如果你的想法已被按照规范途径在组织中进行了审阅，可能更容易被接受。如果没有特别充分的理由，不要越级报告。如果有些事情可以由你的系主任来解决，就不要去找院长。

5. 提前讨论问题。在最终表决会议之前，与你共同参与的同事和其他人讨论将要提出的问题。这将有助于你看清形势，从而完善自己的立场。如果你在会议前看到这个提案不可能通过，你可能要放弃它或另寻时机了。

6. 学习罗伯特议事规则。你要在按照罗伯特议事规则（Robert's Rules）召开的会议上留心观察，这样就可以了解如何使用修改动议、提交动议和提出问题等程序，以便将问题推向既定的方向。

7. **主动承担工作**。提案需要有人来写，诺克斯大学有两个重要的政策改革（减少教学负担和引入产假政策），所有相关人员都同意，但因为没有人写出提案而停滞不前。我自告奋勇地写出了政策草案，经由委员会修订后便实施了。主动承担工作是实现变革的一种有效策略。

约翰·科姆洛斯：尽管如此，请记住，你是一名签订了短期合同的助理教授，依靠同事的支持才有希望得到终身教职，你的影响力暂时仍然非常有限。如果你对院系政治不满意，可以考虑离开，但不要散布说你是因为对现状不满而选择离开的，否则会失去很多机会。篱笆另一边的草地可能不会更绿，而且人们无论怎样都不喜欢聘用总是抱怨和发泄不满的人。同样，他们很可能会认为，正是因为你缺乏在人情淡漠的大学管理体系中的生存能力，才会如此闷闷不乐。

如何制定长期目标？

约翰·科姆洛斯：如何在各种繁忙的工作中分配你的宝贵时间，需要考虑一些因素：你离最终目标有多远，你会投入多大精力，以及你愿意给自己多少时间来实现它。

你的长期计划取决于你对当前学校的态度。可能你所接受的工作机会与你对未来的期望相符，也与本系的发展目标一致。可能你有优秀的学生，他们喜欢你所教的课程。也许你一直想在一所小型文科学院任教，而你终于如愿以偿。如果是这样，你就是幸运儿。由于你不考虑另谋他职，你的主要任务将是用你的教学和研究来满足同事的期望，从而保住你的工作。在这种情况下，你会把相对较多的时间花在你眼下的工作上，而不是可能帮助你另谋高就的事情上。

你应该定期重新评估你为自己设定的目标，看它是否切合实际。在以流动性著称的学术界，一个教授从他开始职业生涯的学校一直干到退休是相当罕见的。对许多人（但不是所有的人）来说，流动性意味着更好的发展。我们可以争论一下：是努力向上爬更难，还是身处高位保持不下滑更难？我认为这两者之间没有太大的区别，各有各的问题和挑战。我看到过人们在这两种情况下成功和失败的例子。我相信，最重要的因素是自信。从长远来看，竞争通常会使人们在高校里达到自己最优秀的水平，他们为自己、为学校、为学术界带来最大的利益。据我所知，这种说法虽然显得夸张，但少有例外。

约翰·戈德史密斯：此时，我想起我的一位老师曾提到，法国革命领袖丹东（Danton）在巴黎遭到袭击时说：**"我们要大胆、大胆、再大胆，法国才会得救！"**他与你的看法不谋而合，认为胆识是成功的关键。

彭妮·戈尔德：即使你对现在的工作非常满意，同时考虑一下工作的调动也无妨。例如，我对自己在诺克斯学院的工作情况完全满意，但有两件事促使我在职业生涯的早期就开始出书，尽管这对在诺克斯学院获得终身教职不是必要的。第一件事是，我的论文有可能成为一本专著，对我自身而言，我有兴趣为自己的研究领域做出这种贡献。第二件事是，虽然我知道自己喜欢诺克斯学院，但我不能完全确信诺克斯会在 6 年后继续聘用我，而在我的研究领域（历史学），需要出版一本书才能找到另一份工作。

你的工作流动性在很大程度上取决于你开始任教的学校类型，以及你期望任教的学校类型。从一所小型文科学院跳槽到一所重点研究型大学虽然不是不可能，但也很困难。而从一个学院到另一个学院的调动则更为罕见，因为学院通常不会以副教授或正教授的身份聘用你。另一方面，研究型大学往往会寻求引进崭露头角或声誉卓著的学者。如果你对这个层级的工作不感兴趣或资历不够，调动的主要时机是在你职业生涯的开始阶段，也就是当你还能以助理教授的身份推销自己时。你所在的专业领域也影响着你的调动机会，有些领域非常需要愿意教书的合格人才（如计算机科学），而其他领域的高素质人才则已经饱和了（如英国文学）。

约翰·科姆洛斯： 虽然看起来好像从高起点开始学术生涯比较理想，但我还是有所顾虑。事实上，人们很容易变得过于自信，而不能很好地投入工作，保住职位。我已经看到很多非常聪明的学者出于这个原因而失败。问题在于，他们把自己在学术等级中的下滑看成是失败，而不是重新开始的机会；接着，下滑就会变成自由落体。可以肯定的是，也可能他们发现最初的条件是如此糟糕，以至于让人感到绝望，要么放弃，要么降低目标。因此我建议，如果你的长期目标还没有实现，请保持冷静；如果你发现自己已经达到或超越了长期目标，请尽量避免过于自信。

在你收到第一份工作邀请之前，就应该制定自己的目标。诚然，市场提供给你的工作机会已经给你提供了初步评价，但要在学术界取得成功远不止这些。有些因素在短期内不会显现出来，比如你与同事相处的能力、你的毅力和研究能力。这并不意味着市场的初步评价可以被忽视。的确，市场可能是正确的，但它也可能出错。你在工作的头几年所取得的成就将有更多的参考价值，以便完善并协调你自己和市场对你的长期学术潜力的评价。如果你在一所一流的学校开始工作，你将立即被贴上有前途的学者的标签，仅这一点就会为你打开原本可能会关闭的大门。然而，你必须迅速兑现这一承诺，也就是从一开始就这样做。否则，你的市场估价将很快被修改，这是对你不利的。不用说，即使你是一个非常能干的学者，也会给你带来巨大的压力，因为创造性的见解不会源源不断地出现，而是时断时续的。此外，请记住，任何研究计划都有失败的可能，即使是最优秀的人，有时也会发现自己陷入了死胡同。

从一个不那么知名的学校开始学术生涯确实有不利之处，即最初这个行业对你的期望值较低。因此，机会的大门不会自动为你打开。但这种不利也可以变成一种优势，因为你可以用自己的时间来制定自己的规划——加速进行自己的研究。如果你对自己的自信评估正确，就会有很多机会来证明自己。随着时间的推移，你的同事会关注你的成就，市场也会修改其对你的学术价值的判断。我记得自己第一次申请美国国家科学基金会（National Science Foundation）的资助时就被拒绝，其中一位评审人指出，她注意到我正在努力尝试获得学术成就以离开当时工作的学校。我承认，有人注意到并肯定了我的策略，这确实让我印象深刻。简言之，无论你从哪里开始，都必须付出相当大的努力，才能最终进入前 100 名的学院或大学。

关于如何安排你的个人生活，我们将在稍后讨论（见第十章），这里只提一个显而易见的问题——记住，你不应该忽视自己的健康和家庭责任。我见过一些学者为了提高工作效率而忽视健康，使自己的饮食和睡眠变得很差。虽然为了在短期内完成某些任务，这些妥协是必需的，但从长远看，这种自我虐待的做法如同自取灭亡。[6]

我还需要考虑什么？

约翰·科姆洛斯：与你以前的经历相比，天生的智力水平将不会成为你获得成功的约束条件。相反，其他特质将变得更加重要——例如，你的创造力、面对不确定性或逆境时的毅力、制定令人信服的研究计划的能力、发表文章的能力，以及与他人相处的能力。现在你有了一份工作，你必须在几年内证明你有令人满意的教学水平，并证明自己有对学术事业做出贡献的潜力。

彭妮·戈尔德：以教学为主的院校对发表文章的要求会低一些。但情况也不尽相同，一些院校对研究的要求很低，甚至可能怀疑学术抱负会使你远离教学。而另一些院校的要求可能非常高，因为他们认为积极的学术研究对良好的教学是必要的，并且非常看重教师的外界声誉。这类大学对文章发表数量的要求会比研究型大学少，但质量要求依然很高，而且申请终身教职的材料会由外部评审员进行审核。在一些位于中间地带的院校中，那些不能算是真正的学术研究的成果（如会议论文、非权威期刊上发表的文章、教科书）都会被视为可接受的。问问周围的同事，看看他们在做什么，然后把目标定高一些。

教学型院校一般也会鼓励在校外社区提供服务。院校与城镇居民的关系很重要，保持这种健康关系的方法之一是让教师参与社区活动。无论是与当地的服务俱乐部交流，参加文化、慈善或服务机构的董事会，竞选学校董事会，还是在政治团体中任职，都是你可以在校园之外做出贡献的一些方式。

怎样处理家庭和学术事业的关系？

约翰·科姆洛斯：家庭生活是学术生涯中的一个关键因素，因此我们会在第十章专门讨论这个问题。例如，孩子会占用你很多时间，而且你难以心安理得地偷工减料。因此，当你做规划时，需要牢记你的个人职责：你的个人义务不应该与你的职业义务相冲突，反之亦然（如果我在这里听起来像个经济学家，那是因为我就是经济学家）。显然，来自社会和家庭环境的压力越小、越简单，你就越能专注于自己的职业。你应该不惜一切代价避免让自己的负担过重，那样只会适得其反。

彭妮·戈尔德：家庭事务并不是你可以完全掌握的：你的妻子在你们婚姻的初期满足于在家相夫教子，现在可能想回归职场，把照顾孩子和处理家务的责任留给你；你年迈的父亲可能需要搬进家里同住；你那听话乖巧的孩子可能会变成一个问题少年；你可能会发现自己正在经历一场混乱的、有压力的离婚大战。这就是生活！

家庭和工作之间的冲突是真实存在的，工作至上的态度会给你带来巨大的压力，我们将在后面更多地谈论这个问题。当人们希望"理想的"工作者完全投入到工作中，而不承担像照顾孩子这种无关紧要、"费时"的事务时，我们的社会就会出现严重的问题。然而，这就是职场对专业人员（不仅仅是学者）的期望。许多女权主义者希望，当女性进入以前由男性主导的院校时，我们将能够对这些院校的运行机制进行变革。但是，大学（以及律师事务所、医疗机构和公司）一直在抵制将家庭和工作放在同等位置的根本性变革，我希望下一代人能够推动这种变革。[7]

工作满意度如何？

约翰·科姆洛斯：令人惊讶的是，很多新的助理教授对工作也有很多不满。人们的期望显然过于乐观：也许我们经常高估自己的实力或低估竞争对手的实力，或者我们没有考虑到常春藤联盟的工作岗位数量远远少于渴望在那里任教的学者数量。你不应该指望学术就业市场会张开双臂欢迎你，在你喜欢居住的地方和你喜欢教学的院校中提供全职的终身教职。因此，在职业生涯的开始阶段，人们往往对自己的现状相当不满。尽管失业的博士人数可以忽略不计，但许多人开始在学术界外找工作，而其他人一开始只找到了临时工作。假设我们不计算博士后的职位，最近非终身教职人员在各领域中所占的比例如下：工程学为 10%，数学、化学、物理学和政治学分别为 27% 至 38% 不等（这些学科依次递增）。博士生的供过于求导致了近年来兼职岗位的惊人增长。1997 年对新任助理教授的调查表明，在长期职位中，11%的人正在积极寻找其他工作。结合临时职位的数字，这意味着"许多博士毕业生的就业期望和市场现实之间存在着相当大的差异"。[8] 此外，请注意，上述报告不包括人文学科，这个领域的失业率和不满意度更显著。[9] 因此，就业市场的现实情况是，你应该期待在最初的几年里艰难前行，直到你降低你的目标，承认你之前的期望是不合理的；或者你的才能被"发现"并得到充分赏识，使你赢得换工作的可能性。

对你的自尊心而言，重要的是不要把你的个人（或学术）价值等同于你所在的学院或大学的排名。首先，我们的价值是内在的，你对自己的看法不应依赖于学术因素，或者仅仅取决于外部因素。你对家庭、朋友和社区的贡献不应该被忽视。此外，从做好工作中获得的满足感，以及从学习、钻研和自我发展中获得的满足感，都应该是足够有益的，使你能保持良好的自我意识。专注于外部因素而不是做好你喜欢和擅长的工作是不利的，而且会适得其反。教学是一项重要的职业，不管外部因素如何，只要知道自己在教书育人中做出了实在的贡献，就会得到相当大的满足感。我也认为，我们的同事可能会犯错，常春藤以外的学校每天也都在对学术做着重大的贡献。我们无法确定今天被推崇的哪些思想会被下一代抛弃，今天被忽视的哪些思想会在未来得到推崇。我在各种类型的学校中都遇到过聪明异常、知识渊博、道德高尚、乐于助人、富有智慧、心地善良、善于创新、认真负责的杰出学者。

彭妮·戈尔德：即使你和学校之间有良好的关系，工作满意度也可能是难以界定的。我们所有人之所以能走到今天，是因为我们以前是非常好的学生。但一个好学生并不一定能成为一个好老师——二者的角色和责任是非常不同的。如果我们把学生看成是自己的翻版，那么我们也注定会失望，因为绝大多数学生都不会在我们的学科中继续接受专业培训。因此，教学并不像人们想象的那样自然，学生也不像人们想象的那样。如果你的系里有一两个难缠的人，加上你为了获得终身教职而必须承受的压力，这份工作就会使你很难受。

但是，别忘了我们先前讨论过的所有满足感的来源：从学习自己喜欢的学科中获得报酬所带来的满足感，看到学生对某一学科有了新的理解而兴奋的满足感，对自己的领域做出贡献的满足感，以及为一个非营利的教育机构工作的荣幸。事实上，根据最近对美国教授的调查，超过 90% 的教师对他们的职业选择和目前的职位表示满意，其中的关键因素是热爱教学、热爱知识、拥有专业自主权和学术自由。此外，灵活的工作时间和工作的稳定性也同样重要。[10]

第七章

教学和研究

你有自己的教学理念吗？

约翰·戈德史密斯：现在有很多关于教学的书籍，告诉我们如何教学以及如何更好地组织教学等。我打算把这些具体的话题留给其他人讨论，在这里只谈一谈教学真正的意义。

我越来越相信，我所从事的真正的教学就是站在学生面前（注意：我没有说教室，因为重要的是人而不是地点），对一个熟悉的主题说出自己的想法。可以肯定的是，教学辅助手段是有帮助的（我几乎在所有课程中都使用了 PowerPoint 幻灯片，并成了它的忠实粉丝；它对我的帮助可能比对学生的帮助更大）。但我认为，最重要的是让学生掌握思维过程。我不是阅读内容的复述者，我传达的是批判性的思想。当我对作品（尤其是教材）的作者所说的话感到非常恼火时，学生们就会异常关注。我甚至会给作者发电子邮件，斥责他写的一些愚蠢的东西，当我收到回信（通常是谦虚的回复）时，我会和学生分享。这就是我的职责——反思和批评，并试图整合出一个合理的观点。

需要补充的是，这种教学理念（这无疑是一个夸张的说法）并不能成为备课不充分的正当理由。强调对公共思维的思考，并不意味着不熟悉我要教的内容，这与准备其他媒体活动的过程是一样的。但我在讲课时会聆听自己的声音，其中一部分是站在学生的角度来听（这是比较理想化的情况）。很多时候，当我在某个问题上提出我认为正确的答案时，会停顿一下，然后说："要知道，刚刚那个问题的答案并不一定是我想的那样，你们可以有不同的见解……"接着，我就指出我所讲内容的一个不足之处，但这时你还不能在全班同学面前详细解释该问题，这些需要学生在课后独立完成。

当然，对于来自学生的提问和批评也是如此。有的时候，学生的提问确实暴露了我准备过程中的不足。除了承认和强调这一事实外，别无他法。你要承认刚刚发生的事情，要么当场处理，要么在课后解决，以便在下一堂课上予以说明。

一名教授应该扎实掌握其所教学科中的所有知识。显然，这并不意味着他能理解所有内容，但他对某一领域正在进行或已经完成的一切都要形成自己的见解。如果你与一名非教师朋友讨论基本粒子、失业率、英语词汇中的希腊词根、凡·高的风格，你迟早都会将自己在这些方面的知识倾囊相告，而且通常会在一开始就和盘托出自己的见解。教授不仅应该掌握自己领域的知识，而且还应该了解其他领域的知识，以及获得这些知识的途径。他还应该能够将一些不太成熟的想法视为对某些现有事物的创新，并说明这两者是如何相互关联的。

当我想到自己的一些老师时，我会更加确定我之前谈到的理念——教学就是将自己的思想大声传递给学生。幸运的是，在大学里有四位老师对我产生了巨大的影响。四位老师似乎听起来不少，因此我认为自己确实非常幸运。其共同点是，他们的课堂非常生动，能将生活融于课堂之中，他们也真诚地关心学生的幸福和未来。

这四位大学老师对他们的学科相当有热情，包括数学、语言学、经济学和哲学。我一直在想，他们对自己的学科到底了解多少。从我的角度来看，他们的知识可能是无限的，但我记得数学和哲学老师也为我们在研讨会上阅读的材料感到头疼，那是一次大开眼界的经历。就那位哲学老师而言（记得那是在越南战争期间），他当时正试图和我们研讨会上的其他人一起解答一个困惑。一方面，他感到被约翰·杜威（John Dewey）的实用主义所吸引（这一理论不断地在现实的严峻考验中被证明）；另一方面，实用主义在20世纪的几代人中似乎很容易与一种特殊的美国式帝国主义（或者至少是一种侵略性的外交政策）结合起来。他试图解答一个可能根本没有答案的问题，但是这让学生充满了激情！

数学课上的老师们一般不会碰到什么难题。我有幸和一位老师一起学习了几门高级课程，他很乐意研究一些对他来说相对较新的科目，并和我们一起阅读一些比较难的材料。我们逐字逐句地阅读，他让我们理解了论点是如何被一步步论证的。

另外两位给我留下深刻印象的老师，一位是经济学老师，另一位是语言学老师，我与他们也很熟。两人都是不折不扣的好老师，但原因却一时说不上来。回想起来，我认为部分原因在于他们在课堂上的讲话风格，这和他们与学生一对一交谈时的风格没有很大的区别。他们没有任何套路，也没有任何表演的感觉。在课堂内外的谈话中，他们都饶有兴致地认真倾听学生的话，但又不会给人一种很容易被说服的感觉。

约翰·科姆洛斯：最好的教学不仅仅是信息的传递。相反，我认为它也是帮助学生建立新的认知、从新的角度理解概念的行为。因此，教师对学科的热情是体现他完成这项任务的能力的重要因素。不幸的是，在衡量教学质量时，对教师教学热情的评估总是不够精确。

约翰·戈德史密斯：我想更多地谈谈学校的因素。我自己主要是在研究型大学任职，然而在所有大学中，研究型大学只占少数——在大约 4000 所高等教育机构中，只有大约 60 所研究型大学。在美国，判断研究型大学的最常见、最实用的标准就是看它是否属于美国大学协会（Association of American Universities）。不过，这些大学通常是最受关注的，包括哈佛大学、普林斯顿大学、耶鲁大学、斯坦福大学和芝加哥大学等私立大学，以及加州大学伯克利分校（University of California, Berkeley）、加州大学洛杉矶分校（University of California, Los Angeles）、印第安纳大学和密歇根大学等大型公立大学。研究型大学的重点是发展研究生院和研究所，但其在本科教育中也承担着重要职责，唯一的例外是纽约的洛克菲勒大学（The Rockefeller University）。

总的来说，这60所大学以外的其他大学都是教学型的，对教师独立研究的要求要少得多，但教师也要承担更多的教学任务。此外，这些教学型大学通常也不会招收博士研究生，只有少数大学招收博士，例如斯沃斯莫尔学院（Swarthmore College）。教学型大学一般不会为教师和学生提供博士水平的研究所需的环境。

研究型大学对教师的期望是什么？

约翰·戈德史密斯：很简单，在研究型大学里，教师应该在其整个职业生涯中从事研究并发表研究成果，同时认真履行其教学职责。教学任务一般是每年3～4门学期课程，或者每年4～5门季度课程（请记住，一个学期是15～16个教学周，一个季度是10个教学周，之后都有一个考试周；有些大学采用学期制，有些则采用季度制）。根据我的经验，所有的教师都要同时承担研究生和本科生的教学。在极少数情况下，有一种特例，即某位杰出的学者根本上不好课，而且可能永远不能指望他去教本科课程，但这是很罕见的。

对大学教师最主要的要求是其要在自己的研究领域有所建树。在我看来，这是一件非常好的事情。知识的发展是一个非常有价值的事业；在今天这个繁忙的世界，人们常常忽略它，而且它是非常困难的。整个世界似乎都不太了解提出一个有价值的新想法有多难，仅仅是做出小有成果的研究，也得花费大量的时间去阅读、思考和写作。当我们听到人们批评大学教授和大学体系时，我们发现这些批评者都认为大学教授的主要工作是教书，而做研究就像是蛋糕上的奶油一样，只是点缀而已。

事实并非如此。研究是研究型大学中教师的主要任务，而且是一项艰难的工作，不要被那些我称之为"白菜园研究理论"（Cabbage Patch Theory of Research）的倡导者所愚弄。这一理论就像告诉孩子他们是从白菜地里捡回来的想法一样：研究者的论文、专著和教材等成果就像魔术一样，在某一天出现在白菜园，而且已经用丝带整齐地包装好了，不用费吹灰之力就可以得手。不要问是谁生产的、什么时候生产的，或者花了多少费用。一旦我们有了结果，问题都得到了解决，这一切看起来都是那么直接、明显而容易。

我从没见过如此荒谬的理论！事实上，研究工作就像生活中的其他事情（如抚养孩子、创业或写小说）一样。这种经历有时会让人很痛苦，似乎事事都不顺利，还要耗费你大量的时间精力。你需要对最终完成这项研究工作有信心；如果没有信心，研究者就没有理由继续前进了。当然，我们当中也有许多人愿意继续做研究、撰写著作和论文。从长远来看，这个过程是有价值且令人兴奋的；但这当然不容易，通常需要教师具备类似创业者般的个人特质。我们不能忽略的是，研究需要大量的时间，而且你必须为自己安排出时间，因为没有人会帮你。

这是一个我不断提及的主题，值得你用彩笔重点标注出来——研究是对在研究型大学任职的教师的基本要求，是一项有创造性和开拓性的工作。总的来说（除了一些幸运的例外），没有人会帮助你完成——你有责任花费时间和精力来做这件事，并且把它做好。

约翰·科姆洛斯：至少，它需要你具备足够自律、自信和坚持不懈的能力。让我对教学质量和投入教学的时间做一个简单的概括：只要学生没有抱怨，一切都相安无事。学生们选择到某个大学学习，很大程度上是因为他们对那里的教学质量有一系列的期望。你应该知道这些期望是什么，并努力达到这些期望，不管这需要多少时间。剩下的时间才是你自己的，可以用于进行研究和社区活动。

教学型大学对教师的期望是什么？

彭妮·戈尔德：正如我们前面提到的，教学型大学相比于研究型大学，在教师发表论文的性质和数量要求方面有很大不同。你需要找出这些要求，并尽力满足或超越它们。一般来说，教学工作量越大，对发表研究的要求就越低；但即使如此，各大学的情况也不尽相同。

教学型大学对教学的要求非常明确。这些大学的主要任务就是教学，而你需要为完成这一任务尽到自己的一份力量。学校对教学的要求可能很高，也可能一般，或者没有太高要求。你应该尽早了解学校使用的教学评估系统。你的教学质量非常重要，虽然它很难被评估（下文会详细说明）。你的教学数量（即学生的数量）更容易被评估，但它不一定是学校或院系关注的核心问题（例如，选修"古希腊语入门"的学生数量应该不像"心理学入门"那么多）。

我该如何制定教学大纲？

约翰·戈德史密斯：总的来说，助理教授在头两年的教学工作中会使用现有的教学大纲，但在开始的时候，要找到那些乐于分享的同事可能并不容易，他们可能不太愿意和你分享教学材料，包括教学大纲、讲义、问题集和模拟试题等。

彭妮·戈尔德：我曾在四所高校任教，都教过基础入门课程，没有人要求或者鼓励我按现成的教学大纲上课。这一点让我很开心，因为我发现制定教学大纲（思考课程的目标、内容和形式）是学术生活持续不断的乐趣之一。当然，我教的一些课程是学校或领域里的其他老师也教过的（如欧洲概况、宗教研究入门课程或关于大屠杀的课程）。我经常向同事索要其教学大纲，这样我就能了解其他人的做法。你的同事的教学大纲会告诉你很多关于阅读量的要求、写作任务种类的信息，你也可以询问其他院校的同行，或者订阅你所在专业的教学讨论组的电子邮件，并对相关的教学大纲进行查询。[1]

制定一个好的教学大纲会遇到很多挑战。其中一个挑战是把自己从本科时的课程中解脱出来，以一种全新的方式思考**你**想要完成的任务。此外，要摆脱那些似乎"必不可少"的核心书籍和话题清单也不容易。几年前，当我参加由五大湖大学联盟（GLCA）主办的课程设计研讨会之后，我对教学大纲的处理方式发生了很大的变化。[2]我准备教学大纲的标准方法是，想好所有我想让学生阅读的课文，在笔记本上标记每节课的日期，然后试图把所有的阅读内容压缩进给定的时间段。在研讨会上，我学会了首先考虑课程的基本目标。试想一下，如果你在十年后和一个学生见面，他对你说"我真的很感激上过您的课，因为……"，你希望听到这个学生说什么？如果你根据自己的基本目标来选择阅读材料和布置作业，那么为教学大纲选择材料就会轻松多了。[3]

约翰·科姆洛斯：为开学第一课准备清晰的教学大纲，对于吸引学生进入你的课堂至关重要。教学大纲不仅应说明背景知识、教学内容、阅读材料和教学顺序，而且还应说明各种作业和考试在计算最终成绩时的权重。这份教学大纲是你对教学的承诺，除非得到师生的一致同意，否则以后不能轻易修改，因为修改通常意味着放宽要求。例如，如果你规定课堂讨论占总成绩的5%，你就不应该在学期中把它改为10%，你也可以看看同班级其他课程的老师的教学大纲。[4]你要向学生保证，考试会按照课程大纲来进行。

　　这么做的目标之一是留住那些愿意完成你的要求的学生。反过来，这将使学生更加开心，从而提高学生对你的评价。作为一名新教师，你可能无法准确估计自己在一个学期内能讲多少材料，因此你应该灵活调整进度。如果你发现学生无法吸收材料，你可能不得不放慢速度或重新讲解，减少你实际要讲的材料数量总是比增加更容易。请记住，你最终的目标不仅仅是将材料讲完，而是让学生理解课程内容。

　　你也可以把以前的考试试题提供给学生，或者给他们模拟试题，让其带回去做。从一开始就制定一个灵活的补考政策是非常有用的。[5] 不要忘记讲清楚关于论文抄袭和实验室工作的规定，这种明确的规定是一个好的开始，因为根据我的经验，许多学生并不熟悉学校的诚信守则。这些做法将减轻学生对考试的焦虑，并改善你与他们的关系，同时还会让他们觉得你是一位公正无私且通情达理的老师。

　　彭妮·戈尔德：当学生问及"这会考到吗？"这种问题时，我会感到不舒服，因为它似乎提供了一个预设，即只有考到的内容才值得学习。但是，只要举行考试，我们就得面对这个问题，否则就得用约翰·科姆洛斯建议的策略来预防这个问题。

　　其实，教学大纲就是一种合同。你在课程开始时以书面形式提出的要求（包括迟交作业的惩罚和课堂出勤政策等）为学生提供了重要信息，也为你提供了保护。另一方面，如果双方都愿意，即使是合法的合同也可以重新协商修订。当你发现自己布置了太多阅读或太多小论文时，如果能相应地减少它们，学生一般会很感激。

新教师需要注意避免哪些错误？

约翰·科姆洛斯：新教师往往把握不好一节课的长度。为确保每节课都有足够的材料，你在备课时，至少需要准备比当前的课堂多一节课的内容。你应该参加你所在学科的教学讨论小组[6]，查阅相应的教学指南，并与同事交流经验。[7]

我该如何学习教学？

彭妮·戈尔德：在某些方面，我们的学术习惯为我们学习教学做了很好的准备。我们习惯于从书本上获取知识。的确，现在有很多关于教学的好书，我强烈建议你阅读各种书籍，有些是实用手册，有些是个人观点的阐述，我认为这两种类型的书都很有帮助。[8]我们也需要向其他人学习：与关心教学的人交流，观察他人的教学，以及反复尝试。有一些人并不关心教学，我建议不要在这个问题上花太多时间与他们交流，这只会助长愤世嫉俗和自鸣得意的心理。但即使是在最偏重研究的大学，也有很多人关心教学。你要向他们询问一些问题，不管是普遍的还是具体的问题，而且要多问几个人，问问你是否可以旁听一两节课，并观察其他人是怎么做的。你还要乐于从自己在课堂上的错误中学习。

在授课过程中，你要评估哪些方法是有用的，哪些是无用的，并在课程结束后立即记录下来，以便下次尝试不同的方法。你也可以参加一些关于教学问题的专业会议，和其他对教学感兴趣的人在一起交流，有时人们在校园外比在校园内更能自由地表达内心的沮丧和失望。

　　你需要快速熟悉所在大学的教学环境。你要尽快了解你的学生：在这个地方，你到底在教谁？任何地方的学生都不一样，即使同一个学校的学生在不同时期也不一样（顺便说一下，我不太认可今天的学生不如 20 年前的学生这种说法，我觉得这只是学术生活的一个常见的看法——现在的学生总是比过去的学生差），要尽量避免比较。你可能对坐在教室里的学生不那么满意，但他们就是你要教的学生，而不是你想象中的那些学生。[9] 你要如何了解你所教的学生？你可以问问同事，问问招生办公室的人，甚至可以看一些关于这个主题的好书。[10]

　　你越了解你的学生，就越能根据他们的能力调整你的期望。当然，你肯定会对他们抱有很高的期望，但如果你分配的作业量和你设定的作业标准超出了相当一部分学生的能力范围，就会造成非常令人沮丧的局面——不仅对学生如此，对你自己也是如此。如果你对所在学校的学生普遍有很多抱怨（而不只是对个别学生——他们可能因为各种原因而让你很难对付），可能表明你还没有调整好你的期望，使之适合你现在的学校。这些学生可能不是你希望拥有的，而且如果你以前教过的学生更认真或者更有求知欲，这个调整过程会更加艰难。但如果我们从了解学生的情况开始，并在教学中考虑到这一点，我们就能更好地促进学生的成长。

能否谈一谈考试和书面作业？

彭妮·戈尔德：当我刚开始教书时，我照搬自己在大学里上课的模式，给每个班级都布置了期中考试、期末考试和论文。安提亚克学院（Antioch College）的一位同事偶然提起，她从不在课堂上考试，而是让学生把试题带回去做，这让我首次重新思考自己采用的作业和考试形式。我认识到考试是一种学习经历，而不是简单地评估学生学到了多少东西。五大湖大学联盟关于课程设计的研讨会进一步改变了我的想法。现在，我给不同的班级布置的作业有很大的不同，每门课程都有更多的变化，而且每项作业都与一个或多个学习目标相关联。我逐渐意识到，学生若想达到我的期望，所需的帮助远比我想象的要多。这与我布置各类不同的作业有很大的关系。在我的一些课程中，我把历史分析所需的各种技能分解成一系列小作业，然后在学期结束时把这些作业汇集到一篇总结性的论文中。

你很可能会发现，如何写作已成为你的教学中的一个重要组成部分。除了专门的说明文写作课外，许多大学开设了通用写作课程，或者以此替代专门的写作课程。无论学校是否开设了写作课程，如果你想在课堂上收到写得不错的论文，可能得在学生的写作上多花点功夫。你可以采取各种形式：提供写作方面的讲义，在课堂上花时间对即将要写的论文开展头脑风暴，让学生在论文提交截止前的某个时间提交一份大纲，等等。也许最有帮助的（但对教授来说也是最耗时的）是对学生的草稿给出反馈意见，然后让其重新修改。许多大学都设有写作中心，以便为教师和学生提供帮助，你应该了解你的大学有哪些资源。关于写作教学的教师发展研讨会可能很有用，许多大学都会举行这种研讨会。[11] 我更希望学生在进入我的课堂之前就已经可以熟练地写作，但由于许多学生并非如此，对我来说更令人满意的是帮助他们写出好论文，而不是简单地阅读学生自行完成的论文。不过这件事还有一个额外的好处——通过学习如何教学生写作，我自己的写作水平也有了很大的提高。

第一天上课应该做什么？

彭妮·戈尔德：第一天上课是一个向学生展示教师风采和课程内容的机会，尽量不要把所有时间都花在解读教学大纲上。如果你的课是由教师主讲，任务就很简单了——讲出有自己风格的一堂课。如果你的课以讨论为主，任务就比较困难，因为学生们还没有完成对任何可供讨论的材料的阅读。但在第一天，让他们了解一下上课情况以及你对学生参与的要求会很有帮助。学生在课堂上发言越早，他们就越有可能在整个学期都持续这种状态。你要想出让学生至少在课堂的一部分时间里开口说话的办法，以便了解他们对课程的看法。你可以问他们为什么来参加这个课程，还可以带上一篇短文或一些与课程有关的材料，然后一起讨论。如果这些都没有，你可以要求他们做一下自我介绍，这对你和学生都有好处。如果你在第一节课上一个人从头讲到尾，学生就会认为以后的课都是这样了。

你能谈一点关于在课堂上使用电脑的情况吗？

约翰·戈德史密斯： 在过去的几年里，随着网络的兴起，我开始不断地调整课堂与教学大纲之间的关系。在一门课程开始时，我会把教学大纲放在课程网站上，并在整个季度内不断修改其内容。教师需要学习如何将文件保存为超文本文档，并将其上传到网站的服务器主机上。这是任何使用文字处理器的人都能掌握的方法，并且我认为这是一项必备技能。设想一下，当学生问我问题时，我可以简单地回答说"都在网站里"，或者我可以补充说，"如果你想了解关于这个问题的更多信息，我会在课程网页上放几个很好的网站链接"，如此一来，我和学生都会感到很舒服。

几年前，我突然成了幻灯片和投影仪的忠实用户，并在许多课堂上使用。最近，我又开始热衷于在所有课程中使用计算机演示软件（如微软的 PowerPoint）。我发现，只要把笔记放进PowerPoint，就不需要花更多的时间来准备课堂笔记，课堂上的演示也会更有条理（或者至少让学生更容易跟上）。幻灯片在这门课或其他课上可以再次使用，而且我经常在课后把所有课件放到我的网站上，供学生使用。

如何学习评价学生的作业？

彭妮·戈尔德：最好把这个问题分为三个部分：确定评价的基础，对学生的作业提出建设性的、有帮助的评语，以及评分。当然，学生可能会首先看成绩是否过线，不会认真阅读我们的评价。但是，我们对学生作业的评价应该被视为教学的一部分，老师有见地的评价对于学生学业的成功是很有帮助的。

教师在决定具体的评分标准上有很大的自由，但也并不总是这样，有时也要根据课程的多方面情况来制定标准。[12]你在布置作业时对学生说得越清楚，学生就越有可能达到你的期望，从而欣然接受你基于这些标准的评价。例如，我很少收到关于论文成绩的投诉，因为我事先与学生分享了评分标准。以 100 分为标准，论文的引言最多计 10 分，论证计 60 分，风格和语法计 20分，结论计 10 分。我使用一张列出这些标准的评分表，左边是各项获得的分数，并针对每个方面进行书面评价。这使学生更容易看到，即使论文正文中提出的主要观点非常有趣且令人信服，但混乱的引言和语法问题也会影响论文成绩。

约翰·戈德史密斯：评分是对学生的反馈——说到底，这也许是评分最重要的功能。在我教的一门课上，我设置了一个大约包含 10 个类别的列表，从 1 ~ 10 不等，其中"10"意味着"非常好，我不会给其他人这么高的分数"，"1"意味着"你在论文上写了你的名字，仅此而已"，"5"意味着"你连贯地完成了分析的步骤，但与我们正在研究的特定问题几乎没有关系"，等等。我在年初的教学大纲中列出了这些类别的含义。但我真正想要的是通过这种形式告诉学生，他们需要让自己更有创造力。我从来没有在论文上批过"无聊"，我也不会这样做。但我想找到一种方法，利用评分等级（特别是论文分数）来建议学生尝试更有创造力的想法。

彭妮·戈尔德：给学生的作业写评语本身就是一门艺术。有一次我坐飞机时，看旁边的一位同事正在给学生的作文评分，我得到了一个重要启示。她是一位有名的老师，我很想看看她是如何评分的，所以在她旁边看了一会儿。我看到她在试卷上写了一些评论，如"这里的想法不错""注意这些逗号连接""表达方式不错""我不太清楚这一段的主旨"以及"这里的论点令人信服"，然后她给这篇论文打了个 C。我感到很惊讶，因为这篇论文得到了那么多积极的评语。这让我意识到，我习惯于用给学生论文的评语来证明我所给的分数是合理的，而这个分数可能会比学生希望的要低。因此，论文越糟糕，我的评语就越多，因为我会把所有明显的缺点堆积在一起。突然间，我明白这样的评语不可能激励学生，因为它们读起来让人沮丧。大约在同一时间，我读到一篇教学文章，建议教师放弃用红笔打分，而是要理智地考虑评语的轻重程度。在我们的文化中，红色与血的象征性联系很强，收到满是红字评论的试卷所产生的影响很少是积极的。这并不意味着你应该放弃写评语，但你应该意识到，评语要做到少而精，要专注于有限的关键问题领域，对如何改进提出建设性的意见，并尽可能地加以赞扬。

第三个要关注的方面就是评分。我再次建议你去找找学校里的其他老师，特别是那些教授类似课程的人。你可以看看他们课程中的一些评分样本，这样就能了解本校的评分标准。[13] 学生担心评分的公平性是可以理解的，评分充其量就是一种不精确的艺术。结合这两方面来看，就不难理解为什么评分可能会带来令人不舒服的师生关系了。

约翰·科姆洛斯：从一开始就要建立明确的评分标准，这些标准要符合学生的素质和学校的普遍做法，这不仅对你和学生的关系很重要，而且对你在同事中的声誉也很重要。你确定的评分标准最好不要明显偏离所在学校的平均标准。如果你的要求远远低于系里其他人设定的平均水平，你的教学将被认为是不合格的，因此，你可能在晋升评估时遇到困难，这不值得冒险。同样，如果你的标准远远高于系里通行的标准，就会产生两个不好的后果：学生会尽可能地避开你的课程，并且他们会向系主任抱怨你的教学和评分。虽然最初你可能认为这不是问题，但如果它给你的同事带来了更大的工作量，或者系主任开始担心你这门课程的选课率下降，就很容易成为一个麻烦，因为系主任想向院长证明大部分学生愿意上系里开出的课程，以此证明系里教师人数的合理性。总之,你可能会被视为没有尽到自己的职责。[14]

虽然你可能期望学术自由会保护你免遭学生投诉,但如果它对系主任来说成为一个足够大的困扰,你也许就得不到保护了。众所周知,学生很少抱怨课程太简单,也不会抱怨得到比他们应得的更高的分数。和其他教师的课程相比,如果他们觉得你的要求太高,或者得到的分数比他们预期的低,你总是会被投诉的。如果学生希望得到 A,但最终得到了 B,他们会感到不满。考虑到即使每门课只有一两个学生向系主任投诉你,每年加起来也可能有 6 个到 12 个学生。你可以很容易地看到,即使是这样一个微不足道的比率,累积起来的投诉也会让系主任在你的终身教职评审时感到困扰。如果你不想危及自己的晋升,就不要让系主任经历这些不愉快的时刻。

彭妮·戈尔德: 根据我的经验,大多数学生会先来找我抱怨成绩,如果我能在接下来的谈话中让他们满意,他们就不太可能再继续抱怨。怎么才能在谈话中让学生感到满意呢?首先,你要证明自己认真对待他们所关心的问题。谁知道呢,可能你在阅读那堆论文中的最后一篇时太累了,你真的没有对论点给予足够的关注!说到这里,我不得不承认,我几乎从未改过学生的成绩。学生来质问他们为什么会得到这样的成绩并不是令人愉快的事,尤其是当你已经尽力对作业给予有益的评价时。总有几个学生喜欢这样做,或许他们只是为了碰运气,想着也许可以多得几分。但我在试着处理这个问题时,就当成学生在对我说(就像他们中的一些人说的那样）："我想从这个问题中学习，以便知道怎样在下一次作业中更有效地写作。"然后你就可以把谈话变成一个教学的机会，而不是相互较劲的争论。

约翰·科姆洛斯： 虽然你可能觉得很难，但你需要尽力不考虑自己读研究生时的标准。你可能会想，如果现在有人劝你灵活地制定标准，降低学校的现行标准，那么你为什么还要费尽心思去完成艰苦的博士学业呢？不过，答案或许没有你想象的那么令人费解，因为你所在学校的学生很可能没有你母校的学生那么有能力。不要指望 SAT 总分为 1000 分的学生和比其高 30% 的学生在学业上有相同的成绩，这的确是有道理的。因此，"好的教学"在不同地方的定义不尽相同。相反，它的定义是相对于当地的具体情况而言的，也就是说，要符合该院系的普遍标准。在大多数教学型大学里，你不应该把成绩标准定得像常春藤大学的常规标准那样高，这对你和学生来说都是行不通的。成为一名"好"的教师必须考虑两个因素：学生的能力和同事期望你所付出的努力。我的建议是，当你面临一项高度复杂且充满不确定性的任务时，应采取一种寻求大家可接受的（足够好的）解决方案的策略。[15] 因此，你可以做一个称职的老师、一个合格的购物者或是一个好朋友，并且要适可而止。非要努力追求更高的目标会让你和学生都感到沮丧，大多数学生会对此产生抵触，从而抵消你在教学中寻求的满足感。[16]

请注意，学生们有很强大的动力去游说老师以获得更高的分数，这给他们带来的潜在利益显然比对你的要大得多。你是为了非物质利益而捍卫自己的价值观，而且往往给自己施加了额外的压力；另一方面，他们是在为不被留校察看而努力，从而顺利获得文凭、有资格得到奖学金，或者进入职业学校任教。通常情况下，即使成绩为 B 或 C，也会对学生的未来职业生涯造成负面影响，并带来和 D 或 F 同样多的反感。作为新老师，你可能会对此感到惊讶和措手不及，因为这会导致不愉快和令人苦恼的经历。

这个道理也可以解释分数的通胀现象：其背后的主要因素是，平均标准实际上是不容易确定的。因此，在一个不确定的环境中，所获得的回报总是不合理的。教师最好谨慎行事，将期望值定得略低于平均水平。其结果是，在缺乏监管的情况下，平均标准会随着时间的推移而降低，而且没有任何学校的体制机构对此施加影响。同时，你给学生评分的标准越高，学生不满意的概率就越大。[17] 相反，你很少会因为制定严格的评分标准而得到奖励。偶尔有一两个学生可能会因此称赞你，但他们却不会在系主任面前夸赞你。你所获得的只会是内心的满足：你从心底里知道，你正在为下一代的成长做出贡献。但是，这可能不足以让你在职业生涯里坚持下去。

约翰·戈德史密斯： 我的经历有所不同。我的印象是，人们所说的"分数通胀"是一个真实存在的现象——在过去的几十年里，平均成绩上升了。只是这一现象的原因并不明显，它迫使我们去思考一些基本问题，比如教育在我们这样的社会中发挥了什么作用，大学教育者发挥的主要功能是否是为其他更高级的机构（如医学院和法学院）评估他们的学生，以及如果学生的短期积极性可以被眼下的某次考试所激发，那么从整体和长远来看，他们是否能从教育过程中获得更多。我自己并不是课程评分的坚定支持者，我既不相信为学生评分对专业类学校的重要性，也不相信在大学中定期考试除了给学生增加压力外还有什么教育价值。我得留心自己说的话：事实上，我知道学生投入学习的时间在很大程度上会受到考试和成绩的影响，我也坚信自己工作的一部分是激励学生的学习和研究，如果我忽视了考试这一鼓励学生学习和研究的手段，那我就是在否认现实。一个老师应该学会如何在评定成绩时同时使用胡萝卜和大棒，而且肯定不只有一种理想方法来做到这一点。所以，从这个角度来看，只有当分数通胀标志着教学质量的下降时，它才成为一个问题。

顺便说一下，我比大多数人更相信频繁进行随堂测验的重要性，这只需要在课堂开始时花 5 ~ 8 分钟即可。我关心的并不是个别学生的成绩，而是要确定大多数学生是否实际上已经吸收了一些我认为重要的内容。我会在连续几堂课上重复同样的测验，并告诉大家我会继续测试，直到几乎每个人都能顺利通过。

根据我的经验，年轻教师并不会因为制定特别严格的标准而受到惩罚，不管是在他们给出的课程成绩和考试成绩上，还是在课程中对学生提出的作业量要求上。当然，在其他条件相同的情况下，评分越严格，学生的抱怨也就越多。我认为，助理教授如果降低了学生应该达到的基本要求，很可能会出现其他各种问题。从长远来看，这些问题很可能更严重——其中最主要的是对教育事业的幻灭感。但我也注意到，在这个问题上存在很多其他看法——这个问题关乎我们这个行业里现实的**政治问题**，也是一个现实的**教育问题**。

我如何知道自己是否是一名好老师？

彭妮·戈尔德： 作为一名教师，了解自己表现如何要比一名研究人员难得多。关于一个人的研究质量，有一些现成的外部衡量标准。你的成果是否被认可和发表？是否由好的期刊或出版社出版？是否获得了资助？你的成果被他人引用的频率如何？你的著作获得的评价如何？你是否在会议上发过言？对一个人教学的外部衡量标准更为有限，而且现存的衡量标准更可能是对一个人教学观点的看法，而不是对其教学本身的评价。

许多学校会定期对非终身教师的每门课程进行学生评教，许多非终身教师生活在对评教结果的恐惧之中。为评估结果而"教学"变得很普遍，教师希望能操纵学生的反应来提高评教的结果。我认为教师们对这些评估感到不适（以及认为自己的工作受制于学生意见）是不可避免的。但也有一些方法可以让评教过程变得富有建设性。关键是要记住，这些方法是对学生看法的衡量。例如，你可能倾向于忽视"课程组织得好吗"这一问题上的低分，因为对你来说，课程结构明显是很清晰的，教学大纲规定了所有的作业以及它们是如何分布的。你可能会感到困惑，既然这些都很清楚，学生怎么会判断这门课程组织是无序的？但既然他们确实认为课程缺乏组织性，那就需要找出可能给他们带来这种印象的原因。也许你在最后一刻对教学大纲做了几次更改，尽管这些更改有充分的理由，但对学生来说是会感到迷惑的。或者一些个别的课程是无序的，学生们无法了解课程的进程。由于评估中没有"教师在课堂上组织得好吗"的问题，负面印象会在关于课程的问题中显现出来。

举一个我自己在教学中的例子。在教书的头几年，学生在"教师对所教材料是否有热情"这个问题上给我的评分很低。这对我来说似乎很奇怪，因为我知道自己对这一主题有着极大的热情。但我最终意识到了为什么他们会认为我没有热情，因为有些事情妨碍了我向学生传达这种热情，特别是我生怕自己对每一堂课的准备不够充分，因为教材的内容太宽泛了。

还有一个例子：我所在学校的评教中有一组关于教师"亲和力"的问题，这些问题涉及学生是否愿意向教师寻求帮助，以及学生是否感到教师关心他们的进步。同样，尽管我有课后答疑的时间，并鼓励学生来找我，而且自认为是一个友好且平易近人的人，但我在这些问题上的得分都很低。既然学生认为我并不平易近人，我就需要改变一些——不仅是为了获得更好的评价，而且因为学生这样看待我会让我感到不安。我在实践中进行了一个简单的调整，产生了很好的效果：在学生交论文的前一周左右，我制作并在班里发放了一张面谈预约表，鼓励学生报名参加（如果班级规模很小，我可能会要求他们全部报名）。这似乎给学生提供了他们需要的具体信号，即我真的乐意帮助他们完成作业。

不要独自一人去承受学生对你的评价。找几个了解学生评价如何作用于教师评估的人，并请他们一起查看你的评估。他们能够帮助你把对你的评价放在全校教师整体表现的背景下，也许能提示你有哪些需要特别关注的问题（在诺克斯大学，这些问题是关于"教师效率"和"课程质量"的一般性问题）。

外部评估的另一个来源是同行评估。在我任教的学校，系主任有权在签订聘用合同和终身教职评审前去旁听一些课程。在一些学校，系里所有的终身教师都会去听你的课。这本应该是对学生看法的有益补充（尽管教师们可能不太愿意将他们的观察视为"看法"），问题是，学校往往不会就如何进行公平和有建设性的评估而对系主任进行培训。听课者应该事先从你那里获取材料，并在课后与你坐下来讨论所观察的课程，但事实上很少有人这么做。

在签聘用合同和评定终身教职时，你要提交自己的教学材料。在诺克斯学院，我们要求教师提交一份教学声明（和一份关于研究的声明），以及教学大纲和作业样本。你应该认真对待这些材料，因为这是你提供实际课程内容以供审查的一次机会。当然，大学可以根据出版物本身来对科研出版进行评估，但无法根据教学本身来评估教学（因为人们不可能录下所有课程并把它们作为证据），而是根据来自学生和同事的二手信息来判断。

还有一个大致衡量教学的标准——将报名选修你的课程的学生人数与报名选修其他类似课程的学生人数进行比较。如果你不能把低选课率归因于外部因素（例如，课程被排在上午 8 点的时间），则应该把它视为一个警告信号。很难解释具体的原因，但你不能忽视。有时候，做出小的改变也有助于吸引学生——或许可以想出一个更吸引人的课程名称或减少一个选课条件。但是，如果你的选课率持续走低，同时学生对你的教学评价不高，那就该找找原因了！

除了在前面关于如何教学的章节中提到的资源外，这里还有一些其他的建议，即根据评教程序调整并改善教学的方法。

1. 在学期结束之前就从学生那里获取反馈。这样，你就可以利用他们的反馈和建议来对这门课程进行调整，而不是等到下一次开课的时候。学生也会感谢你征求他们的建议。需要注意的是，一旦征求了他们的建议，你就需要认真对待，并表明你已经这样做了。如果一个学期有十周，我通常会在第四周或第五周分发调查问卷，而问卷上的问题不需要很复杂。调查可以很简单，给学生发一张纸，上面写着一个问题："你认为这门课该怎么上，我需要从你那里了解些什么？"让学生在课堂上写下他们的回答是非常重要的——如果你要求他们在课下完成候再交给你，你就不会得到很多回复。这样的教学质量评估在学期结束时也很有用，你可以针对特定问题（如对个人阅读的意见、对演讲嘉宾的意见等）进行提问。

2. 通过邀请另一位教师旁听你的一些课程来获得同行反馈。听课人应该是其他院系的人，并且不会参与学校对你的评估。这种听课是私下进行的，是为了你进行自我提升。你的校园里可能有一个教学学习中心，那里有很多人愿意听同行的课。如果没有，你就应该自己去找人，最好找你信任和尊重的人，其基本教学价值观和风格与你相似。如果你主要通过讨论来进行教学，那就不要请一个主要依靠讲授的人来听课。在听课前，你应该给他们提供课程材料，告诉他们一些你特别想得到的反馈，然后在听课结束后，尽你所能地接受他们的意见。观看自己的教学视频也是很有启发的，特别是与旁听了这堂课的同行一起观看。

约翰·戈德史密斯：在教学中需要注意一点，当我们认为自己教得很好的时候，或许实际上教得不怎么样；当我们认为自己真的搞砸了的时候，其实产生了积极的教学影响——这是一堂好课。在我这么多年的教学生涯中，从来没有一个学生在课后对我说："这是一堂特别糟糕的课，希望星期三的课能够有所改观。"如果我讲解得不清楚，我会通过听自己讲课，或者更有可能通过批阅不合格的作业和我认为不合理的考试答案来弄清楚。但很多时候，当我因为一堂特别糟糕的课（我觉得讲课的水平太低、太混乱、太浅显、太无序）而感到非常气馁的时候，就会有学生走过来告诉我说，那是一堂特别好的课。我从中得出两个结论：首先，我不应该太相信自己对一堂课效果的判断（在这一点上，我真的与其他人不同吗？）；其次，可能在我作为老师感到有什么东西没有传达到位的时候，学生已经通过某扇窗户领会了。我知道这并不是一个非常有用的教学建议，但教学毕竟不是写作。教学就是与听课人建立某种私人的关系，而教师的目标是指出知识和学术之间存在的某种联系。

说到与听课学生的关系，还要提到一个关于礼仪的问题：守时。对大多数人来说，每次都按时到课并不是问题（除非有特殊情况）。事实上，经常迟到 5 分钟应该是不可想象的（如果连续发生 3 次，学生会认为是"经常"）。当我偶尔迟到时，我会向全班同学道歉，而且是真心实意地道歉。但是，如果你认为自己可以、应该且不可避免地会因为一些其他原因（比如在前一堂课结束时与感兴趣的学生交谈，或者刚布置完作业）而忽视守时这一原则，那你该醒醒了，不要再迟到。如果有可能，你可以让自己提前 5 分钟到达教室。如果你知道自己会经常迟到，那么我的建议是不要相信自己的判断。你可以强迫自己在上课铃声响起之前几分钟到达教室。相信我，这真的很重要。

研究生的教学情况又是怎样的？

约翰·科姆洛斯：与本科生教育相比，尽管研究生人数较少，但却需要教师更多的付出。一般来说，本科生教育的基本原则也适用于研究生教育。在你职业生涯的开始阶段，学校可能不会要求你给研究生授课，这样也好。只有在其他资深同事希望你参与时，你才能参与研究生课程。你的主要目标是掌握一些你将反复教授的常规课程，并公开发表一些文章。指导研究生工作需要耗费很多时间，而这些在终身教职评审时是不会给你加分的。

此外，研究生教学通常能给你带来更高的声望，你的同事可能不愿意立即与你分享这种荣耀，特别是如果他们觉得这会影响他们的利益时。

研究生可以帮助他们的论文导师——他们可以辅助和补充导师的研究，或者传播和支持与导师的研究项目相关的观点。如果系里最优秀的研究生选择与你合作，会给你带来更多的声誉，因为你会被视为某种思想竞争的获胜者。

约翰·戈德史密斯： 我的经历有所不同。当某个领域内有一股新的潮流正在改变其现状时，研究生很可能会选择年轻教师作为其导师。假设有这样一个领域，性别研究或混沌理论是非常热门的话题，而院系也足够开明，决定要聘用这个领域的教师。学生们很可能也会意识到，这个领域会持续招收学生——他们可能会因为学术方面的原因而对这个领域充满兴奋和热情。

你提到了教师之间争夺研究生的事情。很明显，这种情况在一些院系发生过，但我所在的院系从来没有发生过这种情况。如果能得到一些关于这种现象普遍性的数据，那就很有意思了。

约翰·科姆洛斯： 另一个问题与你所在学校的研究生水平有关。最优秀的学生有足够的资格去报读顶级的研究生课程。如果你是在一个不太知名的学校，可能绝大多数学生都没有足够的能力去继续攻读博士学位；但让你失望的是学生会试图利用学校的一些隐性承诺去争取博士学位，而你要花大量的功夫帮助他们完成博士论文。因此，在这些学校中，一些处于准博士阶段的学生很难找到指导老师。然而，即使是在这样的项目中任教，也能为教师带来一定的声誉，因为博士学位授予机构通常在学术界有较高的地位。同时，在人数众多的本科生课堂，也需要研究生作为助教——如果没有他们，这些大型州立大学的支柱课程就不可能顺利进行。换句话说，大众教育体系在某种程度上以助教提供的服务为基础，而这些助教在学术界的前景是相当不确定的，他们往往对自己成功的可能性抱有不切实际的幻想。

如何处理课堂内外的学术道德问题？

约翰·科姆洛斯：在大学里，坚守底线很重要。可以肯定的是，在申请人数过多的大学里，情况并非如此。但即使在那里，面对激烈的竞争，招生人员也会尽力维护学校的声誉。在大多数院校中，领导者都希望学校维持一定的入学率，而许多政策的制定都出于经济方面的考虑。事实上，在许多情况下，招生人数是最重要的问题，这一点无法回避。在课堂教学中，人们不应该忽视这一点，特别是在提供能吸引学生的课程或制定被认为公平的标准时。假设你有非常高的标准，你甚至可能认为，让那些没有满足你的期望的学生通过考试是不道德的——在你看来，他们没有完成大学水平的学习。现在，如果你开始在一门必修的新生入门课程中让相当一部分学生不及格，学校管理者很可能对这个结果感到不满，这也是可以理解的。他们可能会认为，你的工作是教那些在校园里的学生，而不是理想中的学生。在这方面，学校希望你对学生的能力表现出更多的尊重，并相应调整自己的评分标准。你可以把它当成一个道德问题，但这种做法未必妥当。接受了一所学校提供的工作，也就意味着你接受了这个学校的标准，而这个标准则是由学校的声誉所反映的。

关于论文剽窃，也有类似的情况。这个问题在过去十年中愈发严重了。[18] 同样，要逆流而上、单枪匹马地改变这种趋势是非常困难的。这将是一场艰苦的战斗，而且行政人员也没有耐心去做那些不切实际的声讨。他们也希望（事实上也必须）保持学术的纯洁性，但因此而引发的纠纷又会给他们带来很大的压力。我们能做什么呢？布置那些可以通过网络轻松购买的学期论文可能没有意义。[19] 如果学生不具备完成学期论文的能力，你应该把作业布置得简单些，比如要求学生在你所熟悉的领域里写书评。另一方面，如果学生有能力完成学期论文，你应该布置一些不容易在网上买到相关内容的论文。此外，为论文的不同部分指定几个交稿期限是很有用的，这样可以看到论文随着时间推移而成形的过程。

彭妮·戈尔德： 在某些方面，人们可以感觉到学术界是在很高的道德标准上运行的。我们没有向第三世界国家的母亲推销配方奶粉，因为她们应该用母乳喂养；我们也没有向年轻人推销渲染暴力的电脑游戏（或其他低劣的产品）。我们出售的是知识，我们甚至不需要弄脏自己的手去收钱。然而，我们的生活却始终伴随着道德抉择，无论我们是否意识到了它们。我们从研究中产生的知识，以及随后其他人对这些知识的使用，都会产生深远的道德影响——不管是有助于发明原子弹还是为公立学校的公民教育课程做出贡献。在与同事的职业交往过程中，我们会面临许多道德选择：例如，知道如何在各种情况下诚实、公平地与同事打交道，或者面对我们必须与之合作甚至可能决定我们未来工作的人时，明知有可能会惹恼或激怒他，却仍有勇气说出我们自己的想法。还有一些学校的政策和决定，我们必须决定是否明确表态，比如体育与学术的平衡，学生社团的作用，以及校园的工会组织等。师生之间也存在道德关系：我们是否讨论过我们所教授学科的道德含义？我们在多大程度上实践了我们的理想——通过教育将学生变得更好，使其成为我们社会中更有责任感的成员？

这些要求很高，如何满足？

约翰·科姆洛斯：如果不是非常善于管理自己的工作任务，你在一开始肯定会感到负担过重。就教学而言，你将有很多决定要做，有很多经验要获取，然后才能找到一个令你感到舒适的节奏。这个过程需要一定的时间，但在开始时，要尽量避免将自己锁定在一个固定的时间表中。你需要与你的系主任协商，选择要教的课程。在你被聘用的时候，系里可能已经表示过希望你教哪些课程，其中一些课程可能是你必须要上的。然而，你在这一点上也不是完全没有回旋的余地。在可能的范围内，我建议你尽量教那些与你的研究主题和论文相关的课程。你要尽量避免额外的准备工作，也可以尝试在不同时段上同一门课（例如，白天上一节，晚上上一节）。在不同学期重复上同一门课程也是一个好主意，这将使你有机会留出一些时间用于学术研究。当然，如果你在一所教学型大学任教，并且对目前的职位感到满意，那么你做研究和发表文章的压力就会小得多。

彭妮·戈尔德：如果你可以选择自己的教学时段，可以尝试一些不同的时间组合，找到最适合你的方式。我喜欢在上午授课，若不能排到上午，至少保证每周有几个下午可以做研究。

约翰·戈德史密斯：我的一个朋友曾经给了我一个好建议：不要尝试开设新课。他认为上新课可能是一场噩梦（有点半开玩笑的意思）——你需要做大量的工作，远远超过对一个人的合理要求（至少看起来是这样）。从好的方面来看，这会营造一种兴奋的气氛，但它也可以打造出一个极好的课程和一个负担过重的教师。具有讽刺意味的是，对大学教授最常见的批评之一是，他们可以年复一年地用着老掉牙的课程笔记，在同样的地方使用同样的笑话。虽然这在某些情况下无疑是个问题，但这只是一个极端的例子，解释了一个一直都讲得通的道理：一个很清楚如何教好语音学课程的人就应该教这门课，而要知道如何教好这门课的方法就是多教几遍。

不发表文章能成为一个好学者吗？

约翰·科姆洛斯：可以，但仅仅当个好学者是不够的，你还必须向那些不带偏见的观察者证明这一点。在你做到这一点之前，只有你一个人相信自己是优秀的。许多学校专注于本科教育，一个人不需要发表很多文章也能得到晋升。因此，如果你不想让自己承受这种压力（这种压力可能是巨大的），你应该在那些院校中获得一个职位，这样你会更快乐。

约翰·戈德史密斯：我想补充一点，这些学校正在追求一种不同的学术和研究。大家都知道一个老笑话："抄袭一个人的东西是剽窃，而抄袭五个人的东西是学术。"撇开玩笑不谈，这句话确实说明了一个事实，那就是大量阅读是研究中不可或缺的一部分，你要总体跟上自己研究领域的进展。这是一项艰巨的工作，但相比于超越已知的界限来提出和测试新的观点，以及写出论文并发表出来，需要的付出会少很多。教学型大学大体上希望学者们跟上他们研究领域的发展，并希望教师能够发表各种文章，以证明他们对当前学科的持续关注。

彭妮·戈尔德：作为"那些学校"中的一员，我想说的是，教师们需要通过发表文章来对他们的领域做出学术上的贡献，但不一定被期望成为这个领域的领军人物（尽管我的一些同事成了权威专家）。大家都知道，发表文章除了表明一个人在该领域处于领先地位外，也会对他的教学产生影响。要想发表文章，教师就必须愿意在某些方面下功夫，直到能得出精练且有说服力的研究结果，并且愿意承担风险，把自己的想法放到一个可能被批评的平台上。我们一直要求我们的学生这样做，所以重要的是我们自己也要这样做——至少当学生在撰写并修改论文的过程中遇到困难时，我们能对此更加宽容并更有耐心。

如果不发表论文就得走人，这公平吗？

约翰·科姆洛斯：在研究型大学中确实如此，因为从事研究和发表研究成果是工作的一部分，所以这么做是合理的。我们这个职业受益于与其他同事交流自己的想法和观点。因此，尽管发表文章是出于自己的利益，但同时也是一种分享行为。一个人把自己暴露在可能遭遇的批评面前，会让一些人感到很不舒服，以至于他们不敢发表自己的观点。我可能忽略了什么？这篇论文中还缺少什么？虽然如此，我确实认为教师应该被要求发表论文；否则，研究会变成一种孤芳自赏的活动，其目的就成了自我满足。

因此，研究本身不能也不应该成为一个自我满足的过程。这句话很可能听起来很奇怪，但我这样说是为了强调，认为只要做了研究自然就能发表论文的想法是不正确的。研究是一回事，发表成果是另一回事。

彭妮·戈尔德： 我非常同意约翰·科姆洛斯关于发表论文的价值的看法。我只想重申一点，不发表论文也会使人在教学型大学中面临"走人"的风险，因为研究和发表论文被认为与良好的教学密切相关。只要学校在这个方面做出了明确规定，这就是公平的。

我该如何开始发表论文？

约翰·科姆洛斯： 一旦你拿到博士学位，首要任务就是考虑发表博士论文中的部分章节，因为你现在还没有时间开始新的研究。当然，在刚刚完成一个重要的研究项目后，许多人会觉得自己应该暂时安于现状。但你现在真的没有多少时间了，因为终身教职评审就在眼前。还有一些人发现，他们确实渴望获得新的研究发现，再回到博士论文中去有些乏味。还有一种可能是，他们已经对研究工作上瘾了，以至于觉得发表研究成果会干扰下一个项目的进展。因此，你可能会发现迈出下一步很困难，特别是当这件事本身并没有乐趣而且你手头还有很多其他的工作（比如准备讲义和参加委员会会议）时。但你不能总把自己困在埋头研究的阶段，你必须让别人知道自己的研究内容。

约翰·戈德史密斯： 我可以补充一下，在我的领域里，学生在撰写博士论文期间，发表其中的某些章节是很常见的。

约翰·科姆洛斯： 无论你采取什么形式发表第一篇论文，都是你在多年来埋头撰写博士论文后开始收获的时候，你需要用心去做。这场竞赛的名字是"和时间赛跑"。为了最大限度地发挥你的优势，你首先要选取自己认为应该传播给更多人的章节。总的来说，你的博士论文的多数章节都应该是值得传播的。显然，你必须将这些章节进行一定程度的改写，因为文章必须自成一体，而学位论文章节之间的信息是可以相互参照的。

一篇好文章的标准因学科而异，但是"好文章的标准是通用的，即简洁清晰、前后统一……"。[20] 每篇文章围绕一个单一的主题展开，并通过以下方式论述：研究一个未解决的问题或争议，提出看待一个旧问题的新方法，或者开辟新的探索途径。此外，它还可能提出一个新的概念、综合零散的文献或分析新的数据。大多数文章都需要一个引言，以便对该主题的文献进行综述：关于你所讨论的问题，公认的观点是什么？最近有哪些关于它的文章？人们为什么会对它感兴趣？你的方法与其他人的方法有什么不同？你是否有新的数据、新的材料、新的来源和新的想法？你可以指出需要考虑的几个主要问题。你需要解释你的方法和建立论点所需的数据和事实，然后进入论文的主体部分。结论是对论点的总结，也许是对调查结果的肯定，并指明未来的研究方向。你也可以讨论论据的优缺点和其他不同的理解（如果有）。为什么你的方法优于其他人的方法？总而言之，文章通常有一条从引言到结论的线索，自成一体，而且必须是该学科的专家能够理解的。[21] 由于博士论文可能是由许多相互关联的论点组成的，因此发表的文章不能直接从博士论文中抽取。经过练习之后，撰写学术论文可以成为你的习惯，但第一次写论文确实是一个挑战。

彭妮·戈尔德： 如果要将博士论文的内容修改成一篇期刊论文（或书籍，我们将在后面讨论），你还需要在文体上做出重大改变，因为它们是非常不同的体裁，有不同的受众和目的。学位论文的读者是学术委员会中的三四个评委，你的目的是向他们证明你有能力做研究，并且已经阅读了这一领域所有相关的学术资料。期刊文章或书籍的读者显然要广泛得多（具体多少取决于你的主题和目的），其目的是让那些对你的观点感兴趣的人能够了解这些观点。除了简单的引文之外，脚注还能引导其他感兴趣的人找到有用的方向，而不是仅仅证明你知道多少。[22] 出于显而易见的原因，风格得体对一本书来说比对博士论文来说更重要。出版商希望你的书能为他们赚钱；你也希望在书店里读到第一页的人会想继续读下去。[23]

应该如何为发表论文找到合适的期刊？

约翰·科姆洛斯： 在你读研究生的时候，导师的建议会很有用。在自然科学领域，研究生经常与他们的导师合著，所以他们会获得亲身经历，以便了解在创作论文的过程中如何拓展思维，以及在发表过程中如何引导思维的发展。但人文和社会科学领域的学生通常不会有这样的经历。在确定自己了解了该学科的大多数主要期刊后，你可以问问自己：最近有哪些期刊发表过类似的文章？你要通过比较来权衡：如果某个期刊就这样的主题发表过文章，也许编辑会愿意就类似的主题再次发表文章。你可以看一下期刊的封面，许多期刊都会指明其关注的主题。你还需要考虑你想影响到的读者，尤其是要尽可能客观地判断这篇论文对整个行业的重要性。这篇文章好在哪？行业中的哪些人会对它感兴趣？它值得所有人关注，还是只针对该学科的某一细分领域？它的原创性如何？它是突破性的还是本质上属于衍生性的（也就是说，它是否是从他人成果中获得灵感的）？该期刊的声誉如何？它的方法论取向是怎样的？回答这些问题绝非易事，但随着时间的推移，你会很好地了解哪些文章适合哪些期刊。然而，即使有经验的人也会犯错误，认为自己的论文和期刊之间是匹配的，而编辑和审稿人的看法却未必相同。

你还要考虑期刊的声誉问题。一般来说，一个出版社或期刊的拒稿率越高，其出版或发表的文章就越有价值。就书籍而言，人们会认为名牌大学的出版社比那些小规模大学的出版社更有价值。之所以如此，不仅是因为书稿要经过更严格的筛选过程，还因为这些出版社对书籍的编辑和宣传会给予更多重视。此外，更多的图书馆定期向它们订购书籍，这就保证了书籍更大的发行量。因此，出版商类似于一个担保人，影响着该书被学术界重视的程度以及被其阅读、评论和引用的程度。

你在选择期刊时也要有类似的考虑。期刊的声誉往往也取决于发行量，顶尖期刊的拒稿率高达 90%。一般来说，期刊的声誉越高，你的文章就越受关注，对未来研究的影响就越大，被其他学者引用的次数也会越多。因为这样的引用率适用于所有学科，[24] 而且它们可能会影响你的晋升（而不仅仅是被授予终身教职），你将会从发文期刊的声誉中受益。

在期刊上发表文章往往比在论文集上发表文章更重要，因为论文集的收录标准没有期刊那么严格，编辑往往难以找到足够的稿件来完成论文集。[25] 因此，论文集中的文章很少受到期刊文章那样的关注，也较少被引用。用外语发表文章也是一个方向，但美国学者一般不重视这一点。

彭妮·戈尔德：虽然在论文集上发表文章比在期刊上发表文章获得的"积分"少，但这并不意味着你应该断然拒绝这样做的机会。如果你还没有发表过任何东西，或者发表的内容不多，这就是一个起点，可以让你的成果走出去，并充实你的简历。而且，如果你所在领域中的重要学者在论文集上投稿，这将有助于你融入他们的圈子，而且可以让这些人了解你的成果。有一点需要注意，那就是论文发表的周期。在期刊发表文章的速度并不快，但它们有规律的时间表。在论文集中发表文章的时间取决于文章入选的时间，你可能要在文章正式发表前等上很长一段时间。

约翰·科姆洛斯：你说得对。论文集的出版时间是由最迟提交文章的人决定的，因此，延迟几年的情况也不是没发生过。文章的长度是另一个你需要记住的重要因素。编辑们非常注意将文章的长度控制在最低限度（事实上这很可笑），因此，你应该根据所要提出的论点，把你的文章缩减到只剩最基本的部分，使得文章中的每一个字、每一句话都是有道理的。在论文集或书中发表论文则有更大的余地，你甚至可以偏离主要论点，而不会受到编辑的太多反对。

期刊通常会规定他们愿意考虑的文章长度，建议你将篇幅准确保持在这个范围内。如果你认为自己不能满足篇幅的限制，最好换个期刊试试。

怎么知道何时可以提交论文？

约翰·科姆洛斯：如何写出好文章并不神秘："好的文章需要经过修改、修改、再修改。"所以你需要一些时间让论文更加成熟："在两次修改之间保持一定时间间隔；如果你……太熟悉自己的论文……，你就永远不会发现错误，你需要让它在抽屉里待上一段时间。当你再次拿起它时，将有一种新鲜感，会让你立即看到哪里可以改进。"[26] 你要尽可能多地征求他人的意见并等待回复，获得的反馈越多越好。

彭妮·戈尔德：在考虑向谁征求意见时需要有策略，不同的人可以在不同方面帮助你。你需要一些对本专业非常了解的人给你提出的意见，因为他们最有资格评论你的论点深度，并使你免于日后在期刊编审那里遭受诘难。他们也可能会指出你在文章中没有考虑到的相关研究。也许你已经知道应该找谁了——但最好不要找你的研究生导师。这是一个将自己介绍给本领域其他学者的机会。你可以给一个你欣赏的、你认为有资格对你的作品提出意见的人发送信息，询问他们是否愿意阅读论文草稿。如果他们愿意，那就再好不过；如果不愿意，那就试试别的人。另一种读者是可以帮助你解决文章风格、结构和论证问题的人，他们不一定属于你所在的领域，但应该是熟悉学术写作的人。如果你的朋友够慷慨，就可以为你做这些事情，或者你可以考虑与一个学术伙伴相互交换论文，互相帮助。

约翰·科姆洛斯： 你可以把你的博士论文发给专业领域内所有对它感兴趣的人，而且你可以把他们中肯的建议都纳入文章的第一稿。你也应该把修改完成的文章发给同一批学者，请他们提出进一步的意见，但你不应该等到收到他们的回复后再提交发表。不管这些了！不要忘了你的目标是向期刊投递论文。在你完成论文时，就进入了一个危险的领域——太多作者开始了自我否定、自我反省的拖延过程。请在等待反馈、修改和润色的一个月或6周后立即提交文章，看看匿名评审员对文章的看法如何。如果一味地等待同事们的完整反馈意见，会严重推迟文章的发表过程。然而，在收到同事们的意见后，你应该不断地采纳它们。事实上，即使是在等待期刊回复的过程中，你也应该偶尔看看文章，并对其进行润色。[27]

在选择合适的期刊上花的时间不要超过两周。如果你在各种选择中纠结，只需随机决定即可。不要等到你认为文章完美无缺、你所选择的期刊必定会接受你的文章时再投稿。[28] 如果你已经到了这个阶段，无疑已经花了太多的时间来修改文章，现在的关键是避免陷入停滞。

继续拖延是无济于事的，因为你不可能自己获得更多关于文章质量的有用信息。可以肯定的是，你非常需要这些信息，但只有评审过程能真实可信地将这些信息传达给你。你别无选择，只能臆测发表文章的可能性有多大。你收到的评审报告将帮助你修正自己原来的评估，从而使你未来的评估更加准确。

投稿前对细节的较真同样没有必要。[29] 对文章的过度润色可能会使你更满意，但不可能给审稿人留下深刻印象，因为他们无论如何都会有不同的观点。他们在某些方面不如你挑剔，但在其他方面又会比你的标准高。因此，制胜的策略是尽快了解审稿人对文章的看法。毕竟他们的意见才是最重要的，而不是你的。

什么时候会收到答复？

约翰·科姆洛斯：你应该会在 5 个月内（会有两个月左右的偏差）收到两份（有时是多份）匿名审稿人的报告和编辑的意见。[30] 如果你已经等了 6 个月之久，可以到编辑部询问是否出现了什么问题。各种意想不到的事情都可能会发生：编辑可能会改变主意，你的稿件也可能在被整理时丢失。因此，建议你每过一段时间就打探一下消息。[31]

你将从编辑那里得到三种答复：拒稿、修改后重新提交、稍做修改后接受。如果文章被直接拒绝，你仍然获得了重要信息，即关于你的文章与期刊编辑政策之间匹配度的评价。不要气馁，不要把拒稿当成一件天大的事，因为还有其他的期刊和编辑，你还会碰上不同的审稿人。这是一个特殊的过程，一个期刊的拒绝往往就是另一个期刊接受的开始，不要错误地将文章锁在抽屉里。如果你没有从审稿人的报告中得到什么启示，与其在失望中苦苦思索，不如在同一天将文章寄给另一家期刊。可以肯定的是，审稿人有可能误解了文章的某些方面；在这种情况下，你可能需要向编辑解释这种差异，征求他的意见，看看可以做些什么。当然，我的经验是，这种做法通常没用。

即使文章被拒，你也应该从审稿人（从某种意义上说，他们是整个行业的代表）的批评意见中获益。即使你打算将文章寄给另一家期刊，也应仔细考虑审稿人的意见，因为这样做只会改进文章，而且文章可能会再次落在同一审稿人的桌上。虽然这在某种程度上是不公平的，但审稿人没有义务因为他们已经拒绝了另一家期刊的文章而放弃自己的评审资格（尽管有些人这样做了）。我之所以了解这些，是因为这种情况偶尔也会发生在我身上。[32]

另一种情况是，你的文章可能会被直接采纳；不幸的是，这种情况很少发生。祝贺你即将成为一名有发表作品的学者！你可以在简历中将这篇文章从"审核中"这一类别换成"即将发刊"

的类别。另一种可能是，编辑只要求你做一些小的修改；一般来说，这就相当于接受了。在这种情况下，文章不会被再次发送给审稿人。相反，编辑会仔细阅读文章，以确保你遵循了他（和审稿人）先前的建议。如此一来，你就非常接近成功了。你只需按要求做一些小改动，这篇文章就完成了。在这种情况下，真正的危险是你没有仔细阅读编辑的信——没有发现其所要求的修改几乎都只是形式上的。

应该如何领会审稿意见？

约翰·科姆洛斯：到目前为止，编辑最常见的答复是要求修改后重新提交。你（和你的稿件）现在已经到了一个关键时刻，因为从某种意义上说，文章开始有了自己的生命。尽管你有学术自由，但它的命运不再完全掌握在你手中，因为审稿人和编辑承担着见证文章最终发表的重要职能。要习惯于正确阅读审稿意见和编辑的意见，这可能需要一点练习，因为他们的意图很容易被误解。经常有作者把编辑的"修改后重新提交"的意见看成是拒稿信；其实，编辑很可能在暗示他想接受这篇文章，但没有直说，只需要作者能对评审意见做出积极回应。有些作者可能对冗长的修改意见感到不知所措，而其他作者则觉得所有的批评意见都在践踏他们的自尊。这些都是无益的情绪反应，审稿人员的批评几乎总是比预期的要多，所以你不应该认为只有自己一个人会收到尖锐的评价，也不应该对他们的批评耿耿于怀。

事实上，审稿人很少或根本不愿意迅速回复你。通常情况下，编辑甚至没有询问他们是否愿意，就突然拿一篇文章丢在他们的办公桌上供其评阅。虽然他们可以退回信件，但这需要花费太多的时间，而且并不礼貌。相比之下，把它随手放在一边要容易得多。几个星期后，它仍然原封不动，审稿人才意识到，如果他在这么晚的时候把它退还给编辑，自己会很没有面子。无论如何，他都欠编辑一个人情，而且这个主题看起来还很有趣，所以也许他应该把它移到另一堆文件里。与此同时，作者焦急地盼望能尽快收到回复。不难看出，评审过程能够顺利进行是一个奇迹；总的来说，它运转得还不错。

约翰·戈德史密斯：当编辑提前询问我是否会对某一主题的文章进行评阅时，我会很高兴。随着电子邮件的兴起，这种先问后答的做法似乎越来越多。我最常给的答复是不确定，但保证如果选择不接手这件事，我会在收到稿件的 24 小时内通知编辑。这似乎可以确保编辑最糟糕的噩梦不会发生，并且让我有机会在做决定之前简单地看一下论文。

约翰·科姆洛斯：审稿人得到的唯一回报是，他们知道自己对学术事业做出了贡献，并有机会将自己的观点传递给他人，从而在学科内产生影响（哪怕是很小的影响）。这些激励措施足以使该系统相对良好地运转。如果不提一些批评意见，审稿人就会觉得自己没有完成好本职工作。对新手作者来说，最重要的是不要气馁，并认真考虑审稿人的每一条意见。一般来说，他们的建议对提供该问题的新视角很有帮助。如果你不同意某些批评意见，请在重新投稿的信函中向编辑说明。如果多位审稿人的意见不一致，编辑应该给你一些提示，说明你需要更认真地对待他们中的哪一个。如果编辑忽略了某些方面，或者你并不完全清楚某些审稿人的意见，你需要联系他们以获得进一步的指导。出于礼貌，你当然不应忽视审稿人或编辑的任何建议。如果你不同意审稿人的意见，又不能或不愿意做出其所要求的修改，你也应该让编辑知道这一点——尽管灵活处理对你最有利，因为编辑可能会更相信审稿人的意见。当然，有些审稿人会希望你完全重写一篇文章，尽管你目前不应该考虑这样做，编辑可能愿意指导你如何应对此类批评。在极少数情况下，这些批评意见是不合理的，你应该考虑立即将文章寄给其他期刊。但是，即使在这种情况下，也要先询问一下编辑的态度。[33]

彭妮·戈尔德：请注意，文章的匿名评审报告可能是语气轻蔑、不屑一顾的，甚至是粗暴的。[34]如果在我发出的第一篇文章上出现的这种评价，我可能不会再尝试发表了。但我与一位同事分享了我的苦恼，她告诉我其曾在一篇文章中收到过类似的评价，这种情况很常见。我立刻转而在其他地方投稿，于是这篇文章被接受了，而且没有被要求修改。

在回复审稿人的意见时，我建议设立三种类别：一种是你同意审稿意见并按其要求修改，一种是你不同意审稿意见（要说明原因），还有一种是你原则上同意审稿意见但不同意进行修改（要说明原因，如进一步研究需要耗费大量时间或这与中心论点无关等）。

约翰·科姆洛斯：在你重新投稿后，编辑会再次将文章发给审稿人——很可能是同一审稿人——然后这个过程会重复进行。运气好的话，随着审稿人的反对意见越来越少，你和他对文章的看法会越来越接近。需要再次进行一到两个这样的周期是很常见的。但是，如果编辑对是否采纳你的文章不确定或者不喜欢你的文章，他也可以选择把文章发给新的审稿人。这会使你的情况变得更加困难，因为你需要在下个周期回应一组全新的批评意见，想要你们对文章的看法逐渐接近并趋向统一就变得更不可能了。在经历了几个这样徒劳的周期后，也许你需要尝试另一本期刊了。由于大多数学科都有相互竞争的学派，有时你难免会遇到对你的文章很无情甚至有敌意的审稿人或编辑。虽然很不幸，但这也是无可奈何的事。不过，有价值的论文最终还是会被发表。

编辑在接受一篇他们无法确定其价值的文章时往往会很谨慎，特别是当它不符合公认的范式时——也就是说，它是反传统的、有争议的，或者与公认的规范相差太远。如果他们拒绝这篇文章的做法是错误的，也只有少数同事会发现他们的错误；相反，如果他们接受了一篇文章，而最终发现文章不值得发表，那么每个人都会知道编辑的过失。很多富有开创性的文章最初都未能得到发表。[35]

应该清楚的是，发表文章是一个相当烦琐的过程，不会得到太多学术上的满足。一篇好的文章是发表的必要条件，但不是充分条件；你还需要有耐心和毅力，并且容忍审稿人和编辑的怪癖，才能获得成功。你要遵循的原则相当简单，那就是提交、修改、重新提交、发表，这并不是一件好玩的事。研究是有趣的，但发表文章是乏味的。

合著是个好主意吗？

约翰·科姆洛斯： 在实验室科学中，研究通常是一种需要合作完成的工作，因此，发表的成果会不可避免地有许多合著者。在其他学科中，虽然合著不是常规做法，但往往也是有意义的，除了获得部分著作权以外，你在终身教职评审中也可能会获得更多的好评。为了达成一种令人满意的合著关系，合著者应该在某些方面相互补充，也就是给每个合著者带来一些利益。这就可以相应减少每个人完成项目所付出的工作量，其中一个作者可能拥有另一个作者所缺乏的某些技能，如语言、数学或计算机方面的知识。[36] 为了避免日后发生不愉快，最好事先就项目的大体内容、责任分配、考虑出版的期刊和作者姓名的排序达成一致。[37]

约翰·戈德史密斯： 在一些学科中，合著的出版物会在终身教职评审中产生问题。在获得终身教职之前，最好不要有太多的合著论文——或者说，最好能有足够数量单独署名的论文。

彭妮·戈尔德：在签聘用合同和终身教职评审时，如果你能简要解释一下自己在合著作品中所做的贡献，将帮助评审人更好地了解你（你所在的专业领域内外的人都会阅读你的履历，所以你最好对任何不甚明晰的项目都做出简要说明）。个人在合著文章中做出的实际贡献可大可小，尤其是对有多个合著者的文章而言。你最好坦率地承认自己在文章中的贡献，即使它看上去微不足道。如果你什么都不说，有可能使你的贡献看起来很小，而你实际上做了很多。

是否有其他方法让人们关注我的研究？

约翰·科姆洛斯：自我宣传很重要，因为还没有正式的途径来宣传你的研究。因此，你需要确保自己的想法尽可能被广泛地传播给读者。请记住，思想的传播是有规模效应的。在跨学科研究中，你一般都会拥有几个值得关注的读者。每当你的名字被刊登出来，你就增加了自己的知名度，更多的人会看到并阅读你的作品，这就像是做广告。同行会注意到你的研究又一次通过了学术遴选过程。虽然你最初的成果可能不会被注意，但一段时间后，随着你的研究计划的进展，人们会更愿意阅读你的文章。

通常情况下，学者们会被各种事务压得喘不过气来。但是，这些忙碌的人（他们尽其所能地应对海量的信息）正是你想接触的意见领袖。你不能指望他们会不顾一切地特意了解你的研究，这就是为什么发表文章本身并不能保证你的文章会被阅读、理解、引用和讨论。可以肯定的是，你的文章会被那些与你提出的问题直接相关的人阅读。但这可能只是一个小群体，你需要接触更多读者，以吸引更多人关注你的研究。网络可以帮助你找到这样一群追随者（他们可能是你的朋友或熟人），他们会定期阅读你的文章。你可以在文章发表前向他们发送正在撰写的文章；论文发表后，你也可以给他们寄送样刊。如果你要在会议上发言，他们将参加会议并聆听你的发言。[38] 此外，如果你遇到一篇与你的领域有关的文章，但不确定作者是否了解你的成果，你可以跟他取得联系，寄去自我介绍并附上你的文章，这将是很有帮助的。

出书的情况如何？

约翰·戈德史密斯： 在一些学科（比如我所在的学科）中，助理教授必须考虑他们是否应该尝试将其博士论文修订和扩展成一本书出版，或者将博士论文分成独立的文章并在期刊上单独发表。两者只能选其一，因为出版商不愿出版其中几章已发表成论文的书稿。哪种策略更好？没有标准的答案，但我认为在期刊（最好是顶级期刊）上发表文章更具优势。在一个人的简历中，如果有在优秀出版社出书的经历会非常好，甚至可能比单独发表文章更好；但如果一个人的成果出现在正式的主流期刊上，则更可能被他的同事关注并阅读，所以我建议在其他条件相同的情况下走这条路。不过每个人在其专业领域内要达到的要求是不同的，所以你必须搞清楚这一点。

顺便说一下，根据我的经验，那些参与终身教职评审的人通常会同等对待已经被出版社接受的书稿与那些已实际出版的书稿。我认为这看起来很公平，而且据我所知，这也是一个我经常遵守的原则。

彭妮·戈尔德：我自己关于出书还是发表文章的看法与约翰的建议正好相反，但这完全取决于你的学科。在我所在的历史研究领域中，书籍比文章重要得多，而且阅读量也更广。

约翰·科姆洛斯：我主张不要把出书和发表文章看成一个非此即彼的命题，因为同一个目标可以有不同的实现方式，而拥有广泛读者群的一种方式是先发表文章，再组编成书籍出版。学术话语显然因学科而异：在经济学中，你在职业生涯之初出版一本书是完全不可信的；而在历史学中，这却是不可或缺的。竞争激烈的历史系甚至希望你在终身教职评审之前就能出版两本书。虽然这看起来很奇怪，但在研究型大学里，期刊文章对经济学领域的终身教职评审有很大的影响，而对历史学的影响却很小。这种学科的惯例是如何形成并服务于一个学科的，显然不是我们的主题，但它们突出了学术工作的特异性。显然，人们应该在职业生涯的一开始就对自己的要求有一个清晰的认识，并坚持遵守这些要求。

最好先根据你的博士论文内容发表几篇文章，以便迅速传播你的观点，即使你希望把它也作为一本书来出版。你没有理由拖延到整篇论文完成后才考虑发表。运气好的话，你可以在第一份工作的第二年就发表文章，而出书则可能需要几年的时间。如果你所在的领域情况允许，你应该同时着手出版整个书稿，并对其进行充分的修改、扩充和润色，使其不再像一篇学位论文。出书可以宣传你的学术观点，这与从书中抽出单独发表的文章不一样，因为通过出书，你能接触到一些不同的、也许更广泛的读者，而且可以集中你的观点，并清晰地呈现各个观点之间的联系。因此，长篇书稿中的论证要比单独发表的文章复杂得多。同样重要的是，书稿通常会由期刊编辑审核，这意味着其他学者会对你的研究工作公开发表意见。这些意见（前提是这些意见总体上是积极的）会在终身教职评审时变得有用。文章则难以引起类似的公众反应。可以肯定的是，文章会被引用，你应该在数年后找出谁在真正引用你的研究成果。[39] 这将使你了解谁在自己的出版物中实际引用了你的研究成果，以及原本你以为哪些部分能吸引读者，但最后却没有做到。

约翰·戈德史密斯： 在某些领域，书籍出版对获得终身教职至关重要，因此出版社的策划编辑在学术过程中发挥着异常重要的作用。就像期刊编辑一样，策划编辑选择审稿人，而这一选择对稿件能否被采用至关重要。虽然大多数期刊编辑都有学术职务（他们通常是某个大学的正式教授），但策划编辑却不是。不同大学的出版社在审核出版物和出版物的同行评审方面有不同的政策。当然，不隶属于大学的出版社属于营利性组织，不存在同行评审。

约翰·科姆洛斯：出版你的博士论文意味着需要进行大量的加工改写。若想找出出书和发文之间的区别，一个方法是找到一个首次出书的作者，将他最近出版的书籍与作为其基础的博士论文进行详细比较。学位论文可能听起来更有试验性，而且可能比书籍更详细。在出书时，你也可以引用自己的论文，这样你就可以概括论文的某些方面或跳过一些论证材料。

在改写的同时，你需要开始寻找合适的出版商。这个过程类似于为一篇文章寻找合适的期刊，二者在质量和主题方面必须要匹配。大学出版社往往有自己喜欢的领域，如果你的稿件适合该出版社已经形成一定知名度的细分市场，那么稿件就会有更多机会被接受。这对书籍销售上的成功很重要。寻找出版商的最好方法是与参加会议的编辑或其他出版社代表交谈，他们能够向你介绍其出版战略，让你和其所在机构中的相关人员建立联系，并对接受书稿的可能性给出一个大致的说法，或者可能提出更有希望的选择。

一旦你掌握了这些信息，应该能列出六七个潜在的出版商，你可以初步询问他们对你的书稿的兴趣。你可以向他们发送一份简历和目录，也许还包含一份摘要或书稿引言。如果你能收到一些积极的回应（通常在一个月左右），你将被要求在完稿后发送整个书稿。如果有多位编辑对你的作品感兴趣，你需要确定自己的优先次序，你可以问他们是否介意多个出版社同时审阅你的书稿。这对你有相当大的好处，原因也是显而易见的，但有些出版社不愿意接受这样的操作。如果你没有收到积极的回应，那就需要扩大你的选择范围，降低你的期望值，并重复这一过程，直到获得成功。我的经验是，大多数人之所以不成功，只是因为他们过早放弃了。

彭妮·戈尔德：我建议以稍微不同的顺序来确定潜在的出版社，在完成初步调研后再安排与编辑的会谈。以下是我为自己的两本书找到出版社的方法。首先，我列出了十几个潜在的出版社。我通过查看出版商目录、会议上的图书展示以及我自己的藏书来判断是否合适。我还关注哪些出版商的书制作得很精美，哪些出版商在我阅读的期刊上做了醒目的广告，以及哪些出版商的系列图书有可能适合我的书。我在名单中列出了从最有声誉的出版商到不怎么有名但渴望获得书稿的出版商。然后，我向这些出版商中的每一家都发送了一份简介。除了约翰·科姆洛斯建议的材料外，我还附上了一段话来讨论我预期的读者和市场，并附上了一个样章。[40] 在附信中，我还提到自己将参加当年由美国历史协会（American Historical Association）举行的会议，并很乐意在那时与编辑交谈（我是在初秋发出这些信的，会议在 12 月至 1 月举行）。这两次投稿都收到了一些出版商表达兴趣的回复，有些比以前更热烈一些，而我也在学术会议上见到了某些出版商。这些会面不是为了了解出版商的兴趣（因为我已经知道了），而是为了更好地了解出版商如何看待我的书与其出版计划的匹配度，并评估我是否会与该编辑继续合作。策划编辑这个称号有点误导性。的确，他们是负责决定出版社是否应接受你的手稿的人，这是至关重要的，但他们在书籍的制作和推广过程中也发挥着核心作用。你对编辑越有信心，出版过程就会越愉快。

约翰·科姆洛斯：一旦编辑决定对书稿进行审阅，就会把书稿发给两位审稿人，他们的审稿时间可能会比较长，但其他方面与期刊文章的审稿相似。你需要询问的一个重要问题是，出版商是同时还是先后将稿件发给两位审稿人的[41]。也就是说，出版商是否只有在第一位审稿人给出肯定评价的情况下才将稿件发给第二位审稿人。由于先后审稿的时间几乎是同时审稿的两倍，如果你可以选择，就应该避免这样的投稿方式。例如，如果你在终身教职评审周期的第三年提交稿件，可能在第四年才能收到出版商的决定。如果出现问题，你可能会发现自己在第五年准备终身教职评审材料时，仍然没有签订出版合同。因此，如果你希望为了终身教职而出版一本书，就应该尽早开始寻找一家合适的出版商，迅速修改手稿，找到一个两位审稿人同时审稿的出版社，并确保你的目标不会太高。新手出一本书并不容易：我花了6年时间才让我的论文付梓！

回复审稿人意见的过程与论文投稿的过程相同。你应该想到，满足编辑和审稿人提出的标准需要额外的6个月时间。一旦你的稿件被接受，你将收到一份标准合同。[42]

　　一旦书被出版，你需要确保它得到关注。你不应该完全把这个任务留给出版商，因为出版商的工作人员有很多书要操心，很可能无法满足你的具体需求。你应该要求编辑给你一份收到赠书的期刊名单，并且你有机会对可能发表书评的期刊名单提出一些补充建议。你要确保期刊的书评编辑的地址是正确的。在很多情况下，出版社没有更新他们的档案，会把书送到错误的地址。然而，你的工作还没有完成，你应该写信给书评编辑，以了解自己的书是否被送达——根据我的经验，邮局并不一定靠谱。期刊的书评编辑会及时给你答复。我的观点是，确保书送到你认为适合评论该书的书评编辑那里是你的责任，而不是出版商的责任。当然，适合写书评的期刊数量很可能超过出版商赠书的期刊数量。在这种情况下，你可能不得不自行把一些书稿送到一些被排除在出版商名单之外的期刊以供审阅。

　　当书一经出版并被大家广泛传阅时，你在终身教职评审中就会处于有利地位。现在你只需做最后一件事：你应该考虑一下该书有资格获评的奖项，并将其及时提交给相关的评奖委员会。

　　彭妮·戈尔德：你应该在就出版合同进行谈判时，与编辑讨论上述大部分内容。你要询问出版商愿意送出多少份书稿以供审阅（反过来，出版社也会向你要一份该书应送达的期刊名单），以及它们愿意向知名学者寄送多少份样书。你还要问一下广告计划，如果其中任何一条效果不佳，就尽力争取更好。上述大部分内容可以而且应该被列入你的出版合同中。

业内声音

·

出版第一本书

科林·戴（Colin Day）

密歇根大学出版社社长

　　你必须问自己的第一个问题是，你认为自己的书稿有多好？这一点很少被提及，而且多少有些令人痛苦。诚实地回答这个问题可以为你节省大量时间和麻烦。与之相关的问题是，你还想在它上面付出多少？你是否准备反复修改？或者你是否想进一步完善书稿？

　　因此，第一项任务是给书稿做一个定位——它是"划时代的成就"，还是只是"有贡献的作品"？如果你真的认为自己的书稿是一流的，对读者的重要性远远超过专业领域内的其他作品，那么就可以向最高水平的出版社提交。但事实上，年轻作者的书很少能达到这个标准。你要对自己的书和出版社的质量要求进行实际一点的匹配，目标可以高一点，但不要离谱，这样会更快得到一个好的结果。如果目标定得太高，得到的会是令人沮丧的负面评价，只有那些具有强大自信的人才能承担这种风险。

　　当然，选择出版社要考虑多个因素，最重要的是其出版物要与你的学科相关。如果最近该出版社出版过和你的课题相近的书籍，就表明该出版社在你所在的领域很活跃，并可能欢迎另一个相近主题的投稿。把你的书稿提供给那些在该领域不活跃的出版社是没有意义的。你可以查看自己的专业藏书（如果你不买自己专业的书，你的同行为什么要买你的书呢？），并查看一个优秀的学术书店的书架以及学校图书馆。你在这些书架上看到的出版社名字可能就是你要考虑的投稿对象。

你现在已经确定了四五家在本领域中具有适当地位和活跃的出版社。你现在要做什么？在这个阶段，向他们发送询问信件是完全正确的。你要告诉他们，你此刻也正在咨询其他出版社。你要始终保持开放的态度：出版商可以容忍你的不恰当行为，但不能容忍你隐瞒事实。

下文提到的参考书会对这一阶段询问信件的内容提供更全面的建议。然而，总的目的是要说明书稿是关于什么的，它的特点是什么，以及它采取了什么哲学思路或方法论。你的任务是以渐进而非直接的方式向编辑推销你的项目。你应该试图说服编辑，你的书稿是独特的，是有学术意义的，有望引起领域内足够广泛的兴趣，并且书稿的发行在经济上是可行的。但你如果狂妄地宣称书籍会有广泛的大众读者群或将在课堂上被广泛使用，会令编辑望而却步。不过，向编辑解释清楚为什么该领域内的学者（而不是只有与你的主题相关的人）会对你的作品感兴趣将会很有帮助。如果你的作品是跨学科的，那么请确定作品预期的读者群。这不仅会表明市场的规模，而且还有助于出版社考虑如何针对这一读者群出版。但是，如果你在选择出版商时很有针对性，甚至该出版社是大学出版社，那么你应该强调该书的学术贡献。

如果你的目标是出版自己的博士论文，毫无疑问，你在出版前必须对论文进行一次大的修改。当你有了明确的修改计划时，可以在修改之前与出版社进行初步接触。但是，在真正进行实质性修改之前，好的出版社除了提供鼓励和建议之外可能不会做其他的事。与出版社联系的较好时机是在你完成第一次修改之后。

我要给出一些建议：不要写信询问出版社希望以何种形式投稿。你只需发送周详的大纲即可，而不要寄送完整的书稿。发送一个样章也是可以的，但你要确保它能很好地代表作品。引言往往对你的出版没有帮助，因为引言的结构和风格都很复杂，而且还带有论文的影子。

请记住，寄给编辑的每封信都是独一无二的，它们往往很长，需要花费时间来阅读和思考。你可以给编辑一个月左右的时间来阅读你的信并决定如何回复。礼貌性地询问是可以的，但不要反复催促！如果你已经询问过几次，需要给所有的人合理的时间来回应。如果你同时向几家出版商投稿，要耐心地等待一段时间，直到它们都给你回复后再采取下一步行动。你可以打电话给回复较慢的那家以获得反馈，然后选择一个已经表示出兴趣的出版商，并按照编辑的要求寄送稿件。如果这个出版商没有接受你的书稿，就给其他几家出版商写信，请求他们重新考虑你的意向并进入审核程序。

审稿的过程很费时间。寻找审稿人本身就是漫长、乏味和困难的，因为合适的专家都很忙，而且手上都有积压的工作（你提出一些合适的审稿人往往是受欢迎的，将会对你有所帮助）。审稿人审稿的速度往往不快，你可以问问你的资深同事，审稿人审阅一本长篇书稿的速度如何，但也不要完全相信他们的回答。在不到3个月的时间里完成一份详细的同行评审是很难的。同样，在等待几个月后礼貌地询问一下是可以接受的，但频繁地打电话询问是没用的。最后也是非常重要的一点是，你要让你的书稿被接受。不要在终身教职评审将近时才开始这个过程。如果你的大学要求出书，那么从提交到出版需要两年时间；也有可能不需要那么长时间，但如果你收到几份拒稿信或被要求做一些大的修改，那就需要了。如果你需要的只是一份出版合同，那么12个月的时间可能就足够了；但事情可能会出错，所以要尽可能多地留出时间。学术出版社对他们的工作非常投入，他们真正热衷于传播重要的学术成果；但他们要面对大量的作者和书稿，所以其热情和时间肯定会打折扣。牢记这一点，你就会在书稿出版过程中有很好的体验。

关于这个问题，有价值的参考资料包括：罗宾·德里克特（Robin Derricourt）的《学术出版作者指南》(*An Author's Guide to Scholarly Publishing*)（普林斯顿，新泽西：普林斯顿大学出版社，1996 年），埃利诺·哈曼（Eleanor Harman）和伊安·蒙塔涅（Ian Montagnes）的《论文与专著》(*The Thesis and the Book*)（多伦多：多伦多大学出版社，1976 年），贝丝·露伊（Beth Luey）的《学术写作手册（第四版）》(*Handbook for Academic Authors*)（纽约：剑桥大学出版社，1995 年），克里斯丁·史莫莱特（Christine Smedley）的《如何让你的书出版》(*Getting Your Book Published*)（纽伯利公园，加利福尼亚：Sage 出版公司，1993 年）。

如何寻找研究基金？

约翰·科姆洛斯：了解不断变化的研究基金和奖学金情况对所有学科来说都非常重要，而不仅仅是在实验室科学领域。研究是一个持续的过程，只有通过整理和定期更新收集的材料才能有效地做到这一点。

除了资助研究费用、参加会议及前往研究地点的差旅费用外，研究基金还可以为你提供暑期和脱产期的工资，这样你就可以拿出更多的固定时间用于研究。在许多领域，申请和获得奖学金将被视为专业发展的一个组成部分。你必须了解你的学科及所在专业的新成果；考虑到你整个学年内的所有其他工作，这是非常困难的。因此，通过获得研究基金而脱产研究几乎是确保你能专注于前沿领域的唯一途径。当然，暑期是很有用的，但时间往往是不够用的，因为你需要同时专注于备课和研究。这就是为什么你应该不惜一切代价避免在暑期授课的原因，除非你可以与系主任商量，在一年中的其他时间不上课。

奖学金能给获奖者带来声誉，就像在社会的其他行业颁发的奖项一样。成功申请研究基金也能让学校管理者感到高兴，因为学校可能会间接获得一笔费用，其中一些可能会被下发到院系里。[43]

对于重大科研基金而言，竞争是非常激烈的。我的经验是，申请书越显得知识渊博就越有说服力，获得资助的机会也就越大。一般来说，有一个好的想法或一个看似合理的灵感是不够的，因为审稿人通常不会在上面花时间，他们的预算限制非常严格。因此，他们希望你有明确的目标，并对项目中紧要的问题做出有说服力的解释。他们希望你能证明自己确实会完成你所提出的项目。写一份有说服力的研究基金申请书需要大量阅读背景材料，几乎相当于写一篇论文。[44] 我发现，我至少需要提出一项得出初步结论的试验性研究，才有可能说服审稿人相信项目的可行性。因此，许多社会科学领域的学者认为，只有当他们在项目上做了足够的研究、可以对其进行权威性的写作之后，才适合申请研究基金或奖学金。尽管项目在那时已经进行得很好，资金对完成项目不再是不可或缺的，但剩余的资金也可以用于下一个项目。这种先做项目再申请资助的方法显然不适合自然科学领域，但它确实有一个额外的优势，即确保项目将按承诺完成。它的缺点是，项目的初始费用可能必须从个人资金中筹集，或者从小型基金会和大学的研究办公室申请。

彭妮·戈尔德：另一个可以增加申请成功率的因素是，在申请书上注明获得资助对完成你的项目会有什么影响。例如，当权衡两个暑期研究资助的申请时，资助机构可能更愿意资助一个需要出差或有设备需求的项目，而不是一个在本地就可以完成的项目。这并不意味着你应该用不必要的差旅来充实你的申请，但这可以让你对资助结果有一个更现实的期待。

当你开始考虑写申请时，请向周围曾向名单上的资助机构成功提交过申请的人打听一下。通常你会在自己的学校中找到这样的人；如果没有，就到其他学校找找。有些基金机构〔例如，美国国家人文学科基金会（National Endowment for the Humanities）〕会把成功申请的例子发给你。看一看这些例子对你会有很大帮助。有些机构的项目官员会不断给你建议，甚至阅读申请书的草稿。如果你提出要求，有些机构会在程序完成后给你发送评审意见。如果你的申请被拒绝，这些意见可能会对你有帮助。即使申请被接受了，看看别人对你的项目的看法总是有益的。

不要忽视学校内部的资金来源。有些教师发展基金可能具有很强的竞争性，例如在公休时间之外的学术休假；还有一些常规的基金，可以用于暑期出差或补助材料及设备费用。各个学校对参加专业会议的支持度各不相同，但大多数学校每年至少会支付一次会议的差旅费，特别是你能提交论文的话。你要充分利用这些内部资源。

如果没有能力发表论文，怎么办？

约翰·科姆洛斯：你至少有三个选择：1. 在一个不要求发表文章的院校教书；2. 离开学术界，到企业或政府工作；3. 试图找出存在这种心理障碍的原因。在大多数情况下，做研究不是问题，既然你能写出博士论文，一定有一些值得向更多人传播的成果。在几乎所有情况下，无法发表文章多少与完美主义有关，而这种完美主义阻碍了作品的顺利完成，导致你选择的期刊不恰当，或者让你不愿认真对待审稿人的意见。因此，如果你没有成功，必须尽快确定问题的根源。

约翰·戈德史密斯：这是个好建议。发表论文是博士论文任务的延续。我认为，我们在这一过程中已经谈过了那些主要的问题，但要让自己的文章得以发表，确实需要一种开拓精神，而这种精神并不是每个人都能轻易具备的。

第八章

终身教职

首先，什么是终身教职？

约翰·戈德史密斯： 终身教职是区别初级教员（助理教授和一些副教授）与高级教员的标志。终身教授在退休前都有工作保障，唯一的例外是少数因违反道德或法律准则而被解雇的人。尽管每所大学有所差异，但这两类教师之间的区别不仅仅是工作职位是否有保障。初级教员很自然地处于一种附属地位，甚至是求得自保的地位，因为他们知道自己在短短几年（通常是 5～6 年）内完成的工作将决定其整个职业生涯。初级教员经常会觉得他们对被分配的教学和行政任务没有选择权；说"不"可能会让人觉得其不是一个团队合作者，或者对在大学工作没有足够的感激，或者只是懒惰。

相反，获得终身教职的教员在选择教学内容和做研究方面有很大的自由。很难想象还有什么职业能为如此多的从业者提供如此长时间的工作自由，这是学术界才有的大好机会。

彭妮·戈尔德：非终身教授和终身教授在工作保障和职业评估方面的巨大差异，必定会使他们对自己的工作和学校的态度有所不同。不可避免的压力和焦虑也是非终身教授生活中的持续性特征。然而，不管是大多数初入学术界的助理教授，还是处于事业巅峰期的终身教授（除了那些后来转而担任行政职务的人），日常工作的内容是一样的。也就是说，我们所有人都在教课、做研究，同时做一些杂七杂八的行政和服务事务。有些人不愿意使用"初级"教师和"高级"教师的说法，原因就在于此——无论你的级别如何，基本的工作要求都是一样的。在这种观点中，将教授分为"终身"和"非终身"（我对此表示同情）两个群体，能够更清楚地描述这两类人之间最重要的区别。

约翰·戈德史密斯：人们常说，终身教职的存在主要是为了给教授提供一种保护，使他们可以去探索那些鲜有人问津的理论和观点，无论是政治上的还是学术上的——这些理论和观点可能非常不受欢迎（因此存在风险），如果没有这种职业保护，很少有人会冒险承担这种工作。这是有一定道理的，但我认为这种说法并不全面。在学术界，很少有人会想到利用其职位的安全性来表达不合时宜的政治立场，而且一般来说，那些选择持不受欢迎的立场的学者们未必需要终身教职的保障。一个不受欢迎的观点如果得到了很好的论证，大体上也会得到大家的喜欢。基于一个特立独行的观点发表了有趣成果的教授也会受到欢迎，不管他是否拥有终身教职。

彭妮·戈尔德：虽然这可能不是终身教职存在的原因，但当我在关于学校政策的问题上与院长或校长产生分歧时，肯定会因为自己终身教职的身份而更有底气。普通的教职工非常信赖这些人（以及自己的系主任和其他资深教授）提出的意见，这有助于对他们不利的意见不会被轻易采纳。如果普通教师面临失业危机，不和谐的声音会比平时更少。行政人员在表达异议上甚至会受到更为严格的限制，通常他们的合同是一年一签，不可能获得终身职位。

约翰·戈德史密斯：老实说，我并不完全赞同。我曾近距离目睹过非学术组织中的各种自相残杀的斗争——在这些地方，没有什么法律能阻止某人被随时扫地出门。但根据我的经验，人们被解雇多是出于业务原因，而不是因为性格脾气。一个经理（即使是一个高级别的经理）如果靠解雇来解决问题，那么他自己也干不长，更不会升到很高的职位。我对学术界终身教职的存在持不同看法。

关于为什么会存在终身教职这个问题，应该像对待关于任何大型社会机构的问题一样去探讨：问这种状态为什么是这种状态没有意义，就好比我们问自己为什么早上会穿这件衬衫一样。关于为什么会有终身教职的唯一解释应从历史的角度来看，否则就就要从为何整个系统在有终身教职的情况下比没有的情况下运转得更好的角度去理解。终身教职的存在主要不是为了保护个人（尽管它恰好带来了这种好处），它本身是正在运转的体制的一部分。

　　北卡罗来纳大学教堂山分校几年前进行的一次试验说明了这一点。教务长决定为新教师提供两种就业选择：要么是传统的终身制，要么是薪水更高的非终身制（也有可能是无限期聘用）。这两者之间的工资差别是什么？从 1989 年起，后者每年要多5000 美元。

　　因此，学术体系中的终身制会导致一个自然的副作用——它降低了学术界的工资水平。只有在工作有保障的情况下，人们才会愿意为较低的工资工作，这是合乎情理的（也是经济常识）——也就是说，就业保障值得用工资的大幅下降来换取。我们用一个稍微不同的方式来理解同样的观点：任何机构或企业都希望其员工有进取心、思想和创造力。在商业世界中，最常见的是企业家可能获得了巨大的机会，只要他们致力于提供比别人更好的产品或服务，就可以得到几乎没有经济限制的回报。学术界没有这样的手段来奖励有进取心的知识分子，它只能按照这样的思路提供有限的奖励。取而代之的是一系列不同的奖励和机会，其中终身教职是最核心和最突出的要素。首先，终身教职是大学能够以相对较低的成本提供的福利；其次，在一个工作并不总能得到保障的经济体制中，它的价值比在一个所有人都有工作保障的经济体制中要高。换句话说，终身教职至少能保证你既不会被解雇也不会下岗。

　　从另一个角度来看，终身制是学术系统承认其本身到一定时候便不具备评估某个成员的研究活动和能力的资格的一种方式。该系统不再需要承担评估每一位教职工的繁重负担，或者我们应该说，该系统不再希望承担这种评估的开支。在一个人获得终身教职后，将会很少受到来自其大学的评估，当然在未来的某个时候，他可能会因升任正教授和每年加薪而接受一些评估。晋升为正教授是一个严肃的问题，但远没有终身教职评审那么重要。正如我们所看到的，每年的加薪是一件相对容易的事情：教务长将为所有教职工设定一个默认值（也许偶尔会达到 4% 或 5%，但这种情况不多；大多数时候会比这个要少，甚至是负值），然后会针对个别情况进行一些适度调整。这种调整工资待遇时碰到的唯一关键时刻出现在一个竞争大学来挖墙脚的时候（下一章将讨论）——这是一个竞争对手试图越界而产生的危急时刻，这是一个棘手的问题，通常不会发生在每一个教职工身上。

终身教职评审过程是如何开展的？

约翰·戈德史密斯： 最简单的程序就是一个人在获得博士学位后立即担任助理教授，并一步步走向终身教职。对这个人而言，"终身教职计时器"（正如人们所说的那样）从他在大学工作的第一天就启动了，而且通常不会有任何中断。评审程序会在第五年年底或第六年年初开始，我们很快会谈及这一点。这个程序通常需要 6 ~ 10 个月的时间来完成。在这段时间结束时，大学将做出决定。该决定要么是肯定的——在这种情况下，候选人将被授予一个"无限期任职"的职位；要么是否定的——在这种情况下，候选人将有 6 ~ 18 个月的时间另谋出路。

如果这种情况涉及一位从另一所大学调任过来的教师，比方说他在原大学任职了 3 年，那么对其终身教职的评审可能不会等到他在新大学工作 6 年后再开始。终身教职评审可以从他在新大学工作的第三年或者第二年开始，意即候选人在目前的大学工作至第三或第四年时，评审程序就会启动。但是，是否将终身教职评审时间提前，必须由这位新教授和行政部门协商决定，并且以白纸黑字的形式写在合同里。

关于助理教授（或未获终身教职的副教授）是否应该尽早获得终身教职这一问题，目前还没有定论。有足够的理由支持评审应该早点进行，同样也有很好的理由支持延迟评审时间，大多数理由是显而易见的。赞成提早的理由是，被任命为终身教授会让人更舒适，而且薪水也会伴随着这一里程碑的到来而增加。另一方面，在进行终身教职评审之前等待的时间越长，就有更多的时间来写作和发表文章，从而增加自己在终身教职评审时的筹码。当然，如果你有骄人的研究成果，可能希望尽快接受终身教职评审。但是，任何提前进行的终身教职评审（也就是说不到工作的第六年就开始评审）必然面临更严格的评判标准，这是一个可以预期的风险。提前评审未能获得终身教职，并不一定意味着在第六年再次提交的评审申请会被拒绝；但提前评审一旦被拒绝，各方都会感到难堪。

终身教职评审中的细节因大学而异，在某种程度上甚至因院系而异。评审的第一步通常是由系主任收集材料，其中包括候选人的所有出版物和所有与候选人的专业活动有关的文件，这些都会以不同的方式影响终身教职的评审。然后，系主任和候选人可以共同编制一份名单，其中包括 6 ~ 10 位本领域的资深人士，他们应该有能力对候选人的工作进行评估。一个常见的做法是，候选人提供他希望看到的 4 位专家的名单，以及一个包含 4 位他认为可能对其工作有偏见的专家名单（就像一个律师对候选陪审员的优先否决权一样）。接下来，系主任将继续挑选另一组高级学者（少则 3 人，多则 6 人），并征求他们的意见。

评审程序往往在候选人工作第六年的秋季学期之初就开始了，也可能开始得更早。通常情况下，系主任会打电话给外部专家（我们可以称他们为评审人），询问他们是否愿意写一封评估信，并注明这封信的截止日期，比如 10 月 10 日。如果评审人不愿意，这对候选人的情况没有任何不利影响；因为除了系主任之外，没有人会知道此事。如果评审人同意这么做，他就有义务在截止日期前提供这封信，这是一位教授承担的最严肃的职责之一。

评审人可能是与候选人朝夕相处的人，可能是在过去 6 年中密切关注候选人工作的人，也可能是几乎不了解候选人的工作、但愿意花时间和精力来仔细阅读候选人发表的成果的人。在任何一种情况下，系主任通常会寄给评审人一大包候选人的研究成果（可能是候选人的全部出版物，但更有可能会选取一些重要的成果），并要求评审人提供两种类型的评价。首先，评审人要对候选人学术工作的意义以及这些工作是否成功实现了其研究目标做出判断。其次，评审人要判断候选人的工作与本领域中同等资历的人相比价值几何。外部评审人可以解释为什么候选人收到的某些邀请实际上标志着国际上对候选人的认可，同时外部评审人也可以指出候选人没有掌握其领域的研究动向。大多数学术专业的圈子都很小，一个顶尖的专家可能对该领域每个人的贡献都有所了解。外部评审人很可能以编辑、学术会议发言人或某个学术组织成员的身份与候选人打过交道。

奇怪的是，候选人收到的最有帮助的意见往往来自对候选人的工作持保留意见的评审人。如果两三页的评审信都是赞美之词，就很难让人不去诧异为什么评价里一点批判性的内容都没有。相反，如果评审人原本认为候选人的观点从根本上有偏差，后来承认候选人发表的每篇论文（或大多数论文）都使其折服，认为自己原来的判断错了，那么这封评审信是最让人难以忘怀的。从一个学术对手那里获得真诚的尊重要比获得志同道合者的赞美难得多，而读到这类评审意见的学者们通常都很清楚这个道理。[1]

系主任收集的大约 6 封外部评审人的信件是研究型大学的终身教职评审材料中最重要的内容。在初秋的某个时候——很可能是在系主任收到大部分（但不是全部）外部信件之后——系里的资深教授将聚在一起讨论并对候选人进行投票。每位资深教授都将阅读（或至少应该阅读）候选人的出版物和所有收到的外部信件。当然，大多数资深教授的专业与候选人的专业不同；他们能在多大程度上对这些资料进行批判性的判断，则因人、因专业而异。

之后，系里将对候选人进行投票——通常情况下，会听取一个较小的内部委员会的意见，该委员会已经形成了一个初步评估。系主任将报告投票结果，以及系里对候选人工作的总体评价，并呈交终身教职评审的所有材料，其中包括所有评审人的信件，候选人的所有出版物，以及候选人关于其教学、研究和服务活动的陈述报告。系主任还会附上每个评审人的学术简历，解释为什么他们是对候选人的工作提供评判的最佳人选。

这些材料会在大约 11 月初被送到院长那里。至于哪个院长会收到这些材料，取决于这所大学的特定学术结构。在一些学校里，由全体教师选举产生的常务委员会负责审阅这些材料，该委员会担任院长的学术顾问这一角色。该委员会将审阅系主任的报告和评审人的详细评价，以及候选人的所有其他材料。这不是对候选人的成果做直接评价的时候——专家们已经做过这项工作了，现在更多的是要权衡评审材料里的各种意见。在某些情况下，所有的评审意见都会达成一致：要么全票支持，要么全票反对。候选人可能是该领域最好的年轻学者，出版过很多重要的书籍，并收到过许多学生的称赞；或者候选人可能是一个没有能力进行严肃的学术研究和教学的人。无论出现哪种情况，系里的投票结果都会非常一致，几乎不需要再进行讨论。

最棘手的情况是，系里的表决和外部专家交给院长和委员会的意见存在冲突。系里可能会投票支持（甚至强烈支持）一个研究能力不强、没有什么成果的候选人，也许是因为该系在学术研究上已经没有了动力，对教师也没有这方面的要求。在一个正常运转的学术环境中，这种情况不会发生；当它发生时，比院系高一层级的机构应该提出质疑——对候选人工作的评估是否具有足够的效力。

关于终身教职评审意见的讨论引出了另外的关注点，这一点在之前的很多讨论（尤其是报纸上的讨论）中未曾提及，因此需要详细说明。终身教职评审通常决定着能否永久聘用某个教师，这固然是这个过程的一个重要方面；同时，其中的评审过程和方法是大学试图形成、塑造和改善自身的最重要手段。商业界的一些手段（也许是残酷的手段）在学术界是不存在的，特别是考虑到终身教授所拥有的工作保障。但是，如果完全的工作保障最终会导致学术界竞争的减弱和学术活动的减少，那么整个系统就会受到损害。

终身教职评审的标准是什么？

约翰·戈德史密斯：这是一个大问题，大学将根据什么标准来决定一个教授是否会被授予永久的教职？传统的答案是，要根据研究、教学和行政工作这三个方面来判断。

顾名思义，在研究型大学里，研究是迄今为止最重要的标准。正如我们所看到的，"研究"通常并不意味着只做研究——它还意味着发表和出版，因为没有其他方法可以建立一个合法且稳定的系统来评估一个人研究的数量和质量。强调发表和出版作为衡量研究的标准，实际上也是承认了这样一个事实：知识不是个人的私有财产；一个人"拥有"的知识是更大的社会知识结构的一部分，一个人知识的增加不能仅仅体现在其获得了更多研究基金上。

　　什么样的个人条件才算是有竞争力呢？就像问一根绳子有多长一样，这完全取决于大学的标准和候选人所从事的专业。在许多专业里，有一个简单的经验法则：必须出版一本书籍，而且通常会加上一个条件，即该书不能是其博士论文的简单修订版。在其他专业（例如哲学、数学或语言学）里，出书是很不寻常的，在权威期刊上发表文章是证明个人研究能力的惯常方式。

　　约翰·科姆洛斯：终身教职评审对个人的要求差异很大。[2]例如，在北卡罗来纳州立大学（North Carolina State University）的经济学系，人们要求候选人在该学科的主要期刊中至少发表一篇文章，而这些期刊实际上是明确指定的。在专业二级学科的期刊上发表是不够的。换句话说，如果你是一个经济史学家，在《经济史杂志》（*Journal of Economic History*）上发表文章是不够的，你需要在《经济学季刊》（*Quarterly Journal of Economic*）这个级别的期刊上发表文章。了解这些标准（它们应该是纯学术性的）将对你有帮助，即使偶尔也会有例外情况。私人关系和其他外部因素偶尔会起作用；在受到不公平待遇的情况下，候选人可以走申诉程序，但这些程序一般来说也并不可靠。最好的做法就是在评审时拿出个人的优秀成果和条件。[3]

　　为了取得成功，你应该在一个相对紧凑的时间段里制定自己发表和出版的计划，并保持稳定的产出，因为终身教职评审之前的这段时间过得非常快（见附录三表 8）。在第 6 年结束时，你应该至少发表 4 ~ 5 篇文章，以及一本著作（对某些学科来说），而且你应该有几篇正在撰写的文章。这些要求不低，只有你从一开始就关注终身教职评审的要求并坚持不懈才有可能完成。

彭妮·戈尔德：我不得不说，看到这个时间表后，我非常庆幸自己来到了一个更重视教学的大学。不利的一面是，优秀的教学比优秀的研究成果更难评估，你的课堂表现和教学方法将在终身教职评审中受到严格审查。许多教学型大学同样也要审查研究成果，你的出版物很可能会被送去接受外部审查，就像上面所描述的那样——尽管外部评审人的数量可能比在研究型大学中少。另一方面，对教学的评估属于内部评估而不是外部审查。正如我们在前一章中所讨论的，你需要了解并顺应你的学校所使用的程序和方法。虽然你可能会在终身教职评审前的最后几年里发表足够多的论文以满足所在学校的研究标准，但教学工作的评估是一个漫长而持续的过程，近一两年的积极评价可能不足以抵消头几年较差的教学记录。你可能需要在自己的材料中加入教学总结，在这个总结里说明自己通过哪些改变来提高教学质量。向评审人证明这些变化是精心准备和努力改进后的结果，而不是碰巧取得的，将会对你有较大帮助。

你应该认真撰写关于教学、研究和行政工作的陈述。像往常一样，找一两个你信任的、曾经读过别人的类似陈述的人给你一些反馈。这是你根据自己的条件而不是通过别人的看法来展示自己的大好机会。不要战战兢兢，但也不要回避问题。为什么说不要回避问题？你可能想知道为什么你应该自己揭自己的短，原因是评审委员会终归会看到这些问题，而你对这些问题进行简要且坦率的解释，并且说明你一直在做什么来解决这些问题（这是最重要的一点）对你是有利的。一个了解自己的问题所在并正在解决这些问题的人，要比忽视或不愿意承认这些问题的人更有可能获得终身教职。

你的个人陈述也应着眼于未来。你有哪些新的研究正在进行或即将开始？你在新的课程或新的教学策略方面进展如何？终身教职评审不仅基于你过去的成就，也是基于对你未来表现的展望。这是必然的，因为只用五六年的表现来评估你在终身教职评审结束后的 30 年内将会做什么，始终存在着风险——学校无法确定你所完成的发展进度是否会持续下去。这就不难理解学校会为了自身的最大利益而把风险降到最低。因此，最好的终身教职评审材料不仅要能证明你达到了预期的标准，而且还能让学校有理由相信你的成就不是到此为止，而是会一直持续下去。

终身教职制度不是很有争议吗？我知道它在一些地方受到了抨击

约翰·科姆洛斯：最近出现了很多关于终身教职制度的讨论。原因很明显：许多大学的管理人员发现，该制度不是一种非常具有成本效益的运行方式。他们正在增加兼职教师的数量，主张或采用对终身教授再次评估的程序，或试图完全取消终身制。终身制未来会走向何方难以预测，但可能会有一些变革，因为终身制似乎已经失去了它的作用。终身制存在的理由是保证学术思想自由，使政治或社会上有争议的思想能够在学术界找到一个庇护所。但如果是这样，为什么不从学术生涯的一开始就保证这种思想自由？通常的答案是，一个人首先要证明自己配得上这种地位。但无论如何，言论自由是受到宪法保障的，所以从法律角度看，终身制似乎是多余的。多年来，这一特殊功能的意义已经减弱，或者说几乎消失了，而终身教职基本上已经成为我们在学术界享有的众多福利之一。当然，正如约翰·戈德史密斯在上文指出的那样，这是有代价的。在成为学者后的相对较短时间内进行的终身教职评审，也对那些未获终身教职的教师的长远研究计划产生了潜在的不利影响。他们会选择从稳妥的研究项目入手，这些项目有可能在本专业公认的范式内快速产出成果。

令人惊讶的是，学者们在工作上的表现在终身教职评审结束后确实保持得很好。据我所知，绝对没有人在获得终身教职后表现得完全不问学术，大肆利用这一特权。大多数学者在获得终身教职后并没有改变他们的行为，因为他们的学术习惯已经内化了，使他们几乎处于"自动驾驶状态"。此外，同行的压力往往足以使他们至少按照最低标准进行学术活动。"学者们关心同行们对他们的看法，维护自尊的愿望是开展学术研究的强大动力。"[4]

尽管如此，终身教职确实给了一些教授懈怠的机会。在学术界流行的说法中，他们被称为"枯朽之木"或"提前退休"，这意味着尽管他们继续全职教学，但已经停止了研究和发表文章。

这种现象引起了目前对这种特权的质疑。事实上，我看不出有什么令人信服的理由来维持终身制，因为其他行业的人并不享有这样的保障。

约翰·戈德史密斯：取消终身制对学术界的影响还不明确。有可能发生的是，在一流的大学里，有资历的教师（他们有很多年的工作经验）根本不会被解雇，政策会使他们留任在当前的职位上。为什么会这样呢？答案很简单。看看企业赞助的智囊团和研究集团就明白了，人们通常从学术界转岗到那里，并为此放弃了一个终身职位。这些团体的管理部门很少解雇其成员，如果他们这样做，产生的寒蝉效应将使他们今后难以聘用到合适的人选，从而提高聘用成本。虽然许多人仍然会放弃学术工作去那些机构任职，但有相当数量欲脱离学术界的教授打消了这个念头，谢天谢地你们没走。

如果我们能找出一种方法来增加学术界内部的流动性，那将是非常有益的。除了最优秀的终身教授外，其他教授很难再跳槽到别的大学去工作；大学通常更想雇用年轻教师——部分是出于经济原因。在我的印象中，大多数空缺的高级职位都是系主任一类，而且这通常是一个有问题的系。如果废除终身制能让所有年龄段的教师自由流动，并通过流动来创造和填补职位空缺，一切可能都会更好。然而，如果大学将雇佣和解雇没有终身教职教师的政策与尽量雇用薪水较低的年轻教师的政策结合起来（即使后者是不得已而为之），就会出现我们在其他类型劳动力中看到的那种痛苦，首当其冲的就是资深教授。对不起了，老教授们。[5]

没有获得终身教职的后果是什么？

约翰·科姆洛斯：没有获得终身教职的情况就会比较悲惨，因为当事人不得不离开这所大学。实际上，这意味着他被解雇了，而且不一定是因为其表现不合格。学校的财务预算和系里的人事变动都可能造成这样的结果。这个制度意味着即使该教师本人愿意接受年度合同或降薪聘用，他也不能继续留在学校工作了。整个过程要严格按照既定程序行事，完全不能变通。极其荒谬的是，研究成果中出现的一些小差错可能会对你的生活产生如此巨大的影响。我个人认为我们可以让这个系统更灵活一些；但由于我们目前还做不到这一点，你必须以安全第一为目标，努力完成比获得终身教职的实际规定更多的任务。

彭妮·戈尔德：没有获得终身教职是一件很痛苦的事。这时你至少也是三十岁了，而别人说你还不够格。如果该学校的标准是明确的，评估的过程是公平的，在与你的沟通上是良好的，那么这个糟糕的结果对你来说不应该是一个意外（尽管你会感到很失望）。你可能已经在其他地方求职，甚至在探索其他职业道路。有时，终身教职被拒会产生积极的结果，促使一个人寻找更符合其个性、才能和理想的工作环境。这仍然是痛苦的；但在这些情况下，你可以带着最小的痛苦离开。

不幸的是，在有些情况下，候选人完全有理由对结果感到愤怒和失望。有时，该学校事实上在传达其标准方面做得很不透明，导致结果令人受伤。有时这些结果是不公平的，但做决定的毕竟也是普通人，他们个人的偏见和喜好可能没有得到充分抑制。有些人更位高权重（如系里的意见领袖、院长、校长等），因而有可能发生的情况是，按学校的标准可以获得终身教职的人却落选了。只要关注一些对学校提起申诉并获得成功的事例，你就会相信这是一个事实。如果你认为自己的评审结果是不公平的，你应该怎么做？你应该寻求所有向你开放的内部或外部渠道对这个决定提出异议。每个学校都应该有一个申诉程序来处理这类问题，你可以就评估的程序或评估决定本身提出质疑。你也可以选择通过司法系统，或者如果你怀疑受到了歧视，可以通过平等就业机会委员会（EEOC）来处理你的情况。如果你正在考虑这样的途径，你应该尽早向经历过类似案例的人和为申诉者提供支持的团体寻求帮助。美国大学教授协会（AAUP）是一个全国性的组织，[6] 它可以帮助你在自己的学科中找到可以提供帮助的团体（如主要专业团体中的女性核心小组等）。[7]

约翰·科姆洛斯： 当然，如果没有通过终身教职评审，生活也要继续。无论是在学术界内还是在学术界外，你通常有一年的时间来寻找其他工作。在许多情况下，你将能够在学术界继续发展，甚至可能在其他学校获得终身教职。然而，同等级别的学校之间的横向调动是极其罕见的。在顶尖的几所研究型大学里，人们往往从一开始就清楚地知道，即使你在名义上是被聘入了终身制的体制，但你真正获得终身教职的机会是非常小的。在这些大学里，正如一位资深学者对我说的那样，你需要"打出本垒打"才能获得终身教职；也就是说，你需要通过突破性的工作对学术做出独特的贡献。除非你是莫扎特一样的天才，否则你不可能在研究生毕业后的几年内就实现这一目标。这个标准本身并没有错，关键是你从一开始就要了解首聘合同中的隐含条款。作为对你在职业方面所面临的不确定性的补偿，你将与该领域的顶级学者一起工作。在这种情况下，你应该把你的职位看成是接受进一步的在职培训，这个过程会使你成为更好的学者。只要你以这种态度接受工作，不要总是告诉自己这里的规则对你不利，那么这种经历将是非常有益的。此后，你通常会在一个学术地位稍低的大学获得一份好工作，所以你之前在顶尖大学中工作的几年将是一项有回报的投资。为了你的利益，请在你终身教职评审之前提前向其他大学发出求职信号，因为它们往往需要在你能真正到来之前做出详尽的计划。

即使没有在这样的一流大学中获得终身教职也不会留下任何污点；出于众所周知的原因，即使很优秀的学者在这些学校里也很难获得终身教职。它们主要对已经获得国际声誉、研究成就已得到充分证明的资深学者感兴趣。这些人在院系里扮演着极其重要的角色，因为他们是吸引国内顶尖研究生的人，对于生源的竞争是非常激烈的。如果没有这些顶尖的学生，院系的声誉将无法长期保持下去。

学术界之外有什么机会吗?

约翰·科姆洛斯: 如果你没有收到其他非常诱人的工作邀请,应该认真考虑在学术界以外的地方找一份工作。你所学会的许多技能在学术界之外也是非常有价值的:分析性思维、写作技巧、组织能力、口头沟通能力以及在官僚组织中与同事相处的经验,都能让你在政府部门、非营利组织和研究机构中大有作为。只要坚持不懈,你一定能找到适合自己的位置。获得博士学位这一事实证明你确实有这些才能,尽管终身教职评审没有按照你的意愿进行。去职业学校任教是另一个可行的选择;你可以高兴地看到,你在那里获得的终身收入将大大高于在学术界的收入。我知道有些人在终身教职被拒绝后,40 岁时去了法律学校教书,之后成了公司的律师,并且在事业上非常成功。因此,即使没有获得终身教职,生活依旧精彩。

约翰·戈德史密斯: 当然,学术界外有哪些机会的问题比没有获得终身教职后该怎么办的问题要宽泛得多,因而更难回答。在学术界以外工作的人长期以来一直面临着被解雇、缩编或裁员时该怎么办的问题,书店里有很多告诉我们在面临这种挑战时该怎么办的好书。

第九章

大学中的竞争和校外工作机会

约翰·戈德史密斯：让我们来谈谈大学里导致竞争激烈和教师跳槽的原因。

正如我们已经谈到的，学术界之所以是这样，是因为其内部存在着各种独立的力量：它是进行学术研究和教学活动的场所；是个人之间相互合作和交锋的舞台；也是一种旨在创造知识、培养学生甚至获取利益的行业。优秀的管理者必须尽可能地确保他所在的院系发挥上述作用。不管你愿不愿意，使一个大型单位保持最佳运行状态的最好办法就是采取竞争机制。

"竞争"这个词在市场经济中无处不在。在全球范围内，美国的学者对于不断地从一个学校跳槽到另一个学校表现出了极大的包容性，甚至认为这是理所当然的。法裔加拿大人基本上不会离开魁北克省；一个土生土长的法国人可能会在巴黎以外的省工作，但无论发生什么，他的学术生活和发展方向仍然是以巴黎为中心的。另一方面，美国人则不这样，他们会从布兰迪斯大学（Brandeis University）搬到加州大学洛杉矶分校，然后再回到东部的约翰斯·霍普金斯大学（Johns Hopkins University），这种大范围的迁移对于欧洲人来说是不可想象的，对于世界上其他地方的人而言也是如此。

导致出现这种情况的主要原因除了美国国家文化的相对同质性之外，就是我们的大学系统没有实行集中制管理。目前在联邦一级还没有大学系统；[1] 最大的几所州立大学在管理上的集中化程度仅限于几个重要的校区服从一个行政中心的管理，例如在加州和纽约州的一些州立大学。但即使在加州的大学系统中，各校区也保持着高度的自主性——彼此的竞争依然激烈。

大学在竞争的环境下运行并不意味着大学是唯利是图和无视道德的。可以肯定的是，竞争不是大学发展的唯一动力，否则大学的发展可能是不稳定的，结局甚至可能是悲惨的。但是，任何试图管理一个大型机构的人都必须为自己设定一套目标。就大学而言，这些目标除了像筹集 5000 万美元基金和修建新的校舍场馆这类常规目标之外，还包括学术目标。如何在院系以上的行政层面制定学术目标？如何将数学系证明的定理与语言学系出版的新的语法书或英语系出版的诗集进行比较？必须找到一种方法，因为有一件事是肯定的：如果我们让一个院系放任自流，一味满足院系的要求而提供大量资源，它们就会陷入一种自我膨胀的停滞状态，在学术上无所作为，并认为自己院系的每一件作品和每一个学生看起来似乎都是质量极佳、完美无缺的。

因此，必须制定一套标准来衡量一个院系的发展情况如何。标准的内容是次要的，只要它们是事先确定好的，而不是根据工作成果而设定的。我们不应该只有一个单一的标准，任何单一的标准都只能体现院系给整个大学带来的某部分价值，无论是注册的学生总数、每年出版的书籍数量，还是由联邦赞助的拨款金额。一所健康发展的大学会认识到，一系列这样的标准将能区分那些在学术上充满活力和健康发展的院系，以及那些奄奄一息或死气沉沉的院系。这些标准可能包括以下内容：

1. 教学方面
- 本科生招生人数（有标准化的生师比）
- 院系内教职工所获奖项
- 研究生招生人数（每年招生人数和总人数）
- 本科生专业数量（同样规定了生师比）
- 每年授予的硕士和博士学位数量
- 应届毕业生所找到的工作类型

2. 研究方面
- 每年发表的文章和出版的书籍数量，并考虑所涉及的出版商或期刊的级别
- 教职工参加会议、研讨会等的人次
- 获得科研基金和教师奖学金的数量和规模（例如古根海姆奖学金）

对学术界来说，最令人不安的是这些标准的不平衡和扭曲，

最常见的扭曲是在学生数量方面：在一所大学或一个系里，每个全职教师应该教多少学生？这个数字当然很重要，如果它低得惊人，无疑是有原因的，你应该弄清楚。原因可能是教学质量差，但也可能是学科相对晦涩难懂（如语言学），而这些学科可能不会吸引很多学生。不过，晦涩难懂的学科也可以逆势而上，通过努力而变得对学生有吸引力，目前一些大学的语言学系成功获得了大量招生名额，例如俄亥俄州立大学（Ohio State University）和加州大学圣克鲁斯分校（University of California, Santa Cruz）。师生比例过低可能是由于院系将重心放在研究而不是教学上，或者教师数量太少，以及一系列其他的原因。同样令人苦恼的是教师们要争取研究基金，部分原因是不同的专业通过资助机构获得的支持力度差异很大。

不过一个健康发展、活跃向上的院系总是能符合上述大部分标准。目前还没有哪所发展良好的大学遵循的是与上述标准不同的另一套标准。

所以逻辑是这样的：我们的大学系统之所以能保持健康，部分原因是各个大学和院系都在竞争，而竞争可以以比较和量化的方式进行。

学术界内部竞争的主要方式体现在人才招聘方面，这与商业竞争的情况不同。打个比方，商业竞争的底线是利润数字，利润可以通过削减内部成本、寻找更便宜的供应商、打更多的广告以提高需求等方式来增加。在企业中，人们也可以招聘，但可以通过许多不同的方式来招聘不同层次的人才。但在学术界，招聘的主要对象就是教授。[2]

从外界的角度看，学术界的这一面是与众不同的。做个对比，让我们想象一下非学术界的招聘是如何进行的。假设在互联网时代，一家成长中的公司突然意识到它需要有人负责公司的网页，公司有可能就从内部人员中调任一人。公司会在其内部发布消息说，其正在寻找人员来填补这个职位。更有可能的是，公司会招聘一个有资格胜任这项工作的新员工。

公司不会考虑招聘的员工会给公司声誉带来什么样的影响：工资水平和职位描述会提前确定，那些自认为能够履行规定职责的人们会来应聘职位。有几年的在职经验很重要，因为这最能说明一个人能够胜任这项工作。

在学术界，各级教授所做的事情大致相同（我在此暂且不提某个系招聘系主任的情况）：他们教授课程、指导学生，并出版书籍和论文。初级教授和高级教授所担任的职位的工作描述没有什么特别的不同。但是，高级教授所付出的努力（以及由此产生的结果）与初级教授所付出的努力是完全不同的。高级教授被期望是一个具有明显高标准的专业成就和认可度的人，而且人们期望这些品质在过去和将来都能产出实实在在的成果。

招聘大学教师的动力在于人们认识到个人在院系和大学里起到的重要作用。个人的重要性在于，一小部分（比如一两个）精力充沛、热情高涨的人可以给集体带来激情和能量，从而在更大范围内产生巨大的影响。

这对教授个人来说意味着什么？

约翰·戈德史密斯：从某个角度来看，这意味着一旦你找到了一份工作，未必意味着一切就结束了。你可以在正确的时间和地点考虑换一份工作，这也是合情合理的。

这种前景可能令人不快，其原因有很多。首先，寻找工作、确定应聘的职位、发送申请和准备推荐信是一项需要耗费大量时间精力的工作。一个已经有工作的人很难再努力争取另一份工作，因此获得新工作职位的可能性很小。当然，待业的求职者也会有同样的烦恼；但出于更大的经济压力，他们急需找到一份工作。而那些已经有工作的、幸运的教授们则没有这种动力了。

如果一个人不愿意改变工作，背后可能潜藏着其他更隐晦的原因。比如，琼斯足够幸运，找到了他真正喜欢的工作，那么对他来说，申请其他地方的工作似乎是不忠诚的表现。因此，如果他的系主任或院长发现他在亚利桑那理工学院（Arizona Tech）申请工作，那他可能要付出沉重的代价。总而言之，琼斯可能会因自己的不忠诚而感到内疚。

一些人不想换工作的另一个原因是，他们不想在得到一个心仪的工作机会时做出抉择。毕竟，如果史密斯现在工作得很开心（或者至少还算开心），那么在现在的学校和另一个学校之间做出选择可能是相当困难的事情。

但事实是（正如我们所指出的），大多数成功的学者在他们的学术生涯中至少会有一次重大的工作变动，许多人还会有好几次。这在研究型大学中尤为普遍。而且（也许更重要的是）行政人员的部分工作就是与那些正在考虑跳槽的教授打交道。他们自己也很可能曾经考虑过另一所大学的工作邀约，或者其本人就是从别的地方跳槽过来的。简单来说，人们很容易把行政人员看成一个代理家长，如果一个教职工考虑工作变动，这些行政人员就被视为不称职的监护人而遭到嘲笑。当然这是个完全错误的比喻！

我们通常会认为，如果我们把工作做得很好、很仔细，我们就会被那些决定我们福利待遇的人重视和欣赏。在我看来，这在很大程度上是一种幼稚的想法——实际上是向童年阶段的倒退；在那个阶段，我们理所当然地认为父母会看到我们所做的事情，并对我们表示赞赏，不仅给我们需要的东西，而且给我们想要的东西。人们误以为学术界的实际运行机制也是这样的；尽管事实并非如此，但令人惊讶的是，许多学者（无论是年轻学者还是年长学者）仍在坚持这种观点以获得一丝慰藉。如果这种观点是正确的，我们就没有必要写这本书，你也肯定不会读到这里。既然你已经读到了这里，那是因为你认识到这不是正确的情况。

我的这番话不应该被理解为忽视或贬低对自己工作的大学的忠诚感。一个人如果找到了一份好的工作，几乎肯定会产生一种由衷的认同感，我们称之为忠诚。如果一个教授在某一天收到了另一所大学的工作邀约，这种归属感当然应该是决定是否接受邀约的一个主要考虑因素。但如果一个人认为忠诚就意味着拒绝去其他地方任职，那就错了。

彭妮·戈尔德：作为一个研究中世纪问题的学者，我不太喜欢用"忠诚"一词来描述现代社会里个人及其所工作的大学之间的关系。这个词会让人产生如果一方没有遵循另一方的意愿就意味着"背叛"的感觉。虽然约翰·戈德史密斯认为，一个教职工可能会因为感到"不忠诚的罪恶感"而不去应聘其他工作，但我怀疑更普遍的担心是如果你所在大学的其他人发现你有这样的行为，他们会认为你是不忠诚的。事实上，我知道自己的一些资深同事有这种感觉，我认为这是令人遗憾的。我认为教师与大学的关系是一种承诺关系，而不是忠诚。"双重忠诚"这个说法也是有问题的，因为"忠诚"的对象只有一个，但大学教师好像要对两个对象忠诚——对大学的忠诚和对自己理想的忠诚（即找到最适合自己才能和抱负的工作环境）。一个人即使正在其他地方寻找工作，也可以继续为当前所在的大学服务。

如果你确实应聘了其他工作，应该谨慎考虑你要将这件事告诉谁。你的一些资深同事可能不仅会感到被抛弃，而且还会因为将来可能要替你承担一些教学和研究工作而不悦。在某个时刻，你需要让人们知道这件事——如果你需要推荐信或需要对工作邀约进行谈判，最好还是等到确实有必要时再告诉他们。

招聘初级教师和招聘高级教师有区别吗？其过程是如何运作的？

约翰·戈德史密斯：如果一所大学准备招聘教师，通常已经提前决定要招的是一个初级教师（非终身教职）还是一个具有终身教职的高级教师。这两种程序是非常不同的，从不同的名称上就能看出来。若要招聘初级教师，大学通常都能招到需要的人；若要招聘高级教师，常常是无果而终（原因我们稍后会再讨论）。招聘初级教师更像是一次盲目而有风险的决定，如果选择的候选人在6年后（更糟糕的情况是3年后）不符合院系要求，他就可以被解雇。院系的终身教授可能会在学校待一辈子，并可能对院系产生重要的影响。因此，如果做出这样的决定，需要进行大量的考察和慎重的考虑。

初级教师在已经有望获得终身教职的情况下，不太可能会考虑应聘另一份工作，这是有原因的：除非别的学校聘任他为终身教授（显然不太可能），否则他在跳槽之后又要等候终身教职评审，这又是个漫长的过程。同样，如果他在华盛顿大学（University of Washington）工作了4年，而密歇根大学正在考虑聘用他，密歇根大学很可能会在两年后对他进行终身教职评审，这未免有点太快——两年的时间难以清楚了解这个人在新院系的表现。如果一个助理教授在换学校后表现平平，密歇根大学是应该认为他还没有适应新环境和新的教学工作，还是认为这个年轻人在职业生涯的关键时刻活力不足？这是一个很难做出的判断。基于这个原因，许多大学都会犹豫是否在这个时候聘用初级教师，除非他表现足够优秀，几乎可以保证得到终身教职。

聘用高级教师则完全不同。被聘为终身教授的人都是享有盛誉的，有足够多的研究成果，也许还有一定的行政管理经验。准备聘用阿普尔教授的大学肯定相信他是个不可错过的人才，这不是用同样的价格来聘用两个助理教授能比得上的。阿普尔教授的到来将给学校带来重要的改变，或许是因为他已经获得了作为突破性研究者的声誉，或许他将在其院系和另一个院系之间建立重要的联系，或许有其他一系列的原因。他将被邀请在校园里做一两次讲座，并与系主任、院长和一些教师见面。如果他正式表示有兴趣加入新的大学，学校行政部门将进行谨慎的调查，以判断其工作质量和未来潜力，还会问他为什么会考虑离开现在的学校。通常情况下，聘用终身教授要通过学校行政部门（这里指的是招聘院系以外的部门）的考察，因为该院系内没有合格的候选人可以胜任这一职位。在这种情况下，也有必要弄清楚阿普尔教授是否也能胜任行政方面的工作。

在寻找一个高级教师人选时，往往会先在院系内部讨论谁是该专业领域内的理想候选人。人们普遍认为，大多数高级人才是不愿轻易跳槽的，单单提供一份工作机会不足以吸引他们到来。你可能会认为，处理这个问题的方法是简单发布一个招聘广告，看看谁会申请，并且只有想换工作单位的教师才会来应聘。但这种想法在两个方面都是错误的。首先，申请高级职位的人往往在应聘之后才能清楚地知道自己是否愿意离开原工作岗位；此外，有针对性的主动招聘往往是获得理想人才的最佳方式。有时候，教师们可能根本就没有想过要换学校，也没有想过要调到正在寻找高级人才的院系。

随着一个人在其学术生涯的道路上不断前行，这些思考将变得更加清晰。但这些建议对初级教师也会有帮助，以便让他们了解其所在的职业系统是如何运行的。

如果收到了其他学校的邀请，但我更愿意留在目前的岗位上，该怎么办？

彭妮·戈尔德：正如我们前面提到的，获得另一所大学的工作邀约是你目前获得加薪的主要途径。也就是说，如果你收到了一份外校的工作邀约，你可以去找你的系主任或院长，询问院系愿意开什么条件来留住你。加薪通常是谈判的重点，但其他问题也可以摆在桌面上，如研究基金、晋升、为配偶安排工作等。如果你所在的大学提出了有吸引力的待遇来挽留你，你可以予以接受，或者看看另一所大学提供的待遇如何。有些人争取获得其他大学（甚至是那些他们知道自己永远不会去的大学）的工作邀约，只是为了在他们目前工作的大学里获得更多的薪水。我认为这是不诚实的，也是不厚道的。另一个极端是，有些人甚至不和现在工作的大学谈判，因为他们真的很想离开。但人们在这两种情况之间有很多选择，对此我有两个建议：1. 在得到确定的工作录用通知之前，不要与自己的院校谈条件；仅仅被另一个学校考虑为候选人，并不足以让你和现在的大学提要求；2. 要诚实和厚道，如果你绝对不会跳槽到某个大学，就不要浪费该大学为了争取录用你而花费的时间和金钱。如果你事先知道自己现在工作的大学无论提供任何条件都不能留住你，就不要再讨价还价而拖延时间了。你应该利用别的工作机会来改善你的处境，但要做到问心无愧，并避免在这个过程中树敌——你不希望让其他人感到被你"利用"了。

　　约翰·戈德史密斯： 我同意你的观点，彭妮。但在我看来，当候选人将寻找工作目标、递交申请材料、收到录用通知和聘用谈判都完成时，通常在最后一刻才能想清楚他是否愿意留在现在的工作职位上。我为什么这么说呢？在两种情况下，候选人可能在一切结束之前就知道他想做什么——他知道自己想留下，以及他知道自己想离开。如果他知道自己想留下，不管新工作和新东家能提供什么条件，他都会选择留下来，又何必去应聘那份工作呢（正如你所说）？另一方面，如果无论他现在工作的大学能提供什么更好的待遇挽留他，他都知道自己想接受新的工作，又何必再和学校讨价还价？[3] 但除此以外（绝大多数情况都属于除此以外的情况），我们都有必要弄清楚两种不同选择所指向的不同未来，这就需要我们和双方进行密切的沟通，以收集更多的信息。这就好比是"卡萨布兰卡定律"——对于我们这些感受不到《卡萨布兰卡》（Casablanca）中紧张气氛的人而言，不知道伊尔莎是会回到里克身边还是和她的丈夫拉斯洛一起离开。这种紧张感在很大程度上来自于这样一个事实，即在整个电影拍摄过程中，一直都没有决定最后一幕将以何种方式进行。最后，里克将伊尔莎与拉斯洛送上飞机，而他一个人独自留在后面。尽管所有剧情都已经结束，女主人公还是没有做出选择，这就是电影想表达的情感。

对于任何一个发现自己处于这种两难境地的人来说，这都是一个艰难的决定，不过之所以艰难是因为你和两所学校之间的谈判都进展得顺利。正如经济学家所说，市场在发掘候选人的当前价值方面做得很好，而应聘者通过发现两种不同的未来具有同样的吸引力而衡量出了自我价值。面临一个艰难的决定意味着根据对目前情况的了解（例如，我们对两种未来会发生什么知之甚少），任意一种选择显然都不比另一种好。所以不要担心！你只有一次人生，两个选择都不是错误的选择，那就从中选一个吧。

业内声音

·

咨询服务和知识产权

皮埃尔·拉斯洛

皮埃尔·拉斯洛（Pierre Laszlo）是法国巴黎综合理工学院（École Polytechnique）的化学教授。他曾在普林斯顿大学、芝加哥大学、科罗拉多大学（University of Colorado）、康奈尔大学和约翰斯·霍普金斯大学任教。他的主要研究方向是无机固体（如黏土矿物）对有机反应的催化作用。他已出版了 200 多本初级图书和 15 部（篇）专著、教科书和科普论文。

一旦你在自己的专业领域获得了一定的建树，私营企业可能会邀请你为他们做一些兼职咨询或其他工作。你可能会因此获得丰厚的经济回报，尽管他们起初可能会尝试从你那里免费获取本应付费的信息。

在接受这样的工作之前，你需要知道这对你的实际要求有多高，以及你的能力到底如何。你肯定不想为了一个临时性的兼职任务而影响你的全职工作。你还需要知道你所工作的大学对校外兼职工作制定了哪些规则。例如，在芝加哥大学，教授们最多可以将20%的时间（即每周一天）用于校外兼职工作，如接受咨询或经营公司。

你应该知道自己是不能主动去找校外咨询工作的。咨询公司可以通过电话或亲自到你的办公室与你联系，但通常只有在他们已经决定聘用你的情况下才会这么做。在某些情况下，咨询公司会向系主任或大学的公共关系办公室进行一般性询问，如果后者知道你的专长符合咨询公司的要求，他们可能会将你推荐给咨询公司。

有的公司会要求你为自己一无所知的领域提供咨询，这并不意味着你是不够格的，因为你作为一个训练有素的学者，有能力通过努力钻研完成所需的贡献。然而，最好还是事先坦率地承认，以免他们误以为你就是这个行业的专家。

至于薪酬，一个好的经验法则是把他们开出的价格翻一倍。当然，你也可以获得出差和当地开支的报销。

当你接受校外兼职工作时，你就需要对两个服务对象（即你所工作的大学和这家公司）都保持忠诚。通常情况下，公司会要求你签署一份保密协议；而且无论如何，你都不应该同时接受在同一业务领域有竞争关系的两家公司的兼职职位。

按照惯例，学术界人士通常对其撰写的文章和书籍拥有完全的所有权，即使这些成果是他们为了满足终身教职评审或院系的工作要求而产出的。但是，当涉及大学实验室里的发明专利时，这个问题就比较复杂了。你应该咨询大学行政部门的负责官员，以了解相关的规则。有时候，专利的所有权属于学术实验室而不是发明者本人，以确保大学有一项重要的收入来源。德国鲁尔河谷的马克斯·普朗克研究所（Max Planck Institute），多年来几乎都是靠一项用超临界二氧化碳萃取技术从咖啡中提取咖啡因的专利来维持生计的。在法国，国家科学研究中心（CNRS）的一个化学研究所一直在从抗癌药物 Taxotere 的生产中获得专利费。

1980 年的《贝赫-多尔法案》（Bayh-Dole Act）将美国联邦资金资助的各项发明的所有权归还给了大学。这项规定尽管有不少好处，但也不乏争议。支持者认为，这项法案是促进近年来经济发展和就业机会增长的一个主要因素。

第十章

家庭、性别和学术生活中的私人问题

选择学术生涯对你的家庭生活有什么影响？

约翰·戈德史密斯：这是一个非常复杂的问题。我的情况有点不寻常，至少从我的切身经历去看，大多数情况都很复杂。我已经结婚18年了，有3个孩子，其中一个来自前一次婚姻。我和妻子结婚时都是初级学者（助理教授），我们也都是从事语言学专业的。结婚后不久，我们就举家搬迁，之后我在一所更好的大学里找到了一份工作，而我的妻子却没有找到合适的工作。几年后，她在一个相关但不同的领域（计算机科学领域）获得了一份学术工作。又过了几年，她发现自己并不喜欢这份工作，于是就辞职了。后来，她得到了一个非常诱人的工作邀请，在私营企业担任研究员，不过我们需要搬到西北太平洋地区。在过去的几年里，我们一直在西北太平洋地区和中西部地区之间来回奔波，多数时候是我乘飞机往返，并积累了大量的飞机里程，而且为了维持两个城市的两个家，我们共同花费了不少的钱。

　　我们都非常热爱自己的工作，但是到目前为止，我们似乎都无法在对方工作的地点附近找到合适的工作。这很不容易，但在大多数情况下，我们（孩子和大人）都过得很好。就这种流动的生活方式而言，我认为我们都不会后悔自己所做的决定。相反，我们很感激能够得到足够丰厚的薪水，从而能过上这样的生活。

　　我们的工作单位（我的单位是一所大学，我妻子的单位是一家软件公司）都为我们做出了很多灵活的安排。然而，这些安排往往意味着我或者我的妻子要连续几天（有时甚至是连续几周）承担"单亲家长"的角色。我们都不喜欢这样，而且由于我和妻子都没法分身两地，所以在我们独立带孩子的那几天，都会在工作的需要和孩子的召唤之间感到非常纠结。这不是我们想要的，而且坦率地说，也不是我们应该成为的样子。我们没怎么请保姆或使用家庭育儿服务。我认识的很多学者以及在报纸上看到的很多双职工夫妇都会雇用全职保姆。保姆们在清晨就上岗了，一直工作到晚饭时间。出于各种原因，这种方法对我们没有吸引力（虽然这在大多数时候是一种可行的选择）。因此，我们多年来一直在努力支撑，而事情往往会随着时间的推移而变得简单。

　　这样做值得吗？我几乎不知道该如何回答这个问题。选择学术界工作最糟糕的一点是，要在一个特定区域找到一份本学科的工作是非常困难的——实际上是不可能的。无论这份工作在哪里，你都必须愿意接受它，这是无法改变的事实。对一个才华横溢的年轻人来说，无法选择工作地点无疑是一个不利因素。如果一个人从事医生、律师或计算机程序员等其他职业，就可以自由地选择工作地点。我在前面提到，一些有远见的大学已经做出了特别规定，聘用双方都是学者的夫妻，从而解决了所谓的"双体问题"（Two-body Problem）。这是一个开始，但这也只是杯水车薪。坦率地说，目前我还没有看到解决方案。就我自己而言，我怀疑如果我没有选择学术生涯，应该会感到后悔，因为我会错过学术界赋予我的自由探索知识的机会。但我也会思索，另选一种职业是否会使我之前面临的家庭问题变得简单一些。

约翰·科姆洛斯： 总的来说，发现和探索新事物所带来的快感，以及向学生和同行传达这些想法的自由，是你对学术界心动的原因。对我们大多数人来说，职业流动性总是与地域流动性紧密相关，而地域流动性通常会对家庭生活产生不小的影响。对于那些已婚的学者来说，这往往成为他们实现事业目标的主要障碍。我经历了相当多的迁移——从芝加哥到奥地利的维也纳，再回到北卡罗来纳州的教堂山，之后再到德国的匹兹堡和慕尼黑。这种频繁的迁移会给所有家庭成员带来压力——例如，让孩子们频繁更换学校对他们来说绝非易事。即使不用搬来搬去，我们也很难给抽出足够的时间来陪伴家人，因为我们的时间被大量的职业需求所占用。在这方面，学者与医生或律师是类似的。如果你是一名单身的学者，你可以每周在工作中投入 70 个小时，但一想到即使有了家庭你也要保持这种节奏，那么你一定会感到失望。孩子和配偶会要求一些高质量的陪伴时间，否则他们会感到被忽视——你剥夺了他们应有的权利。你最终也会不开心，而离婚或分居都是劳民伤财的事。因此，你需要想清楚这些问题，并相应地制定你的学业和家庭计划。幸运的是，我和妻子推迟了生孩子的计划，这样我就不再需要在换尿布或陪孩子放风筝时担心终身教职的问题了。不过我现在还是无法每天拿出一大块时间来照顾孩子，但我学会了如何去解决问题，并因此感到更加快乐。

彭妮·戈尔德：20 世纪 70 年代初，我在读研时和我的丈夫相识并结婚。我们都计划好了如何轮流找工作，但生活并不总是按计划进行的。我先进入了就业市场，我丈夫随后面临着两个职位的选择（一个是临时职位，一个是终身职位），同时他还要继续撰写论文。他最后在我工作的大学中担任了一份行政工作，这意味着我们能够在大部分时间内生活在同一个地方。这一点很好，但也意味着他放弃了自己的学术目标。由于行政人员全年都在工作，不能请长假（即使是不带薪的长假），所以当我因科研资助基金项目和休学术假而离开家时，我们不得不分开。有时候这样还是挺不错的，我们发现，如果我们每个月至少有两个周末能见到对方，并在大多数日子里和对方打电话联系，我们仍然感到亲密无间。事实上，分开会让我们更享受短暂的相聚，因为我们会在每个月的那几天里把工作放在一边，安心享受二人世界，这甚至比我们长期住一起还好一些。

但是，当有了孩子之后，情况就不一样了。我们在 15 年前收养了一个孩子。这些年来，我们往返两地的时间加起来相当于好几个月甚至快一年，家庭的压力要比只有我们两个人在一起时大得多。现在，我会不考虑申请某些科研资助金，因为它们会让我离家太远，花费的时间也会很长。我不确定如果在自己的职业生涯早期就有了孩子，我将如何处理这个问题。我当时打算在完成博士论文后立即怀孕，生活同样没有按计划进行。相反，在一年左右的时间里，我开始了长时间的不孕不育检查和治疗（这是我认识的许多学术界女性生活中的一个压力因素），我们还与一家收养机构签约。8年后，一个孩子来到了我们家，我开始养育孩子。那时的我有了终身教职的保障，专著也刚刚出版，丈夫的工作时间也很灵活（当时他正在读研究生课程，并在学院里做一些兼职）。我曾有好几年坚持做全职工作，并把工作和家庭事务处理得相当好。特别是在最初的几年里（幸好孩子的睡眠很有规律，而且睡得很久），我可以在家里带孩子的同时抽出很多时间工作。我觉得这是一件幸运的事，不用每天花八九个小时来照顾孩子。我可以调整自己的教学日程，这样就可以在上午送儿子去上学（下午接他放学就比较困难了，因为4点有委员会议和讲课）。对我来说，最困难的时候是在孩子读初中时。尽管我不用在放学后照顾他，但根据我的经验，亲子关系的挑战比早年大得多。孩子们在青春期的问题不是一个拥抱和一句安抚的话就能解决的。在过去的3年里，我将教学时间缩减到原来的2/3，以便儿子放学后在家陪他。

　　虽然我不是刻意在获得终身教职后才养育孩子，但许多女性学者会故意把生孩子的时间定在对其职业生涯影响最小的时候，或者定在生孩子不会影响同事对其专业表现的看法的时候。这往往意味着要将生育时间安排在初夏，或完全推迟到终身教职评审结束后。不用说，精确的时间安排并不总能实现，而且拖延太久对生育能力不断下降的女性而言很不利。对于女性来说，由于她们周围的许多同事都在想这个问题，这加剧了对如何成功处理工作和家庭问题的个人担忧。由于怀孕是看得出来的，至少在后几个月里，她们有足够的时间来让这种担忧滋长。当男性同事的妻子怀孕时，我没有听到过类似的担忧，即使是那些计划共同分担照顾孩子责任的人也是一样。[1]

约翰·戈德史密斯：就我而言，在工作和家庭生活之间相互兼顾方面，最难学到的一课就是珍惜眼前、活在当下，因为一系列的短期应对方法和一个长远的规划同样有效。生命就是年复一年、月复一月、日复一日，它存在于我们的一呼一吸之间。正如我们所看到的，选择学术生涯让你的生活拥有了某种灵活性，我们应该充分利用这些灵活性来解决家庭问题和协调家庭生活。

学术日程的灵活性围绕着一个不灵活的核心，这个核心就是固定的课程时间。你没有太多理由可以随意取消课程。如果你在家生病卧床，这是一个不去上课的理由；但如果是你的孩子在家生病卧床，这就不是取消课程的合理理由——不过为此取消某次约见或答疑还是可以接受的。（但为什么你在孩子生病或者下大雪时总有课要上，还有一个你已经预约了两周的与院长的重要会面；或者你要对本院系最心仪的应聘者进行面试，并且要在一个委员会议上讨论你已经准备了好几个月的提案呢？）如果你需要照顾生病的孩子，应该有一个后备或紧急计划，使课程不被耽误。因此，好的方面是，你一天中的大部分时间都是灵活的，你在大多数情况下不需要向某个经理签到或是获得他的准许。但对于一周中某些固定的时间，你必须在教室授课，而且有些工作很难推迟，哪怕一天都不行。

可以肯定的是，教师工作的灵活性并非仅限于此。你可以在你需要的时候把孩子带到你的办公室，而不用得到任何人的许可。在这种情况下，你是否能完成工作取决于你和你的孩子——有些婴儿真的可以在他们父母的办公室里睡上几个小时。如果你愿意，你在夏天和 12 月底是有时间陪家人的——尽管你的春假不太可能和孩子们的学校假期碰得上，这又是一个棘手的问题。如果你觉得有必要或者合适，可以选择早上留在家里，晚上晚些回家。

彭妮·戈尔德：提到家庭生活和职业生活之间的矛盾，我还想到了一件事。由于我们工作的大学对工作时间有大量要求，而我对自己的个人时间也有安排，这种矛盾就是家庭和职业之间关系的一种典型模式。但我也发现，为人父母也丰富了我的教师生活。正如我之前提到的，为人父母让我从工作中抽出了一定时间，这是件好事。更有意义的是，学习如何做一个母亲，让我学到了很多关于如何做一名老师的知识。在我读博时，没有人教我们如何激励学生以及如何鼓励他们彼此合作；但当我了解到一个两岁孩子都需要一定的自主权时，我就对大学生的类似需求有了更多的了解。现在，我在我的课程中很少规定学生要做什么，而是让学生选择课堂模式。我从养育孩子的过程中亲身体会到，积极的反馈比消极的反馈更有效，所以我在批改学生的写作时也尽量提供这种反馈。育儿和教学都是为了帮助年轻人学会如何自己做事，我发现在这个问题上，父母的育儿指南比大多数教学指南更有帮助。

对于承担共享职位或在同一所大学任职的夫妻，有什么特别需要注意的事项吗？

彭妮·戈尔德：在同一大学工作的夫妻有一个很大的优势，就是没有异地通勤问题。但同时会产生另一个问题，使得双方关系承受一定的压力，那就是工作很容易渗透到你的整个生活中。你总是和你的配偶在一起，你们可以一起讨论和解决关于工作的问题，无论是在饭桌上、外出时还是在假期里——你们需要特别注意，才能把工作先放在一边，进而谈论其他事情。如果两个人在同一个地方工作，很可能他们的大部分朋友也会来自那里，这也会让他们把更多的注意力放在工作上。由于工作已经占据了你所有可自由支配的时间，你应该试着在校外或大学社区之外寻找其他活动和社交网络，这样更有利于你的精神健康。

学术界的歧视情况如何？

约翰·科姆洛斯：坦率地说，我还没有见到任何显性或隐性的性别歧视和种族歧视。在我看来，这些都不是什么问题。毕竟，当今女性在学术界发挥着非常重要的作用，如果她们曾经受到过严重歧视，是不可能取得如今的成就的。然而，我也看到过一些偏袒徇私的现象：例如，一位校长在没有遵循既定规章的情况下，私自任命了一位朋友担任教职。此外，学术界还有许多关于前辈学者的轶事；而且在一些院系，如果在过去没有歧视，教师之间可能比现在更团结一些。

约翰·戈德史密斯：我不得不说，我也没有看到过任何能明显地体现歧视的例子。但我认识到，约翰和我都很年轻（好吧，相对年轻，我们都是战后的婴儿潮一代），而且我们都是白人男性。在本书中，我们都尽量针对我们自己曾经经历过的领域给出建议和意见，但这毕竟不是一篇关于学术界地位和结构的研究文章。

但我确实听说过一些令人毛骨悚然的故事，这里分享其中一个。我认识一位非常资深的学者，她目前在其领域里广受认可、备受赞誉。她曾告诉我其在一所非常知名的大学里做年轻学者时的一段经历，人们会认为在那样的大学里发生以下经历是不可能的。我把她称为"X教授"，故事发生在近30年前。

这所大学规模不大，在一年中举行了多次全体教师会议。在

最后一次春季会议上，有两项议程引起了教师们的注意。这两项
议程都是即将毕业的学生提出的申请，一个申请是为一个在大三
期间病重的学生将毕业的最后期限延长几个月，另一个申请是为
数次未能通过初级语言课程的高年级学生免除外语学习要求的问
题（当然，这些问题比我描述的要复杂得多，但提出这两个问题
只是为接下来发生的故事做铺垫）。X 教授在学校工作了不到两
年，她出于单纯的人道主义，赞成延长第一个学生的最后毕业期
限；尽管如此，该申请还是被投票否决了。但在第二个问题上，
教师们则投票决定完全免除了那几个本科生的外语学习要求，这
让她觉得很惊讶。X 教授感受到了这两个投票结果之间的不公平，
于是这位资历尚浅、内心忐忑的年轻教授站了起来，提出了一个
公平的请求：学校也应该宽容地对待第一个学生。校长听了她
的陈述，并驳回了她的意见，然后好似开玩笑地故意说了一句：
"看吧！我就说过，不该聘用女教师！"

　　我想，这样的言论在今天是无法想象的。美国社会已经发生
了变化，而且这种变化还在持续。这个故事甚至不能证明该大学
存在歧视，毕竟那只不过说明 X 教授曾在那里工作过。但事实表
明，学术界如果想自我完善，还有很长的路要走。就在最近，麻
省理工学院公布了一份内部报告[2]，并被媒体广泛宣传。在报告
中，麻省理工学院承认过去在对待男女教师的方式上存在着重大
差异，并且这种差异今后也将仍然存在。值得称道的是，麻省理
工学院已经在其网站上公布了这些材料；例如，人们在引言部分
就可以看到关于麻省理工学院自然科学专业女教师地位的描述：

与初入职场的年轻女教师不同，许多已获终身教职
的女教师感到在院系中被边缘化，并没有受到重用。随
着女性在麻省理工学院的职业发展不断取得进步，她们
被边缘化的程度却在日益增加。数据研究表明，女性被
边缘化的现象通常表现为即使女教师的专业成就与男性
同事相同，她们在薪水、工作空间、奖金、学术资源和
校外工作邀请方面也往往不如男性。另一项重要发现表
明，这种情况在连续几代女教师身上不断重演。[3]

彭妮·戈尔德：麻省理工学院的报告让许多人感到很惊讶
（虽然我觉得大部分女教师并不会有这种感觉），部分原因可能是
大多数学术界存在歧视现象（包括麻省理工学院报告中的薪水和
实验室空间等方面的差异）。这些歧视现象很可能并不明显，也
就是说，不太可能有人在谈话中这样说："X 教授是女性，那薪
水就给低一点吧。"但这并不意味着在招聘和日常工作中不会出
现对女教师和少数族裔教师的各种形式的不满、敌意或偏见——
即使是无意的，这些也会严重影响对一个人的评价。今天，这种
歧视的程度比 25 年前要小，但仍然存在。女教授和少数族裔教
授都经历过因"与众不同"而受到的更严格的审查，这会让人感
到精疲力竭。[4]

诚然，正如约翰·戈德史密斯所说，某些类型的言论在今
天是不可想象的。但这并不一定意味着这些现象已经完全消失
了——只是大环境改变了，以至于仍然有这种想法的人不太会在

公开场合说这种话了。我认为这种克制是一个重大的进步，但这与我理想中的环境还是有很大不同。在我的理想中，每个人都有平等的机会来享受职业赋予我们的权利，并且没有人认为应该存在什么差异。当然，不言而喻的是，这些问题并不局限于学术界，而学术界也不是一个避风港。以下是学术界存在的一些损害女教师（我最熟悉的群体）权益的歧视现象。

1. **招聘**。招聘委员会通常会对某个职位的上百份求职信进行分类。如果大量候选人都完全符合要求，而且都持有极具说服力的推荐信时，寻找"最佳"候选人的过程可能就不会太客观。对候选人进行分类的委员会会议就像一个舞台，在这个舞台上，表面上是讨论谁将是最成功的教师或学者，而这种讨论之下往往隐藏着各种个人利益、焦虑和偏见。对于诺克斯学院这样的学校，其位置不是在城市的黄金地段，招聘委员会的讨论可能会走向这样一个结论："我们不应该在这个人身上浪费面试（或录用）名额，因为她不会留在这里。"我不记得曾听过这种说法是针对男性应聘者的。如果应聘者是单身女性，我的一些同事就会担心她会离开，因为在这个小城市里很难找到一个合适的伴侣；而如果应聘者是已婚女性，他们又担心她的丈夫会怎么办。诺克斯已经有几个男性雇员离职，因为他们的妻子在这个地方不开心，但我从来没有听说过谁在招聘遴选中对男性应聘者的婚姻状况有过讨论。

招聘委员会对于女性应聘者的印象有时会受到推荐人的影

响，他们会关注推荐人对应聘者性格、着装风格和外表的评价，而这些对于男性应聘者而言可能都不太重要。即使应聘者在申请材料中避免提及自己的婚姻状况，但只要某位好心却不够谨慎的推荐人触碰到了这个问题，可能就会引起委员会的关注。

2. **学生的期望**。学生们对女教师的期望往往比对男教师多，学生可能希望从女教师那里得到更多的个人关注。女教师最终可能要花很多额外的时间来处理学生在学习之外的私人问题，才能满足学生这种期望。跟那些与学生保持距离的男教师相比，对这种期望有抵触情绪的女教师可能会受到更严厉的批评。另一个不同之处是在行使职权时，女教师的专业权威不如男教师。[5]例如，我有时会想，学生是否更有可能质疑女教师给出的分数，而不是男教师的。无论是在校园里还是在社会上，有些人仍无法将女性与"教授"这个称呼等同起来。经常有人在我告诉他们自己已经在大学里教了20多年书之后，疑惑地问我是否拥有博士学位——我很确定，如果我是一名男性，他们不会有这种疑问。[6]

3. **校园日常生活**。男教师和女教师在个人风格、着装和个性方面受到的关注不同，这些关注不仅来自学生，也来自同事。例如，要强的男教师所表现出的适当的"自信"行为，在女教师身上很可能被理解为"咄咄逼人"，这已经是老生常谈的现象了。衣着打扮是一个存在明显性别差异的领域，不管是在不拘小节的时代还是"中性风"盛行的时代。男性有标准的制服，无论是教学还是参加专业会议和面试，不管是穿夹克打领带还是穿毛衣配牛仔裤都可以，没有人会感到惊讶。然而，对女性来说，她们每天早晨都要重新选择服装，每个选择所受到的评价总是不可预测：太性感？太邋遢？太"男性化"？可以确定的是，你的着装正在受到关注。多年来，我一直避免穿紧身或过于暴露的衣服，以防男性打量的目光。直到现在，我已经50多岁了，在我们的文化中，我已经基本失去了性魅力，我才觉得可以偶尔穿穿紧身裤或领口低于锁骨的衣服。

4. 对于反歧视行动和歧视现象的态度。一些常见的态度也会导致人们的信心受到损害。如果同事们认为你是通过"反歧视雇佣行动"来获得这份工作的，那么他们可能会认为你得到这份工作的"唯一原因"是因为你是女性、黑人、西班牙裔或其他族裔。他们一般不会直接向你表达，但你仍然可以感觉到，而这会让你心情沮丧。不管你的资历有多高，还是有人会这样想。面对这样的态度，若你想获得成功，可能需要比那些不太引人注目的新雇员做出更多的成绩。另一种让人沮丧的态度认为，学术界不存在歧视，任何认为存在歧视的人只是在抱怨或寻找借口来掩盖自己的失败。当女性和非白人进入学术界时，确实威胁到了白人男性的主导地位，因此他们有这样抵制的态度也是可以理解的。但是这种态度促成了一层无形的、能够被感觉到的敌意，使我们中的一些人在学术界的生活受到更严峻的挑战。

约翰·科姆洛斯：我没有听说过在学术界有歧视女性的事情。然而，很明显，学术界的任职并不仅仅是根据你出版作品的字数多少来决定的。聘用教师的标准当然主要是看学术上的表现，但也要考虑个人是否能适应特定的社会文化和学术文化，而这是基于个人的性格和家庭状况对其未来的工作表现所做出的预测。这个人真的愿意在这里长期生活吗？她是否合群？她和她的家人在这里会快乐吗？如果你是一个狂热的山地自行车手，在内布拉斯加州工作会让你感到高兴吗？所有这些问题在某种意义上都与工作没有什么重要的关系，但还是不可避免地被提及，因为这些因素确实对其在学校的整体表现有影响。然而，这种现象并不局限于女性，因为我看到这种标准也同样适用于男性应聘者。也许并不是完全相同的一套标准，但非常相似。

我曾不幸地生活在存在着两种不同的独裁政权的国家，而且由于我父母属于宗教少数群体，我的生命在出生时就受到了威胁，因此我这种劣势是与生俱来的。因此，我认为学术界对女性、非洲裔、少数派宗教信徒和少数族裔的歧视既可悲又应受到谴责，但近来这个问题有所改善，这是令人欣慰的。然而，在我职业生涯的早期，当我发现自己因为被归类为白人男性而在求职申请中意外地处于明显劣势时，我承认自己觉得特别不公平。因此，我承认自己在政治立场上不是十分正确的，因为我十分崇尚在学术界任人唯贤，而不是真正相信所谓的反歧视行动和逆向歧视等政策。然而，如果某位同性恋人士非常适合某个职位，我一定会支持聘用这个人的。我相信，大家在申请工作时都处于平等的地位，学术表现应该超越任何其他因素。我们应该确保学术界对每个人都持公平的态度，这意味着招聘委员会的成员应该尽力不对应聘者与学术无关的方面产生偏见。但在我看来，反歧视行动并不能帮助我们实现平等，因为它与我们想要宣传的平等概念相矛盾。

彭妮·戈尔德：对于"学术界的利益"包含哪些因素，人们可能会有不同的看法，这就使得反歧视行动的问题具有争议性。反歧视行动政策是学术界在雇用女性和少数族裔人士方面取得进步的一个关键——事实上是一个决定性因素。该政策促使招聘委员会更加努力地寻找各种候选人（通过给几个其他大学的同事打电话就能找到长期聘用的合适人选的日子已经一去不复返了），考虑在本院系或本校内增强职工的多元化并作为在特定招聘中要实现的众多因素之一。我相信这是可能的："更合格的"白人男性被拒绝，而选择招聘女性或有色人种。出现这种复杂案例的原因在于，在过去 25 年里，在竞争激烈的就业市场上，有大量非常优秀的人在相互竞争，而最终的录用决定需要考虑许多因素。过去，"最佳"候选人通常指与院系中的现有教师类似的人，最终形成我们前面提到的"同质性"。而现在，在某些情况下，这种趋势已倾向于往另一个方向发展。我自己的经验无疑影响了我对这个问题的思考，就像约翰·科姆洛斯的经验一样。我在 1975 ~ 1976 年开始找工作，我确信自己得到的一些面试机会是因为招聘委员在特地寻找女性候选人。或许性别也是我被诺克斯学院聘用的一个因素。有些人可能认为，我得到这份工作的"唯一"原因是我是个女人。但我宁愿相信，能获得这份工作也与我的教育背景、推荐信和研究成果密切相关。

对于"政治正确"的争论，你是怎么看的？

约翰·科姆洛斯：有一种根本性的文化变革正在学术界蔓延，其目的是出于意识形态。所谓"政治正确"，就是主张在政治文化问题（如反歧视行动、性取向问题、妇女解放运动和少数民族问题）上采取正统的自由主义观点。尽管几乎所有的学者都同意它的基本原则，并认为其针对的问题也的确存在，但有些人并不赞同使用一揽子方案解决所有问题。在一些人看来，这场运动已经走到了一个极端，因为同行的压力往往是如此之大，以至于学术界的成员因为害怕被认为是圈外人而不敢表达自己的真实想法。我想说的是，这种压力可能会对言论自由本身产生不利影响。

彭妮·戈尔德：诚然，这一代学者的思想和政治观点是由二十世纪六七十年代的社会运动（民权、反战和女权运动）塑造的，而这代人对学术生活产生了重要影响。但我不认为这种影响仅仅是"运动"的结果，也不认为它是控制了学术界的正统观念。根据我的经验，"政治正确"只是一个唬人的词，它助长了谴责和责难，而不是我们所需要的思辨。学术界的政治立场和思潮流派是高度多样化的，我们应该努力倾听多种声音，而不是人为地分裂成若干阵营。

你如何看待学术工作中的性骚扰问题?

约翰·戈德史密斯: 这个问题涉及的内容非常广泛, 也难以回答, 远远超出了我们该讨论的范畴, 而且我也不是讨论这个问题的合适人选。

认清师生关系的本质是非常重要的。导师可能非常聪明, 并且很有魅力, 是学生所仰慕和崇拜的榜样。来自学生的倾慕满足了导师的自尊心; 而从学生的角度来看, 被自己视为榜样的老师关注也的确使人感到荣幸。学生和导师可以一起参加学术会议或研讨会议, 甚至一起吃饭。但是, 他们的关系最好就到此为止吧!

约翰·科姆洛斯: 正如前总统吉米·卡特所说, 你只能在内心中犯下邪念 [7], 我认为任何世俗的法律都无法阻止这一点。然而, 在我们的文化中, 权力不对称的学者之间的亲密关系——即使是两情相悦的亲密关系——不仅会被视为"违反职业道德", 而且还被等同于乱伦。然而, 这种情况的出现往往是因为密切的工作关系, 或者如亨利·基辛格所提出的著名观点——权力会催生欲望, 而教授们确实拥有相当大的权力。换句话说, 权威人物可能会唤起一些学生的情欲感受。因此, 在被警告之前, 你可能已经注意到一些学生来你办公室问问题的次数有点过于频繁。肢体语言往往比实际语言更能说明问题。你应该让你办公室的门一直开着, 并注意任何轻微的暗示都可能造成严重的后果, 其后果不仅让你难堪，甚至可能会使你失去工作。此外，你还可能在相当大的程度上失去自己的独立性，并使自己面临被勒索的危险。你不值得拿自己的家庭和事业冒这么大的风险。然而，有时正是这种冒险的感觉让一些人觉得很有吸引力。令人遗憾的是，人们总会出于某种动机做出一些不恰当的事，其原因没人能够真正理解，甚至连他们自己都无法理解[8]。

尽管如此，关于性骚扰的记录非常之多，我认为没有必要在这里大谈特谈。我们的建议很简单：无论你是男教师还是女教师，都要远离这个问题。在这方面，我认为学术界和外部世界没有根本区别。无论在什么环境下，如果你遭遇此类事件，要根据常识来处理。同样重要的是，请记住，现在所有大学都有处理各种违规行为的程序，包括学术欺骗、性骚扰、剽窃、歧视等。我的经验是，这些程序往往是缓慢的、烦琐的，而且效率很低。你可能只会在最极端的情况下才会选择使用这些机制，并且是不得已而为之。大多数时候，你应该依靠你自己的判断、自己的承受能力和道德价值观，并通过常识性的方法来解决问题。

彭妮·戈尔德：作为经历过学术生活的女教师来说，对于学术界的性骚扰这个麻烦的话题，我的看法可能是不同的。在我看来，更常见的是男教授利用他们的地位权力对年轻女学生说些暗示性的话或"挑逗"她们，而不是女学生试图勾引教授。几乎所有我认识的女学者在学生时代都经历过来自教授的这种挑逗性的话语或试图诱惑她们的行为，而且这种情况也会延续到她们的教学生涯中,成为资深男教授和刚入职的女教师之间权力差异的一个因素。在当代小说和电影中,男教授对可爱的女大学生的诱惑仍然是一个被看好的桥段。对这种师生关系的广泛认可体现了对"老夫少妻"关系在文化层面上更广泛的接受。在这种关系中,男性是夫妇中的年长者,这也表明女性在整体上被文化性别化了。当你的老师或同事一直盯着你的胸部看或是说些挑逗性话语时,你还要保持有文化、有修养的女学者形象,这实在不是一件容易的事。[9]我希望新一代的教授对这一问题更加敏感,尽量避免陷入性骚扰的旋涡,这种行为会损害女性的自信心。

约翰·科姆洛斯:我认为讨论哪个性别、种族或族裔更容易犯下不正当行为是没有多大用处的。无论你属于哪个群体,最明智的做法是弄清楚不正当行为会导致何种后果。

彭妮·戈尔德:另一个问题是教员和学生之间的自愿关系。性骚扰和两厢情愿之间往往没有明确的界限,但一定要知道两者之间的根本区别。几乎所有的职业都明确禁止性骚扰。另一方面,尽管两厢情愿的关系的确不被赞同,但却很少受到惩罚。人们通常可以接受这一点,甚至还会受到欢迎。只要看看任何一所大学的教职工,数一数有多少男教师和以前的女学生结婚就知道了。正是因为性骚扰和两厢情愿之间没有清楚的界线,有些学校不鼓励师生之间两情相悦的关系,原因是师生间你情我愿的关系性质被教师和学生之间的权力差异扭曲了,而且与学生建立性关系必然会使学生处于尴尬的境地，甚至会损害学生的学业发展。

约翰·科姆洛斯：只要教授对学生的个人生活有相当大的权力，就有可能导致许多不恰当的行为发生。当然，权力的滥用绝不仅仅表现在两性关系上。例如，论文指导老师为了让自己通向诺贝尔奖的道路更加顺畅，可能会发出一些危及学生职业生涯的言论，从而阻止其论文的成功发表。这种老师的行为与那些强迫学生以性交易换取论文通过的老师没有本质上的区别，但是前者可能不会像后者那样受到法律的惩罚。总而言之，值得重申的是，尽管美国学术界仍有种种不足之处，但与其他领域（如政治领域）相比，它在接纳女性和少数族裔进入主流学术队伍方面做得更好，而且在完成这一过程时，并没有引起过多的冲突或敌意。虽然学术界还没有成为"奥兹王国"，但它愿意包容和培养"他者"，以及坚持无私的更高理想。在这些方面，大学比我们社会中的其他大型机构表现得更为出色。

第十一章

结　语

约翰·科姆洛斯：我们在此书中提供了关于学术生活方方面面的概述，希望能帮助你决定是否要从事学术事业。如果你已经进入学术界，我们希望此书能帮助你的学术生涯一帆风顺，走向成功。你的期望越实际，掌握的信息越可信，你在职业上的决定就可能越有价值。这是否是适合你的职业道路？要回答这个问题，你不仅需要了解学术界，还需要了解自己。你知道自己的潜力吗？你能培养评估这种潜力的技能吗？你了解自己的好恶吗？你知道自己的动力是什么吗？你会改变自己的想法还是会试图改变别人的看法？这些都是非常困难的问题，因为它们需要你以全新的方式来反思自己。你必须了解别人对你的看法，并且比较这些看法与你的自我评价是否一致。如果这两套观点一致，那么你就可以将其作为进一步行动的基础；否则，你就得问为什么，并思考如何让这两套观点协调一致。

　　学术界在社会上有着非常特殊的地位。它是文明的守护者，即我们的价值观和知识财富的保护者。同时，通过培养学术、政治、商业和其他领域的下一代领导者，它对社会的发展产生了深刻影响。如果来大学工作的人能够认识到这一责任，并具有相当的精神积淀来维持和推进这些传统，那将是非常理想的。在我看来，北美的高等教育体系是世界上最好的，并将在很长一段时间内保持下去，部分原因在于它能够吸引到这种人才。尽管我们倾向于认为这是理所当然的，但并非所有的教育体系都能做到这一点。之所以能这样，是因为它在给予回报、消除障碍、体制结构和激烈的人才遴选过程等方面之间建立了微妙的平衡。[1]

　　然而，这一理想要受到现实的约束。高等教育是非常大的产业，和公司、国家资助的机构以及政治集团一样面临着压力。你需要强大的精神源泉来知道自己何时应该坚持理想，何时以及在何种程度上需要做出妥协。做到这一点是十分困难的，你也无法指望有现成的方法来指导你如何处理摆在面前的挑战。我在遇到挑战时会想，如果伽利略或哥白尼在这样的情况下会怎么做，并试图以这种想象中的标准来要求自己，但并不是每次都能做到，也不是每次都有用。面对当下的紧急情况，道德标准能维持到什么程度，这是一个和人性一样古老的问题。我们别无选择，只能像我们的祖辈一样解决那些重要的伦理问题。但我认为，重要的是我们确实在努力解决这些问题，而不是照搬别人的方法。

　　此外，你还需要权衡这样一个事实：可能是因为缺乏有关学术界真实情况的信息，许多其他专业领域的人跃跃欲试想要投身学术界，学术市场因此受到扰乱（或获得助益，取决于你怎么看），而学术界的生活并不像外界所看到的那样光鲜亮丽。这不是一种完全沉浸于思考的人生；虽然你有大块的时间可以进行无拘无束的思考，但这只是学术生涯的一个方面。这是一种教书育人的人生，但同时也是与某些学生角力的人生——这些学生没有做足功课就进入了课堂，一心想利用他们的小优势，以获得文凭并尽早开始下一步的计划。这种生活既有与同行的合作，也要处理难缠的同事关系；既有思想的自由，也要遵守行政指令以及同侪压力。这是一种要做很多苦差事却只有有限经济回报的生活。然而，对于那些以学术为职业的大多数人来说，它却带来了无尽的满足感——即使这种满足感时断时续。尤其是当学生们修身立业、事业有成时，大学教师确实会有一种成就感。

诚然，有无数的外部因素是你几乎无法控制的，因此对你的能力和学术界的运行机制进行实际评估将提高你成功的机会，尤其是在你有能力完成自己的理想并满足学术界对你的要求的情况下。学术界和其他行业一样充满激烈的竞争，而且在某些方面，它的竞争更加激烈。另外，学者本身的动力并不完全受思想和无私情节的支配，声望、尊重、权力和金钱都在不同程度上发挥着作用。学术界有它自己的一套独特的竞争机制。你如何面对这些竞争，以及决定选择哪些、放弃哪些东西，完全取决于你自己。

彭妮·戈尔德：我们此前一直讨论如何能为你在学术界的成功提供符合情理的指引策略，而同时我也非常清楚一个人的人生旅程总有许多事情是不由自己控制的。你可能会找到你认为最适合你自身才能和兴趣的研究生院，却没有被录取；你可能知道最适合你的教职是在一所小型文理学院的职位，但你得到的唯一聘用邀请却来自一所大型州立大学；你可能很幸运地在适合你的一所大学中找到了工作，但你的配偶或伴侣却无法在同一地区找到工作，最终你只好选择能同时聘用你们两人但却并非你们最中意的学校。因此，虽然我们鼓励你尽可能多地了解你自己和你所在的学校，以便做出有成效的、理性的决定，但我也建议你培养一种退而求其次的态度，使你能够在不完美的情况下做出最好的选择。在你的职业生涯中，会有很多这样的情况需要应对！即便在你去意已决、正在另谋出路的时候，也要充分利用当前的条件。大学是众多充满交集的环境之一，我们在其中工作并影响着他人。学术生涯将在哪些方面有助于你自己的个人发展？在你跻身学术界的 40 多年里，又能对它做出怎样的贡献？

约翰·戈德史密斯：最后，我想就本书的目的说一点个人意见。我有些担心我们的观点可能会让年轻学者更加趋利避害；事实上，我真正担心的是学者们已经过于厌恶在学术上承担风险。这种厌恶表现在开展研究时套用已有的学术框架，追赶学术潮流，而不管其研究的课题是否已经有人做出了成果。我担心的是，人们越是强调学术生涯中的困难，理性而务实的年轻学者就越发容易在职业上选择做出去繁就简的决定，这是从大的方面来说；从小的方面来说，他们就会倾向于做容易发表的研究。

因此，我的最终结论是：学术生涯需要一种超越个人成功的更高召唤。科研和教学中应该蕴含着一种力量，创造出超越当下传统的东西。我想把这种东西称为"真理",同时我也承认自己不无嘲讽地给出了一个如此简单的答案。在不同的学科中,人们对真理的刻画和提炼有很大的不同,但对此的感觉(一部分是敬畏,另一部分是激动)应该珍藏在每一个学者的心底。我们决不能忽视这一点。

我们已经向你解释了一些你应该知道的事情,以便你能在自己的学术生涯中做出明智的选择和决定。但有些时候(一定会有这样的时候),一个理性的、知情的人会发现自我利益与对真理的追求相冲突,哪怕只是很轻微的冲突。希望我们对美国教育体系如何运行的解释不会使你将自己的职业利益凌驾于真理之上。如果你不确定怎样才能做到这一点,也许其他的工作更适合你。如果你能做到,那么我们将期待着在校园里看到你。

我们祝愿你好运相随,事业有成。

附录一 美国大学的行政结构

约翰·戈德史密斯：无论你是学生还是教职工，都需要了解所在大学的性质和结构。虽然各大学的内部细节和术语表述各不相同，但它们在体制结构有一般的原则，这里简单说明一下，也许会对你有帮助。

首先，大学高层设有校长和董事会，这些人对所有重大问题有最终决定权，其中许多问题可能只是间接影响到普通教师的生活。校长是首席执行官，因此他不会过多地参与日常学术决策中的具体工作。据我所知，哈佛大学的校长会亲自主持每一位教职工的终身教职评审事宜，[1] 但这对于一所大型大学来说是相对罕见的。大多数校长都致力于大学的校外事务，其中最重要的是财务问题，而财务问题有很大一部分是筹款事宜。总之，他们必须确保这所大学将继续得到足够的财政支持。他们必须做出宏观上的决定，如是否扩大学生规模、是否变成男女同校、是否建立一个法学院或是否关闭图书馆学院。但是，大学的日常工作更有可能掌握在比校长行政等级低一级的领导手中。

比校长行政等级低一级的职位没有统一的名称。它可能是教务长、负责学术事务的副校长或院长。不过，这个人最有可能对教职工的事务做出最终决定，比如如何处理棘手的终身教职问题，当一位资深教授收到外校邀请并极力想离开时该怎么办，或者是否应该允许（或鼓励）一个部门向对手大学的优秀教授发出邀请。这个人会在大学内部不同单位之间分配资源的方式上做出绝大部分决定。在本书中，让我们暂且把这个人被称为教务长。

级别低于教务长的通常是各个学院的院长，他们的级别相同，但他们之间的关系在不同的大学里有很大不同。可能有一个院长主管本科教学，通常被称为本科生院院长。肯定还会有单独的院长来负责管理每个专业学院（如法学院、商学院、医学院）。按照的传统的教学和研究的分类，可能会有文科院系和理科院系，或人文学科、物理学或生物学等。

当然，并不是所有的院长在特权和资源方面都是平等的。有些院长对招聘有最终决定权，而其他院长则没有。在一些大学中，研究生院院长在招聘问题上没有发言权；在另一些大学中，本科生院院长在招聘中最多只有建议权。这类院长通常被称为"学术院长"，他们自己通常是某系的终身教授。院长的任命可能需要从大学外部选人，尽管更多时候是从大学内部选拔的。院长一般会有一些行政管理经验，通常做过系主任或副院长。

院长在大学行政系统中的地位是一个敏感的、难以把握的问题，这个问题最近甚至已经上升到了司法层面。如果我们把"管理者和劳动者"的区别从资本主义和商业世界延伸到学术界，那么谁才是管理者？学生们可能会声称，劳动是由他们完成的，而教师作为一个整体都是管理者，但这种观点很难站住脚。唯一明智的做法是把行政部门——院长、副院长、教务长和校长——称为"管理者"，而其他人都是"劳动者"。但这是一个准确的说法吗？

虽然在一些大学里，这是学术生活中的一个不幸的事实，但在健康发展和运转良好的大学里，情况并不是这样。学术管理部门是由学校的教授组成，他们的价值观是在从事教学和研究的漫长岁月中形成的；当他们完成了院长的任期（3年、5年或10年）之后，大多会回到教授岗位。如果没有其他原因，他们将不得不在担任院长期间继续进行研究（在某种程度上也包括教学），以便适应今后重回教授的生活。

然而，在大多数大学里，还有一些行政管理人员被称为"院长"，尽管他们不是学术院长。这些职位通常由拥有博士学位的人担任，但没有正式的学术职务；而且这些非学术的院长卸任之后，大学里就没有其他职位留给他们了。研究生院和本科生院的院长职位往往是这种类型的。

最令人困惑的问题是，院长（及相关的行政人员）是否与普通教师有不同的利益取向。一般来说答案是否定的，但当院长发现其利益取向确实与教师不一致的时候，问题就比较严重了。或许院长职位与教授职位之间最显著的区别是，院长必须不断寻求在有限的资源（财务资源或其他资源）中平衡相互冲突的要求。教授们经常发现自己需要向院长或校外机构申请资金或其他资源的支持，但他们很少掌控大量的资源，因而需要提出强有力的、令人信服的理由去要求投入更多资金。不过，这就是院长通常面临的棘手情况。做出这些艰难的选择需要考虑周全，并比较不同的选择对整个大学的相对价值。在某种程度上，这意味着院长要执行一项与大多数教授所期望的不同的任务，或者说他们需要以一种不同于教授的视角看问题。如果处理得当，院长与普通教师的利益和价值观并不一定存在差异。

各系的系主任归院长领导。系主任一般由系里选拔，但须经院长批准。在某些情况下，院长与系里的成员单独协商后可以直接任命系主任。在极少数情况下，如果教师内部难以达成共识，可以从外系引进系主任，甚至从另一所大学聘用。系主任的权力大小取决于院系大小、学校规模以及个人的个性和风格，但一般来说，系主任确实拥有相当大的权力。即使院长有能力推翻系里的决定（例如，关于终身教职评审的决定），其信息往往也来自系主任，这就是权力的体现。

在大多数大学里，教师的工资是由院长与系主任协商后决定的。当然，这个制度也不是绝对的。在一些大学里，系主任决定每年的加薪，而院长则发挥宏观的监督作用；在其他大学里（例如哈佛大学），只有院长才能决定加薪的幅度。[2] 一个系的系主任还负责许多其他的事情，包括预算分配（系里可自由分配的资金会拨给谁）、制定报告（今年各个教员都做了些什么？最近的校友在就业市场上表现如何？学生休息室是否需要一套新的椅子？）、直接参与教师招聘与招生工作，以及指导非终身教师。

有时候，他还必须倾听有严重问题的教师和学生的倾诉。系主任通常会得到相当于其他教师一半课程量的课时减免，但主持好系里的事务是一项需要全力以赴的工作。

教授是大学的核心，他们构成了各系的教师队伍。教师一般分为三个级别：（正）教授、副教授和助理教授。几乎在所有情况下，正教授都有终身教职，而助理教授则没有；在大多数大学里，副教授可能有也可能没有终身教职，因为虽然获得终身教职的助理教授总是会被晋升为副教授，但在获得终身教职前的一年、两年或三年内晋升为副教授（尽管没有终身教职）的情况并不少见。

多数大学在所谓的"终身制"通道上聘用助理教授，这意味着这些助理教授将在工作一定时期后（通常在第六年初）参与终身教职评审。有几所大学（例如哈佛大学和耶鲁大学）在聘用新教师时没有这种假定，而且新教师往往很少能获得终身教职。当一个高级职位因人员退休或离职而出现空缺时，大学通常会尽力物色合适的人选，不管此人目前在哪里工作。

从官方或体制的角度来看，正教授和终身副教授之间没有很大区别。一般来说，正教授的工资可能更高，但这在很大程度上是由于正教授的工作时间更长。尽管如此，若要晋升为正教授，院系需要对候选人的档案进行详细审查，并对其研究、行政和教学进行评估。哪些问题会决定对正教授的评定呢？在某些方面，它是对一个人不断成熟的认可，大大超过了获得终身教职时所完成的工作量。

我们可以认为，评定正教授的一个更有力的标准是这样的，尽管这主要在研究型大学的背景下才有意义：晋升为正教授是对该人在与其研究领域有关的核心问题方面所发挥的重要作用的认可。我们注意到，授予一名教师终身教职（通常与晋升为副教授同时进行）一般基于这样的判断：此人已经证明其有持续的意愿和能力来对其所在领域的核心问题做出实质性的贡献。这就类似于授予博士学位表明学生已经证明其有能力做出至少一个重大贡献一样。因此，每个阶段都有一套越来越强的标准：博士学位表明有能力做出单一的贡献，终身教职标志着有能力继续做出类似的贡献，而晋升为正教授则标志着不仅有能力在研究领域内做出贡献，而且有能力成功完成界定专业上的重要问题这一更困难的任务。[3]

我想补充的是，对这三个我们熟知的学术职务的解释是我个人的理解，虽然我被要求为许多晋升为正教授的人准备推荐信，但没有人明确告诉我正教授需要具备哪些能力。实际上，这些问题还没有定论。

许多教授同时在大学里不同的系任教。然而，这些多重任职往往掩盖了它们迥异的性质。更多的时候，财政预算只和其中一份教职有关，一个人对某个系教学和行政的责任直接与他的工资比例挂钩，而这个比例来自该系的预算。如果史密斯同时在法语系、英语系和心理学系任职，但其工资有 50% 来自法语系，50%来自英语系，那么他可能期望自己的教学任务在这两个系里被平均分配。由于她在心理学系也有任职，她可以参与该系的日常事务，偶尔上一门课，并指导那里的学生，但工作量要比在另外两个系里低得多。

　　一个教授如果只从一个系领取工资，被认为是"1个全职岗"或简写为 1 FTE；一个教授若只有一半时间在某个系，他在那里就只是 0.5 FTE。一个部门在计算其成员时，通常只计算其全职岗的数量，而不是计算各种在职的人数。这样一来，一个部门可能有 10 个或者更少的全职岗，但仍然有 20 多位正式教师，这些成员确实也可以参与系里的重要决策和投票。

　　总的来说，各类委员会在大学教师中的声誉不佳。委员会的事务经常浪费教师们的时间，无论教师们是自愿担任、被任命还是被选举为委员会的成员的。他们会无休止地讨论那些应该由行政部门决定的问题。

　　但这些委员会也不是一无是处。首先，许多教职工委员会发挥了良好的作用，并做出了重要的贡献——这些贡献是其他行政部门所不能做出的。其次，这项工作对教授而言往往很有启发性，可以让他们了解大学运行机制的各个方面。再次，这是一个让教师认识其他院系同事的绝佳机会，这本身就很有趣，也有助于实现其他重要的长期目标，比如结识大学里其他部门的同事。

　　委员会的一个重要职能是监督终身教职和晋升的评审过程。虽然这些决定最终是由院长、教务长和校长做出的，但几乎所有大学至少都会听取由候选人所在系以外的教师组成的委员会的意见。在一些大学里，这个委员会在整个学年都在工作，审查特定年份的所有终身教职和晋升候选人，而在其他大学里，则为每个晋升或终身教职案例设立了专门的委员会。

行政管理人员也曾经是研究生和青年教师。从他们的角度来看，教师和当时的自己并没有什么不同。最重要的是，请记住（如果你是一名教师），他们是你的同事，你对待他们要像对待同事一样。如果这一点还不够清楚，也许值得说明一下：不要把系主任、院长和其他行政管理人员视为老板或父母。

要记住的一点是，在大学行政等级中，虽然高你一两级的人似乎有很大的权力（特别是当你向他们有所求的时候），但情况没那么简单。从其他人的角度来看，他们的权力被那些层级更高的人所限制。记住以下这一点总是有益的：无论现在你的职务级别如何（如研究生或助理教授的级别），你都比其他处于较低层级的人拥有更多的自由和特权。你很容易会忘记这一点，实际上，你会认为自己的权力是理所当然的。简而言之，我们可能需要向其有所求的人很可能并不觉得自己处于实质上更高的层级。

彭妮·戈尔德：虽然行政管理人员的权力确实比教职工所认为的要小，但事实上也存在着差异。制定会议议程的人比提议议程的人有更大的权力。控制预算和编制预算过程的人比提出资金要求的人更有权力。以院长身份发言的人比其他在小组内发言的教师更有权力。当院长鼓励或支持一个新的想法时（无论是口头上还是资金上），这个想法比院长反对或忽视的某个想法更有可能实现。最好的行政管理人员是大学的真正领导者，他们以各种方式培养和造就卓越。但他们在哪些方式能得到赞同、哪些方式会遭到反对上有很大的选择权。从长远来看，如果他们所做的选择被普遍认为是不好的选择，教师们有时可以集合他们的力量，迫使行政管理人员辞职或下台，但这是一种极端的措施，通常只有当教师在经历多年的绝望之后才会发生。

约翰·戈德史密斯：某一年度的加薪通常会基于一个指导性的加薪百分比（大概 3% 或 4%，或者更少），在没有具体的理由高于或低于这个指导性百分比的情况下，所有的教职工都会依照这一比例得到加薪。一般会由系主任根据教师在过去一年中的工作表现来调整这一指导性加薪百分比。除了过去一年的工作表现，还可以考虑其他因素。如果一个人的工资过低，系主任和院长可以仅基于这一因素而给这个人加薪。例如，如果一个特定领域的起薪（"入门级工资"）以每年 6% 的速度增长，而过去几年的平均加薪幅度为每年 4%，那么一个工作四年的助理教授可能比工作一年的助理教授赚得少，或者一个副教授可能不会比新招聘的助理教授多赚几千美元。这些通常被认为是公平性的问题，要通过调整分配的方式来解决，即让工资低的教师比工资高的教师获得更高的加薪比例。

我刚才描述的情况有一个例外，那就是加利福尼亚大学的工资系统。在该系统中，每个学术级别（助理教授、副教授、正教授）都有特定的工资等级。每个人都会随着整体薪级的上升而自动加薪（这可能和当地政策或通货膨胀有关，取决于你如何看待它），也会随着个人薪级的晋升而获得加薪，一般每两到四年就有一次。

　　公立大学的教师受雇于州（或市）政府，因此与公务员有许多共同之处——比如他们的工资是公开记录的。正如我们可以很容易地找到州长或市长的工资一样，印第安纳大学或新泽西州立罗格斯大学（Rutgers, The State University of New Jersey）教授的工资记录也是公开的。要想获得这些信息，通常需要去找合适的部门，要么是在大学里，要么是在州议会里。但由于这些信息原则上是公开的，所以通常会被复制和广泛传播，有时候会由教师工会传播。另一方面，私立大学教授的工资就不为公众所知了，而且是相当保密的。人们一般被禁止与同事讨论他们的工资，但这是一种不成文的规定，并不是每个人都认可。

　　总的来说，到目前为止，我们所讨论的各种加薪都是为了应对通货膨胀，加薪幅度不会很大。真正可观的加薪来自一个复杂的问题——校外工作邀请，这是第九章的主题。

　　这里有一些关于平均工资的最新统计数据，让我们对目前的工资状况有一个很好的了解。

公立大学

教　授　　　　69,924 美元

副教授　　　　50,186 美元

助理教授	42,335 美元
平　均	55,068 美元

其他公立四年制院校

教　授	61,076 美元
副教授	47,850 美元
助理教授	39,544 美元
平　均	48,566 美元

私立大学

教　授	84,970 美元
副教授	56,517 美元
助理教授	47,387 美元
平　均	65,405 美元

其他私立四年制院校

教　授	57,089 美元
副教授	44,186 美元
助理教授	36,325 美元
平　均	44,504 美元

两年制学院

公立学院	43,295 美元

私立学院　　　　　31,915 美元

数据来源:《高等教育年鉴》, 参见 http://chronicle.com/free/alma-nac/1998/nation/nation.htm#colleges.

附录二　关于产假和共享职位的政策

诺克斯学院的产假政策

《诺克斯学院教职工手册》(*Knox Faculty Handbook*) 中的正式产假政策以简明的形式阐释了学院执行委员会在 1990 年制定的休假政策的精神。院长已根据执行委员会制定的指导方针执行该政策。以下是这两份文件的内容。诺克斯学院的每个学年由 3 个学期组成，每个学期有 10 周。

产　假

学院的健康政策允许教师请 6 个星期的带薪病假。在制定这项政策时，考虑到它对学术工作的影响，学院承认教师在学期制中工作的特殊性，给予生育子女的母亲一个学期的带薪假，或减少两门课的教学任务。对于父亲或不生育的父母，则可以减少一门课的教学任务。

教师的分娩假和产假
（执行委员会文件，1990 年 4 月 2 日）

分娩假：分娩假与其他病假或伤残假相似，目的是为妇女提供从分娩中恢复体力的时间。鉴于孕妇的特殊健康状况（是顺产还是剖宫产，以及是否有并发症），她可能需要一段时间来休养，这可以由其医生来确定。有些孕妇在分娩前还需要休息一段时间，这也取决于具体情况。所有这些时间都与怀孕和分娩的身体状况直接相关，因此与任何其他种类的医疗需求（其中一些是针对某一种性别的，如前列腺手术）相当。目前的健康保险涵盖了这些医疗假。"正常"情况下，分娩假的长度为 6 周的全薪假期；如果有医疗需要，将延长更多的时间。

产假：目的是为父母提供照顾新生儿的时间，并从工作中获得一些喘息，以便重新安排生活，同时兼顾好育儿和工作。这种假期不是对分娩造成的身体伤害的补偿，因此所有父母都可以享受，即生母、养母和所有的父亲。产假的长度为 5 周的全薪假期。

休产假的方式：

1.5 周的全职假，加上 6 周的分娩假，总共休假一个学期。

2.10 周的半职假，只需要教授一门课程（而不是两门课程）。

3.5 周的全职假，加上 5 周的无薪假，实际总共休假一个学期。

休产假的细节将由父母、院系教师和院长共同商定。如果新生儿的父母都在学院工作，则双方都可以休 5 周的产假。

格林内尔学院的共享职位政策

在格林内尔学院，两名教师可以共同承担一个教师职位。像格林内尔这样的小型社区，同时从事学术工作的夫妻面临着就业困境。通过设立共享职位，学院解决了这一困境。共享一个职位的两个人都有正式的教师身份，学院借此吸引了那些本可能无法接受学院职位的教师来工作。通过让两个人担任一个教职，学院的课程也更有灵活性。

考虑到共享职位和全职职位之间在合同上的差异，目前共享职位的任职者和申请格林奈尔共享职位的候选人都必须仔细考虑共享职位的问题。本文件对这些问题进行了讨论。

1. 有意针对已公布的教师职位申请共享职位的人，必须在校内面试前决定他们是希望单独申请全职职位还是一起申请共享职位，学院会尊重他们的选择。对于共享职位的候选人，两位候选人必须在申请人的排名中位于前列，才能获得共享职位。

学院也会考虑将全职任命转换为共享职位。院系应向院长提交一份提案，说明这种转换将如何有利于学院，并提出候选人在教学、学术和行政工作方面表现优秀的证据。院长将把该提案提交给执行委员会，由其提出建议。执行委员会将决定该提案是否有足够的说服力，并建议学院是否应继续执行其正常的聘用程序。

2. 学院不会要求共享职位中的一人在另一人休探亲假或医疗假期间进行全职教学。但是，如果共享职位中的一人辞职，或在医疗假或其他休假之后的一段时间内无法继续履行其教学职责，共享职位中的另一人必须完成全职职位的教学职责。例如，如果共享职位关系中的一人长期残疾或辞职，共享职位关系中的另一人必须承担全职职位。为了履行以上义务，共享职位的两名教师必须属于相同或密切相关的学科，并且必须在同一学术部门任职。

3. 作为格林内尔学院正式的、长期的教师成员，共享职位的教师拥有《教职工手册》（*The Faculty Handbook*）中对所有正式教师规定的相同的职责、义务、责任和特权。因此，共享职位的教师在教学和学术方面有着与全职教师相同的业绩要求，并有与全职教师相同的合同和晋升审查程序。共享职位在行政方面的要求应与正式职位相同。共享职位关系中的每一位教师都要单独考虑合同的续签以及晋升和终身教职评定的问题。他们可以根据《教职工手册》中的指导方针，各自独立申请参加年度专业会议和资助委员会的支持。

4. 由于格林内尔学院目前的全职教学计划是每年 5 门课程或同等工作量，因此全职的共享职位每年也要教 5 门课程。除非学院院长同意，否则每位共享职位的教师每年至少应教 2 门课程。

5. 目前，每个共享职位都有一个与该职位对应的基本工资，而不是与共享职位关系中的每个人分别对应的两个基本工资。在1994 年 9 月 1 日以后订立的共享职位合同中，每个人都将有一个基础工资，学院可以在此基础上进行适当的绩优加薪，并可以让具有不同经验或学术等级的个人共享职位。学院将按照以下两种方法之一向每个人支付工资。

方案一：按各自工作量的比例支付给每位教师工资。也就是说，如果两名教师在某年分别教授 3 门和 2 门课程，他们将获得各自基本工资的 3/5 和 2/5。每增加一门课程，则按各自基本工资的 1/5 给予增发。

方案二：将共享职位教师的平均基本工资按工作量的比例支付给每位教师。也就是说，如果两名教师在某年分别教授 3 门和 2 门课程，每人将各自获得由两人基本工资计算出的平均值的3/5 和 2/5。每增加一门课程，则按平均基本工资的 1/5 给予增发。

在这两种方法中，如果有一位教员担任全职职位，那么该职位的基本工资就是其个人的基本工资。

共享职位的教师在任职时必须选择方案一或方案二。此后，在学院工作每 5 年后，他们可以为下一个 5 年重新选择任何一种方案。

无论共享职位的工资分配方法如何，如果共享职位成员的教学职责大致相同，学院的现行政策允许学院在共享职位双方成员的要求下，各自获得该共享职位工资的一半。在这种情况下，每个成员将获得相同的年度工资。

6. 共享职位的教师有资格享受《教职工手册》中规定的福

利。由于共享职位的教职工共享的是全职教职，所有共享职位教职工的福利等待期与全职职位的福利等待期相同，而不是与兼职职位的相同。

7. 根据《教职工手册》的规定，每个共享职位的教员都有资格享受公休假期。学院将根据前 6 年的教学情况（不包括无薪假期）计算出的每年平均授课课程量来确定该休假期间的补贴。

8. 所有全职的正式教师都有资格根据《教职工手册》第二部分第十章所述的准则申请资深教师资格（SFS）（年龄在 64 岁至 70 岁之间的教师才能申请）。在共享职位期间，每位教职工分别累积工龄以达到 15 年的 SFS 资格要求，每一个服务年度都算作 SFS 资格要求的 15 年中的一年。

在符合 SFS 资格要求后，共享职位的成员可以申请转入 SFS。虽然两个成员不需要同时提出申请，但学院在批准申请者的请求之前，可以要求共享职位的另一成员对其退休或转入 SFS 的具体时间表做出承诺。

申请转入 SFS 的共享职位成员的 SFS 报酬总额将按照《教职工手册》中的规定的比例计算，这个比例相当于其在学院担任全职教师期间的平均年课程量，无论是单独的全职教师职位还是全职共享职位都是如此。例如，根据现行的对 SFS 给予 55% 补贴的政策，在格林奈尔学院工作期间，共享职位的成员每年平均教授 4 门课程（即 80% 的全职岗位课程），可以申请转到 SFS，其年度补贴为共享职位教师的基本工资乘以 55% 后再乘以 80%。

当共享职位的一名成员转到 SFS 时，另一成员将担任全职教学任务。随后，在符合 SFS 的资格要求后，此人可申请转到 SFS，并采用前段所述的相同的补贴规则。

如果共享职位在任何一位成员转到 SFS 之前变为独立的全职职位，则该职位转换为独立全职职位，该职位的任职者将遵守《教职工手册》中所述的与全职教师相关的 SFS 准则。

正如《教职工手册》第二部分第十章所述，学院保留在任何时候重新评估其提供的 SFS 选项的权利，或在学院认为必要时撤销该选项。如果发生这样的调整或撤销，那些已经获得这一职位的教职工将按照他们与学院签订的 SFS 任职协议中的规定继续执行该计划。

附录三　表　格

表 1　学术界就业情况：1997 年四年制和两年制院校的教职人员数量

	四年制院校	两年制院校
行政人员	125,000	29,000
教职工	683,000	320,000
全职教师	460,000	115,000
兼职教师	223,000	205,000
助教 / 助研	219,000	4,000
非教学专业人员	425,000	49,000
专业人员总数	1,452,000	402,000
文书、服务、技术人员	755,000	166,000
总就业人数 ★	2,207,000	568,000

资料来源： 美国教育部（United States Department of Education），国家教育统计中心（National Center for Education Statistics），高等教育综合数据系统（Integrated Postsecondary Education Data System），"秋季学期教师调查"（Fall Staff Survey），1997 年，国家教育统计中心 2000-164，表 A-2 和 A-3。参见 http://www.nces.ed.gov/pubsearch/pubsinfo.asp?pubid=2000164。

★ 不包括学制少于两年的院校，其就业人数为 33,353 人。

表 2　1997 年教师年薪分布情况

年薪（千美元）	教师百分比	
	全职教师	兼职教师
< 10	2.6	74.4
10 ~ 24.99	5.6	18.1
25 ~ 39.99	34.4	4.2
40 ~ 54.99	31.0	3.3
55 ~ 69.99	14.5	
70 ~ 84.99	6.1	
85 ~ 99.99	2.1	
100 <	3.7	
总计	100.0	100.0

表 3　1997 年自然科学和社会科学专业教师年薪中位数
（单位：千美元）

专业 / 年龄	企业	私立 四年制院校	硕士学位
	政府部门		
计算机 / 数学			
< 30	50	22	—
30 ~ 39	61	37	56
40 ~ 49	70	35	60
社会科学			
< 30	30	13	—
30 ~ 39	42	34	41
40 ~ 49	50	40	48

续 表

专业 / 年龄	企业	私立四年制院校	硕士学位
博士学位			
计算机 / 数学			
< 30	72	40	—
30 ~ 39	76	45	68
40 ~ 49	87	55	83
生命科学			
< 30	50	25	—
30 ~ 39	60	35	39
40 ~ 49	75	55	62
物理科学			
< 30	58	25	—
30 ~ 39	65	39	50
40 ~ 49	80	55	72
社会科学			
< 30	31	37	—
30 ~ 39	55	40	52
40 ~ 49	75	50	58

资料来源：国家科学基金会，科学资源研究部（Division of Science Resource Studies），1997 年科学家和工程师统计数据系统（Scientists and Engineers Statistical Data System），表 F-3。参见 http://srsstats.sbe.nsf.gov/ preformattedtables/1997/ DST1997.html。

表4 1974 年和 1997 年按职称和性别划分的全职教师年薪中位数
（单位：美元，按 1998 年的美元购买力计算）

	正教授	副教授	助理教授
男性			
1974 年	66,000	50,000	41,300
1997 年	68,200	50,500	41,900
女性			
1974 年	58,300	47,500	39,500
1997 年	60,200	47,100	39,400

表5 1992 ～ 1993 年学士学位获得者在 1997 年攻读更高学位的分布情况

学位	百分比
硕士学位	66
工商管理硕士学位	10
其他专业学位	14
博士学位	10

资料来源： 美国教育部，国家教育统计中心，《毕业之后的人生轨迹：1992 ～ 1993 年学士学位获得者在 1997 年的小记——攻读研究生和接受第一次职业教育的概况》（*Life after College: A Descriptive Summary of 1992-93 Bacholor Degree Recepients in 1997, with an Essay on Participation in Graduate and First-Professional Education* ），1999 年，国家教育统计中心，1999-155，亚历山大·C.麦克罗米克（Alexander Mc-Cormick），安 - 玛丽·努内兹（Ann-Marie Nunez），维尚·夏哈（Vishant Shah），苏珊·P.崔（Susan Choy）。参见 http:// www.nces.ed.gov/pubsearch/pubsinfo.asp?pubid=1999155。

表6 1997年攻读高级学位所获资助的情况（百分比）

资助类型	学位类型			
	硕士学位	工商管理硕士学位	其他专业学位	博士学位
贷款	20	18	53	25
助学金	12	5	5	28
助学金加贷款	6	7	13	8
校内勤工助学	5	0	1	14
校外兼职	4	18	0	1
其他	3	7	1	4
无资助	50	45	26	21

资料来源：同表5。

表7 全职教师每周的工作时间分布（单位：小时）

	一般情况	变动范围
课堂教学	8	3 ~ 16
备课	19	15 ~ 40
办公室时间	1	1 ~ 6
研究 / 学术	12	5 ~ 40
行政 / 服务	11	0 ~ 15
外部咨询	1	0 ~ 20
共计	52	50 ~ 80

资料来源：关于一般情况的数据来自美国教育部，国家教育统计中心，全国高等院校教师研究（National Study of Postsecondary Faculty），1993 年。参见 http://www.nces.ed.gov/pubs99/digest98/d98t227.html，表

227。变动范围的数字是作者的估算。

表 8　一般大学教师的学术出版时间表

第一年	提交第一篇论文	开始修改博士论文（专著）	
第二年	提交第二篇论文	修改并发表第一篇论文	继续修改博士论文（专著）
第三年	启动新的项目	修改并发表第二篇论文	提交博士论文（专著）
第四年	提交第三篇论文	继续新的项目	发表博士论文（专著）
第五年	提交第四篇论文	发表第三篇论文	终身教职评审开始
第六年	提交第五篇论文	发表第四篇论文	终身教职评审结果公布

注　释

前　言

1. 此书中我们很少提及专业技术类学校，如护理学院、工商管理学院和法学院等。尽管如此，这些领域的研究生如果有兴趣在学术界发展，也可以在本书中找到很多适用于他们的内容。

2. 外国留学生的人数一直在大幅增长：1993 年在科学和工程领域的 17 万名研究生中，43% 的人是外国留学生。艾米·马加罗·鲁文（Amy Magaro Ruvin）于 1995 年 7 月 14 日在《高等教育年鉴》国际版的 A33 版发表了《大量外国留学生进入理科专业损害了美国学生的入学机会》（"Foreign Influx in Science Hurts Americans'Recruitment"）一文。美国 60% 的经济学博士被授予了非美国籍学生。

3. 关于校内教师是如何看待芝加哥大学传统的，参见爱德华·希尔斯（Edward Shils）编：《回忆芝加哥大学：教师、科学家和学者》（*Remembering the University of Chicago:*

Teachers, Scientists and Scholars），芝加哥：芝加哥大学出版社，1991 年版。

4. 仅举一例，目前还没有关于使用哪种方法指导博士论文能取得最佳效果的研究。

5. 例如，理查德·M. 瑞斯（Richard M. Reis）：《未来的教授：为理科和工科领域的学术生涯做准备》（*Tomorrow's Professor: Preparing for Academic Careers in Science and Engineering*），纽约：IEEE 出版社，1997 年版。

6. 关于学术体系国别比较及其演变，参见伯顿·R. 克拉克（Burton R. Clark）主编的《学术界：国家、学科和大学构架》（*The Academic Profession: National, Disciplinary, and Institutional Settings*），伯克利：加利福尼亚大学出版社，1987 年版。

7. 麦乐妮·加斯特福森（Melanie Gustafson）编：《成为历史学家：女人和男人的生存手册》（*Becoming a Historian: A Survival Manual for Women and Men*），华盛顿特区：美国历史协会，1991 年版；艾米丽·托斯（Emily Toth）：《女导师给女学者的完美建议》（*Ms. Mentor's Impeccable Advice for Women in Academia*），费城：宾夕法尼亚大学出版社（University of Pennsylvania Press），1997 年版。另见彭妮·戈尔德对托斯一书的回应：《给女学者的建议："女导师"的出错之处》（"Giving Advice to Women in Academe: Where 'Ms. Mentor' Goes Wrong"），1998 年 5 月 1 日《高等教育年鉴》，B7 版。彭

妮还编辑了一份由教师编写的指南《诺克斯学院教师生存／成功指南》（"Survival /Success Guide for Knox Faculty"），这份指南虽然是以诺克斯学院为话题，但其中有很多内容是普遍适用的，可以通过 http://www.knox.edu/knox/knoxweb/faculty/guide 查阅。

8. 批评甚至是嘲讽的声音比比皆是。例如，斯坦利·费什（Stanley Fish）的《难以承受的沃尔沃之丑陋》（"The Unbearable Ugliness of Volvos"），载于苏珊·古芭（Susan Gubar）和乔纳森·凯姆霍兹（Jonathan Kamholtz）编：《英语的内与外：文学评论的位置》（*English Inside and Out: The Places of Literary Criticism*），纽约：劳特里奇出版社，1993 年版。

9. 高等教育已经成为如此巨大的一个产业，这一点让我难过，但这是一个经济自然发展的过程。现在有近 300 万人在学术界工作，它肯定很难像家族企业那样经营。同样让我感到遗憾的是，大学的学费已经暴涨：按当前的物价水平计算，现在的学费相比于 20 世纪 50 年代已经翻了一番。C.T. 克劳弗特（C. T. Clotfelter）：《顶级购买：精英高等教育成本的升级》（*Buying the Best: Cost Escalation in Elite Higher Education*），普林斯顿，新泽西州：普林斯顿大学出版社，1996 年版。E. 拉森（E. Larsen）：《为什么大学如此昂贵》（"Why Colleges Cost Too Much"），载《时代周刊》（*Time*），1997 年 3 月 17 日，第 11 页。美国教育部：《教育数据文摘》（*Digest of Education*

Statistics），华盛顿特区：政府印刷办公室，1997 年。

第一章

1. 研究生院委员会主席朱尔斯·B. 拉皮德斯（Jules B. LaPidus）[在《为什么攻读博士学位是一件有风险的事情》（"Why Pursuing a PhD Is a Risky Business"），1997 年 11 月 14 日《高等教育年鉴》，观点视角，A60 版一文中] 认为，学生要为自己进入研究生院的决定负责，并面对这一决定所带来的后果。然而，我想说的是，这种观点忽略了这样一个事实：学生们并没有掌握足够的信息来对他们的前途做出一个明智而理性的判断。刚开始读研究生的学生通常无法预测他们在完成学业后相对于其他同学的表现会有多好。这可能就是为什么普遍存在博士生过剩现象的主要原因之一。

2. 美国劳工统计局在其网站（http://www.bls.gov）及其两份所属出版物《劳工评论月刊》（*Monthly Labor Review*）和《职业前景评论》（*Occupations Outlook Review*）中提供了大量的信息。

3. 此数据来自对男性就业者的统计，而女性就业者平均收入比男性少约 1000 美元。

4.《致编辑的一封信》（"Letter to the Editor"），载于《视角》，1999 年 11 月，37 卷第 8 期，第 12 页。

5. 达恩顿在信中继续写道："作为系主任，他……努力创建了我们姑且称之为全美国最伟大的历史系……我们所了解和爱戴的这个人是温和而慷慨的……为什么他要花时间与无关紧要的访客或微不足道的年轻讲师共进午餐？为什么他要阅读和修改与他的领域相去甚远的同事的论文草稿？……他一人俨然相当于一个职业介绍所，为他的学生找到他们做梦都想不到的工作岗位。他还是学生们的作品代理人，通过自己的推荐让他们的作品面世于《过去和现在》（*Past and Present*）以及牛津大学出版社……"他回忆道："牛津大学的经历让我明白纯事实的知识（你也可以称之为一个人的博学程度）是多么重要，在剑拔弩张的学习生活中，它是求生的利剑。"（第44页至45页）

6. 关于理科和社会科学领域教育水平和薪酬的详细信息，参见 http://srsstats.sbe.nsf.gov。

7. 但这并不能说明全部问题，因为薪资的差别程度实际上更大。1998年，刚毕业的经济学博士进入学术界工作最高年薪是12.8万美元，但商业界的同等年薪却高出33%，为17万美元。

8. 当然，这意味着一半的学生在硕士毕业后还需要5年以上的时间才能获得博士学位。

9. 参见 http://www.irs.ustreas.gov/prod/tax stats/ind.html。1994年，美国的百万富翁人口数量为130万，占加利福尼亚州、纽约州、新泽西州和佛罗里达州成年人口的1%。

10. 我们将在第九章继续讨论这个问题。现在简单提一点，离开现在就职的大学实际上是大幅提高工资的唯一途径，因为为了阻止你跳槽，你就职的大学很可能会将工资提高到对方给出的数目。如果现就职单位不能做到这一点，你就可以通过接受其他大学的工作邀约来提高薪水。担任系主任并不会让你的工资有显著提高，除非是跳槽到另外一所大学担任系主任。另一个提高工资的方法是进入学术管理层——例如，在个人职业生涯的后期担任院长职位。

11. 该网站（http://www.nextwave.org/survey）还提供了很多相关信息，包括工资、职业指南和其他信息——主要是理科方面的，但其他专业的学者也会感兴趣。20 世纪 90 年代初，毕业之际的本科毕业生只有 1.9% 的时间没有工作，拥有更高学历的毕业生只有 1.6% 的时间没有工作。也就是说，大学毕业生在一年中平均只有 7 天处于未就业状态。

12.《视角》第 37 卷，第 8 期（1999 年 11 月），第 3 页。

13. 1991 年的未报备的兼职教师人数只占 32%。《视角》第 37 卷，第 1 期（1999 年 1 月），第 24 页。

14.《职业前景手册》（*Occupational Outlook Handbook*），1998 年至 1999 年，http://www.bls.gov/oco/ocos066. htm。

15. 需要提醒你的是，并非所有的教授都可以自由安排时间。一些朋友告诉我，他们的情况与我描述的完全不符。一位在法国的同事指出，他们那里的教授甚至没有办公室，所以除了在家里或在咖啡馆之外，没有其他可以工作的地方，当然羊角面包还是法国的好吃些。

16. 如果有了家庭，这个好处可真是意义非凡，但现在暂且不提，我们到第十章再详细讨论。

17. 实验科学领域的教授通常还要在暑假里做实验。

18. 要了解某学科的总体情况，有效的途径就是阅读专业组织的内部通讯，如《视角》（美国历史协会的内部通讯，http://www.theaha.org）。然而，有些组织［如美国经济协会（the American Economic Association）］并不出版内部通讯。仔细阅读《高等教育年鉴》也能让你对学术生活有所了解。它有一个非常有用的电子数据库：http:// www.chronicle.org。一定要查看http://chronicle.com /jobs，你可以在那里找到很多关于学术工作的资源信息；还有 http://chronicle.com /jobs/book shelf.htm，该网页提供关于找工作和学术生活其他方面的书籍信息。

19. 参见《另一种生活方式》（*Alternative Life Styles*）杂志。

20. 我们将在第八章专门讨论这个问题，因为获得终身教职标志着你进入了学术界的高级行列。

21. 1997 年，教育行业为国内生产总值贡献了 615 亿美元（相比之下，汽车制造业所创造的总值也不过 850 亿美元）。

22. 关于发表那些最终成为经典的经济学论文面临的重重困难，参见乔舒亚·S. 甘斯（Joshua S. Gans）和乔治·B. 谢泼德（George B. Shepherd）的文章《经典是如何坠落的：被一流的经济学家所否定的经典经济学文献》（"How Are the Mighty Fallen: Rejected Classic Articles by Leading Economists"），该文见《经济视角》（*Journal of Economic Perspectives*）1994 年第 8 期，第 165 页至 179 页。当然，我们并不知道有多少可能成为经典的论文最终没有发表。

23. 我的论文《教师既不是见证者也不是陌生人》（"A Teacher Is Either a Witness or a Stranger"），收录在帕特里夏·迈耶·斯帕克斯（Patricia Meyer Spacks）编：《论赞同在课堂中的角色》（*The Role of Advocacy in the Classroom*），纽约：圣马丁出版社，1996年版，第260页至270页，论文中讨论了几个这样的例子。

24. 一个有趣的分析是，职业培训和工作环境也会妨碍独立思考（这正是促成体制变革的一个必要特征），可参见杰夫·施密特（Jeff Schmidt）：《被禁锢的思维：对薪酬行业和塑造人生的心灵鞭打体制的批判性观察》（*Disciplined Minds: A Critical Look at Salaried Professionals and the Soul-Battering System That Shapes Their Lives*），拉纳姆，马里兰：罗曼和利特菲尔德出版公司，2000年版。

25. 近1800所学院和大学向这些学生授予了学位。1993年接受采访时，这批学生中足有85%的人明确回应会攻读更高学位。然而，到1997年，这批1993年的毕业生中只有72%的人表示要攻读更高学位。不过，只有少数人真正实现了获得更高学位的愿望：只有41%的毕业生申请攻读研究生，其中录取率高达87%。参见亚历山大·C.麦考密克（Alexander C. McCormick）、安妮-玛丽·纽尼斯（Anne-Marie Nuñez）、维相特·沙阿（Vishant Shah）、苏珊·P.乔伊、MPR委员会（MPR Associates）、葆拉·R.科耐普项目经理（Paula R. Knepper Project）：《大学毕业后的人生：1992年至1993年度本科毕业生在 1997 年的现状，及攻读研究生和接受首次职业教育的描述性总结》（"Life after College: A Descriptive Summary of 1992 – 1993 Bachelor's Degree Recipients in 1997, with an Essay on Participation in Graduate and First-Professional Education"），美国国家教育统计中心（National Center for Education Statistics）数据分析报告 NCES 1999-155，美国教育部，教育研究和提高办公室（Office of Educational Research and Improvement），国家教育统计中心，1999。

26. 1992 年至 1993 学年毕业的本科生所申请的研究生专业一览：

教育	21.5%
商业／管理	18.1%
健康科学（包括医药学）	15.5%
社会科学	9.7%
工程／数学／计算机科学	8.5%
法律	8.1%
艺术／人文学科	8.1%
科学	5.6%

第二章

1. 在美国研究生院理事会（Council of Graduate Schools）的网站上可以找到有用的信息，该网站"致力于研究生教育的改进和提高"（http://www.cgsnet.org）。该委员会有许多与研究生教育各方面相关的出版物。与研究生有关的信息不仅可以在所有大学的系级层面上获得，而且有时也可以在大学层面上获得，例如，http://www.mit.edu/activities/gsc 和 http://www. harvard. edu/~gsc 分别是麻省理工学院和哈佛大学的研究生委员会网址。1995 年美国国家研究委员会（National Research Council）和美国国家科学院（National Academy of Sciences，United States）的 博 士 生 项 目 的 报 告 可 在 http://www.nap.edu/reading room/books/researchdoc 网站上查询。

2. 美国的研究生院是典型的盎格鲁—撒克逊学院模式（Anglo-Saxon institutional form），是美国学术界的精华所在。欧洲大陆的一些国家和地区已经开始郑重效仿这一模式。

3. 加入一个互联网讨论组可能有助于让你了解学术生活的一般概况。关于经济史方向，可参见 http://www. eh.net，它有很多有趣的链接。登录 http://www.h-net.msu.edu，可以访问上百个关于人文和社会科学话题的讨论小组。另外，你还可以查看美国学术团体委员会（American Council of Learned Societies）的网页 http:// www.acls.org，以找到许多美国重要学术团体的链接。

4. 用专业术语来描述，即你对自己在一段时间内不能犯类似错误的预测，否则就意味着你对有效信息的掌握尚不充分。

5. 在学年中，你不会有太多的时间外出赚钱，因为大多数博士生在工作日都需要上课。攻读高级学位课程的出勤频率如下（1997 年数据）：

课程	工作日白天	工作日晚上	周末
硕士	40	56	4
MBA	22	77	1
专业学位	95	5	0
博士	89	11	0

6. 参见第一章的注释 25。

7. 对于历史专业来说，这些信息由美国历史协会在年度汇编的出版物《历史系名录》(*Directory of History Departments*)公布，其中列出了北美 700 多个历史系的相关信息，包括谁完成了研究生课程、其论文题目是什么以及在何处就职等宝贵数据。你可能需要做一些搜索来找到你所在领域的相关出版物。

8. 1998 年,2500 人被授予了历史学博士学位。而在 1992 年，大约有 9300 名学生进入了历史系的研究生院。因此，获得博士学位与入学人数的平均比例接近 1：4，即 25%。但这并非博士生淘汰率的一个精确指标，因为许多学生在入学时的定位就是硕士研究生。

9. 国家教育统计中心网站（http://www.nces.ed.gov）提供了有关教育的重要数据。根据该中心的预测，在 20 世纪头 10 年中，年均博士毕业生人数将达到 5 万人，而在 20 世纪 90 年代约为 4.4 万人，其人数有较大增长。此外，科学和技术专业委员会（Professionals in Science and Technology）网站（http://www.cpst.org）、美国数学协会（American Mathematical Society）网站（http://www.ams.org）和美国劳工统计局网站（http://stats. bls.gov）都有其他相关信息。

10.《计量经济学协会内部通讯》（*The Newsletter of the Cliometric Society*）定期发表关于著名经济史学家学术生涯的文章。你也可以参阅迈克尔·森贝格（Michael Szenberg）编：《杰出经济学家的人生哲学》（*Eminent Economists: Their Life Philosophies*），纽约：剑桥大学出版社，1992年版。

第三章

1. 这个问题很重要，之前我们已经讲过，下一章中还会提到。

2. 比起经常使用的"前沿"，我更喜欢用"新领域"这个比喻。因为"前沿"意味着在已知和未知之间存在着明确的分界线，但实际情况很少如此。相反，在我看来，这条分界线是模糊、断断续续且多面的，并且在不断改变方向。此外，即使在以前不被认为处于前沿的领域，也会自动产生新的知识。

3. 我记得，以前要和自己的导师预约见面相当困难。有时候，导师甚至会忘记约定。但我确实清楚地记得，当最终与导师见面时，确实令我受益匪浅。

4. 论文评审委员会通常由4位教授组成，他们不一定来自同一院系或同一所学校。和第一审阅人相比，其他审阅人所起的作用要小得多；虽然他们的评价相对不那么重要，但对你而言仍然至关重要。如果你强调自己的研究是跨学科的，最好邀请一位其他学科的代表参加。

第四章

1. "ABD" 并非正式的称谓，指已修完课程并通过了所有考试，但没有完成论文的学生。

2. 我们不打算具体讨论如何撰写博士论文。关于这个问题，请参考：劳伦斯·F.洛克（Lawrence F. Locke）、瓦尼恩·韦里克·斯佩尔杜索（Waneen Wyrick Spirduso）和斯蒂芬·J.西尔弗曼（Stephen J. Silverman）：《博士论文写作计划及研究经费申请指南》（*Proposals That Work: A Guide for Planning Dissertations and Grant Proposals*），纽伯里帕克，加利福尼亚：Sage 出版社，1993 年版；谢尔·埃里克·鲁德斯坦（Kjell Erik Rudestam）、雷·R.牛顿（Rae R. Newton）：《博士论文求生指南：博士论文的内容及写作过程》（*Surviving Your Dissertation: A Comprehensive Guide to Content and Process*），纽伯里帕克，加利福尼亚：Sage 出版社，1992 年版；以及苏拉娅·M.科利（Soraya M. Coley）、辛西娅·A.沙因贝格（Cynthia A. Scheinberg）：《开题报告写作》（*Proposal Writing*），纽伯里帕克，加利福尼亚：Sage 出版社，1990 年版。

3. 1997 年录取的博士研究生中，只有一半的人在大学毕业 4 年后开始写论文。具体数据如下：

类型	正在撰写中	论文已完成	无论文要求
硕士	27%	7%	25%
工商管理硕士	12%	6%	43%
博士	52%	5%	8%

　　这些数据存在局限性，因其并未说明学生何时开始攻读学位。但这确实让我们对毕业生在获得第一个学位后 4 年内的进展有了一些了解。例如，在 1997 年的博士生中，5% 的人已经完成了论文，而且可以确认的是，40% 的人尚未动笔。

　　4. 密歇根大学博士论文摘要数据库：http://www.umi.com。

　　5. 美国国家科学基金会支持很多社会科学领域的研究，包括社会学、政治学、经济学、法学、统计学和管理学（也包括博士研究）。参见 http://www.nsf.gov/sbe/ses/start.htm。

　　6. 你也许会说："我没有列支敦士登的外贸数据，但鉴于这两个国家社会经济结构的相似性，可能不会超过瑞士的人均基数。因此，我在欧洲的总和上增加 0.5 个百分点，算是补充了列支敦士登的数据。"你提供了一个解决问题的临时方案，并给出了处理自己误差的直观方法。另一方面，如果你为了完成关于欧洲国际贸易最新趋势的论文而冲动地准备用一个月时间去寻找准确的数字，你就犯了错误，而且很可能对论文的按时完成造成风险。当然，如果论文是关于欧洲少数几个小国的经济增长，那就是另外一回事了。

第五章

1. 不要局限于美国的期刊。

2. 还要注意的是，你要预备多种方案。细节确实很重要：例如，要确保你在演讲之前会操作投影仪。演讲时到处摸索开关会很尴尬，也会让你很紧张。如果要用笔记，请事先按适当的顺序把它们装订在一起，这样你就不会在演讲的中途发现纸张乱成一团。

3. 1993 年，我曾担任社会科学史协会经济史会议的协调人，组织了 12 次会议，约有 50 人参加，但只有一个研究生申请参与其中。比起著名学者，我更愿意让其他人优先参加会议，以帮助他们获得一些经验。

4. 例如，计量历史学协会（Cliometric Society）也是如此，经济史学家可以参与。

5. 记得我第一次参加会议面试时感到非常失望。我刚刚发表了一篇 4 页的评论文章，但似乎没有人注意到它。

6. 关于如何为出版商写图书简介的建议，请参见罗宾·德里克特：《学术出版作者指南》，普林斯顿，新泽西州：普林斯顿大学出版社，1996 年版。

7. 自然科学专业的学生可能要参加现场面试，而不是在全国性的年会上进行面试。

8. 有些人可能认为婚姻对男性有利，我最近读到的一封推荐信的作者就是这样认为的；他把一位男性申请人描述为"有一个迷人而忠诚的妻子和一个年幼可爱的儿子"。不用说,"丈夫"这个词在这样的行文中并不容易被替换掉。

9. 一般情况下,面试是在酒店房间进行的,通常是在卧室——因此这不是为正式面试而设计的,所以请准备好应对一些尴尬的情况。

10. 见艾米丽·托斯(Emily Toth):《女导师给女学者的完美建议》,费城:宾夕法尼亚大学出版社,1997年版,第27、36页。俄勒冈州立大学(Oregon State University)的简·卢布琴科(Jane Lubchenco)教授同意我的观点,但她建议在找工作过程中尽早分享配偶的工作情况(如果你的配偶也是学术界人士),以便找到两份工作,见《给双职工夫妇的学术建议》("Advice for Academics Who Are Members of Two-Career Couples"),《高等教育年鉴》,2000年5月26日,B12版。

11. 明尼苏达大学(University of Minnesota System)开设的为未来大学教师做准备(Preparing Future Faculty)这一课程就是这种培养趋势的一个标志,请见其网站http://www.preparing-faculty.org,或者1999年1月份的《视角》第37卷第1期。你也可以参考史蒂芬·D.布鲁克菲尔德(Stephen D. Brookfield):《成为具有批评性反思能力的教师》(*Becoming a Critically Reflective Teacher*):旧金山:乔西-巴斯出版社,1995年版。

12. 示意图比表格要好,因为其更容易被理解。

13.《高等教育年鉴》中对此有讨论,你可以在http://

chronicle.com/colloquy/98/fashion /background.htm 找到。他们
是怎么说的呢？"如何看待穿着打扮？这会在求职面试中起决定
性作用吗？会削弱争取终身教职的竞争力吗？会使你在会议上的
优秀表现拖后腿吗？尽管对于其中的原因仍有争论，许多教师都
认为穿着是很重要的。"他们引用了艾米丽·托斯的话，她的书
《女导师对女学者的完美建议》谈到了学术界的许多人情世故。
《高等教育年鉴》的座谈会系列讲述了许多学术界话题，比如与
学者约会的利弊。参见 http://chronicle.com/colloquy/99/dating/
background.htm。

14. 奇怪的是，在我的工作演讲中，每次一有意外发生，我
都能收到录用通知。可能是这些意外使听众对我个人或者我的演
讲产生了兴趣。有一次我在慕尼黑演讲，听众中的一位教授一开
始就站起来，要求我用德语演讲。但之前院长和我说好的是用英
语演讲，如果临时切换语言，对我来说难度很大。教授和院长在
至少 50 人的听众面前商量了 5 分钟之久，而我就一直等在那里。
不知道为什么，我觉得这很搞笑，偷笑着讲完了整个讲座，甚至
忘记了一个重要的方程式，但似乎没有人注意到。

15. 所有这些谈话在面试后都会作为评价依据，而且其重要
性不亚于正式公开的演讲，甚至还可以帮助弥补正式演讲的不
足。比如，有些面试官会想："我知道他演讲时的有些回答并不
好，但是当我一对一询问他的研究时，他倒是很出色的。"

16. 我觉得这种询问涉及个人隐私，他们不应该以此来决定
是否聘用。我认为面试官应该对应聘者的能力进行独立评价。

17. 如果你以研究生身份在一所地方性院校任教，你和你就读的大学的关系不会受到这种工作方式所带来的不利因素的影响。但是，如果你在研究生毕业后从事临时性工作，情况就不同了。那时，最近的工作关系将决定你的市场价值。因此，如果你不希望以后一直在规模较小的学校任教，你最好不要在获得博士学位后接受这样的职位。你可以在学术机构以外的单位工作一年。

18. 一部关于经济学家就业机会的论文集发表在《经济学视角》（*Journal of Economic Perspectives*）第 13 期第 3 卷（1999 年夏），第 115 页至第 156 页。其参考资料对许多其他学科也是适用的。

19. 关于在 185 名申请者中被选中担任英语专业的终身职位的感受，可参见罗宾·威尔逊（Robin Wilson）：《求职回访录：本刊追踪的毕业生找到了工作》（"A Job Search Revisited: Graduate Student Tracked by Chronicle Lands a Position"），1998 年 3 月 11 日《高等教育年鉴》，每日新闻版块。关于她在前一年找工作时遇到的困难，参见罗宾·威尔逊：《一个研究生的求职：远走他乡》（"A Graduate Student's Job Search Leads Her Far Afield"），1997 年 4 月 25 日《高等教育年鉴》，教师版，A10 版。

20. 各大学的学术休假政策有很大不同，但一般来说，大学每隔 7 年就会给学者一个学期的全薪休假，以便让其集中精力阅读和研究。教师可以离开学校到其他地方休学术假，如果有基金资助，也可以把一学期延长到一整年，这显然会对研究项目的进展起到至关重要的作用。

21. 感谢安妮·赫特曼（Anne Houtman）和奈塔丽·阿德菲（Natalie Adolphi）对共享职位的建议，该建议涵盖从最初的申请到在工作中碰到的种种问题。

22. 在某历史系，原来的职位被一分为二地给予了一对夫妻。尽管这是一个临时性方案，却也很管用。后来，系里有了其他职位的空缺，这对夫妻就开始独立从事自己的工作，不再承担同一个职位。

23. 这种情况的一个变化是，如果在接受了爱荷华州立大学的录用通知后，斯坦福大学又邀请你去参加校园面试，我认为这时应该拒绝面试邀请并坚持自己的承诺——因为如果换学校，职位能有多少提升是不确定的。在这种情况下，你可以想想如果没有收到斯坦福大学的邀请，自己会得到多少。此外，你如果有了转投其他学校的想法，那么未来的爱荷华州立大学的同事也许会疏远你，这也是你要考虑到的。

第六章

1. 目前，传统学院的终身制正受到质疑，因为许多行政人员认为它的成本效益不够高。自 1986 年以来，历史系的兼职教师人数增加了约 20%。《视角》，1999 年 1 月，第 37 期第 1 卷，第 24 页。

2. 例如，在我接受录用后，我收到了系里几位资深教师的欢迎信，后来我发现这些教师恰恰是对决策有重要影响的人。

3. 假设一个人想得到 A，但这样做会有争议或违反常规。但假设 A 和 C 都隶属于 B，那么人们为了达到目标便转而支持 C，特别是如果 C 同时隶属于 D，他们会把 C 当作 D 的子集来支持它，然后提到 C 又说它与 B 相关，进而获得对 B 的支持。其后再将焦点转到隶属于 B 的 A。这些在纸上看起来很复杂，但在一个充满分歧意见的会议上，如果有几个类似这样的争论同时发生，那么口头的争论将更为复杂。

比方说，一个想支持琼斯竞争系里的一个空缺职位的同事，可能最初推荐的是史密斯。一段时间后，他改变了主意，转而支持琼斯，并解释说虽然他最初支持史密斯，但他现在看到了琼斯的优势。既然他能改变主意，那么其他人也可以。你只有长期密切关注并留心同事们的说话方式，才能看透这种策略。

4. 引自《反对任人唯亲，打破共同掌权》（"A Crusade against Cronyism or a Breach of Collegiality"），2000 年 7 月 7 日《高等教育年鉴》，教师版，A12 版。

5. 我在这里的评论的大部分内容来自《诺克斯教师成功 / 生存指南》第三版（2000 年），第 14 页、第 41 页至第 42 页，这是我和几个诺克斯的同事共同写撰写的，他们是：娜塔莉·阿道菲、希斯·霍夫曼（Heather Hoffman）、卡罗尔·霍洛维兹（Carol Horo witz）和伊丽莎白·卡琳梅斯（Elizabeth Carlin Metz）。感谢他们允许我使用《指南》中的一些材料，并且十分荣幸能和他们一起合作这个项目。

6. 我在芝加哥大学的第一位论文导师阿卡狄乌斯·卡亨（Arcadius Kahan）是个工作狂，62 岁时因心脏衰竭去世。纳特·博哈特（Knut Borchardt）也在 62 岁时因心脏问题退休，之后我接替了他在慕尼黑大学的职位。

7. 关于性别和学院生活的分析，同样适用于它所描述的商业世界，请见罗莎贝斯·莫斯·坎特（Rosabeth Moss Kanter）：《公司男女》（*Men and Women of the Corporation*）（第二版），纽约：基本读物出版社，1993 版。关于对家庭与工作冲突的分析，以及对消除这种冲突的政策和法治手段的建议，请见琼·威廉姆斯（Joan Williams）：《不屈服的性别：家庭和工作冲突的原因以及解决方法》（*Unbending Gender: Why Family and Work Conflict and What to Do about It*），纽约：牛津大学出版社，2000 版。要了解致力于此项变革的组织，请访问学院和大学工作/家庭协会网站：http://www.cuwfa.org。

8. 约翰·J. 西格弗里德（John J. Siegfried）和文迪·A. 斯多克（Wendy A. Stock）：《经济学博士的就业市场》（"The Labor Market in New Ph.D. Economists"），载 1999 年夏《经济学视角》第 3 期第 13 页、第 115 页至第 134 页。

9. 难怪学术界抱怨的声音都来自英语专业的学生。关于一位后现代主义英语教授的观点，见泰利·凯撒（Terry Caesar）：《伪装的写作：处于从属地位的学术生活》（*Writing in Disguise: Academic Life in Subordination*），雅典：俄亥俄大学出版社，

1998 年版。1994 年，英语和外语专业的博士生中有 10% 的人失业。此外，在英语专业，7.8% 的新博士生在学术界以外谋职，而外语专业 12.2% 的人如此。《语言学博士的失业率达到了 10 年来的最高点》（"Unemployment Rate for Language Ph.D.s Hits 10-Year High"），1996 年 1 月 12 日《高等教育年鉴》，人事和职业版，A15 版。在 1995 年至 1996 年的数学博士中，有 9.4% 的人在 1996 年 9 月处于失业状态，失业率比前一年的 14.7% 有所下降。丹尼斯·K.麦格纳（Denise K. Magner）：《博士就业市场开始出现好转》（"Job Market for Ph.D.s Shows First Signs of Improvement"），1997 年 1 月 31 日《高等教育年鉴》，教师版，A8 版。1996 年至 1997 年，刚毕业的数学专业博士生的失业率持续下降到 6.8%，这是自 1990 年以来的历史新低。《新近数学博士的失业率下降》（"Unemployment Rate Drops for New Mathematics Ph.D.s"），1998 年 1 月 9 日《高等教育年鉴》，教师版，A14 版。

10. A. 桑德森（A. Sanderson）、V.C. 潘（V. C. Phua）和 D. 赫尔达（D. Herda）：《美国大学教师调查》（"The American Faculty Poll"），芝加哥：全民调查研究中心（National Opinion Research Center），2000 年；该报告可在 http:// www.norc.uchicago.edu/online/tiaa-fin.pdf 查阅。

第七章

1. 此外，教学问题通常适合在学科专题讨论组中讨论。学科概述讨论组更适合于一般的教学方法问题，而学科专题讨论组更适合具体讨论教学材料选择一类的问题。

2. 这个研讨会每年夏天都会举办，对来自各院校的教授开放。我强烈建议参加；你的学校很可能会从教师发展基金中支付你参加研讨会的费用。要了解更多信息，请参阅 GLCA 网站：http://www.glca.org/cdt。

3. 这种方法在劳伦斯·罗威尔 - 特洛伊（Lawrence Lovell-Troy）和保罗·伊克曼（Paul Eickmann）：《大学教师课程设计》（*Course Design for College Teachers*，恩格伍德·克利夫斯，新泽西：教育科技出版社，1992 年）中有详细的描述。

4. 你同事的教学大纲可以帮助你评估学生的能力。杜克大学（Duke University）的艾德·塔尔（Ed Tower）已经出版了的经济学所有分支学科的教学大纲（教堂山，北卡罗来纳州：艾诺·里弗斯出版社）。马克斯·维尔纳出版社出版了历史学各领域的教学大纲合集。

5. 关于人文和社会科学领域的讨论组名单，见 H-Net 网站：http://www.h-net.msu.edu。关于各种教学问题还可以参考"明天的教授"（Tomorrow's Professor），网址为：http://sll.stanford.edu /projects/tomprof/newtomprof/index.shtml。

6. 例如，经济史学家有一个高端论坛讨论组。你可以在

http://eh-net.edu 中订阅。

7. 阿兰·柏林克里（Alan Brinkley）：《芝加哥教师手册：课堂实用指南》（*The Chicago Handbook for Teachers: A Practical Guide to the Col lege Classroom*），芝加哥：芝加哥大学出版社，1999 年版。一些学科有专门的教学期刊，可以提供重要资讯，如《经济学教育杂志》（*Journal of Economic Education*）。

8. 你可以从一些书籍入手。威尔伯特·J. 麦基奇（Wilbert J. McKeachie）：《麦基奇的教学技巧：大学教师的策略、研究和理论》（*McKeachie's Teaching Tips: Strategies, Research, and Theory for College and University Teachers*）第十版（波士顿：霍顿·米夫林出版社，1999 年版）。罗伯特·博瓦斯（Robert Boice）：《大学教师首要法则：改善教学过程的十个基本方法》（*First-Order Principles for College Teachers: Ten Basic Ways to Improve the Teaching Process*）（博尔顿，马萨诸塞州：Anker 出版社，1996 年版）。简·P. 汤普金斯（Jane P. Tompkins），《学校生活：教师学到了什么》（*A Life in School: What the Teacher Learned*）（雷丁，马萨诸塞州：艾迪森 - 维斯利出版社，1996 年版。贝尔·胡克斯（Bell Hooks）：《教学失范：教育是自由的实践》（*Teaching to Transgress: Education as the Practice of Freedom*）（纽约：劳特里奇出版社，1994 年版）。还有一篇讨论策略的文章，我发现每次重读都会有新的收获：彼得·弗雷德里克（Peter Frederick）：《可怕的讨论：十种开始的

方式》（"Dreaded Discussion: Ten Ways to Start"），载于《改善大学教学》（*Improving College and University Teaching*）第29期（1981年），第109页至第114页。一些学科有专门讨论教学的期刊，可以提供重要的资讯，如《历史教师》（*The History Teacher*）。

9. 关于这一点，请见 C.J. 盖朵（C. J. Guardo）：《为想象中的学生设计课程》（"Designing Curricula for Imaginary Students"），载于《通识教育》（*Liberal Education*）第71期（1986年），第213页至第219页。

10. 亚瑟·勒文（Arthur Levine）和詹尼特·S.库雷顿（Jeanette S. Cureton）：《当希望撞上恐惧时：当代大学生肖像》（*When Hope and Fear Collide: A Portrait of Today's College Student*）（旧金山：乔西-巴斯出版社，1998年版）。这本书可以帮助我们了解一些关于大学生的认知和道德发展情况。最近关于个人发展对学生学习的影响的许多思考来自威廉·佩里（William Perry）的《大学时代智力和道德发展的形式》（*Forms of Intellectual and Ethical Development in the College Years*）（旧金山：乔西-巴斯出版社，1998年；最初出版于1970年）。

11. 彼得·埃尔博（Peter Elbow）的书对我有很大的帮助，比如：《无师自通的写作》（*Writing without Teachers*）（第二版）（纽约：牛津大学出版社，1998年版）。你所在的大学的写作中心也会提供其他建议。

12. 托马斯·A.安吉洛（Thomas A. Angelo）和帕特里

夏·K. 克罗斯（Patricia K. Cross）的《课堂评价技巧——大学教师手册》(*Classroom Assessment Techniques: A Handbook for College Teachers*)（第二版）（旧金山：乔 - 巴斯出版社，1993 年版）是一本关于评价学生作业的有用方法的汇编。

13. 在诺克斯学院，我们每年都会收到一份电脑打印件，显示我们过去一年给学生的成绩与其他导师给这些学生成绩的对比。这是一个方便的方法，可以快速地大致评估我与学校里其他教师的做法是否一致。如果你的学校没有这样做，可以询问教务长是否能够这么做。

14. 诚然，出于教学方面的考虑，我们最好把标准定得比平均水平高一点，这样学生就需要有所努力才能达到你的要求，但即便如此，这也不容易做到。请记住，在我们的学术文化中，教育主要是经济学家所说的"消费品"，其购买方式与市场上任何产品的购买方式大致相同。从某种意义上说，你提供这种服务，就要负责让顾客满意。反过来，顾客支付了学费，并期望得到良好的服务。此外，在州立大学中，学生的家长可能有很大的权利，他们期望他们的税款能得到一些回报，为他们的孩子换回文凭，即使文凭的价值也会随着时间的推移而贬值。由于文凭价值的缩水与外界对它的认识有一定的滞后性，所以它不会像其他情况下那样受到公众的反对。

15. 诺贝尔奖获得者赫伯特·西蒙（Herbert Simon）将这一过程命名为"追求满意"而不是"寻求优化"。见《企业组织中的理性决策》("Rational Decision Making in Business

Organizations"），载于《美国经济评论》（*American Economic Review*）第 69 期（1979 年），第 493 页至第 513 页。

16. 根据卡内基·梅隆大学教授乔治·洛温斯坦（George Loewenstein）的观点，"获得教学奖经常是你不能获得终身教职的一个主要原因"。参见《因为山在那里：登山对于效用理论的挑战》（"Because It Is There: The Challenge of Mountaineering for Utility Theory"），载于《基克罗斯》（*Kyklos*），1999 年第 52 期第 3 卷，第 339 页。曾有一位英语系教授在获得年度教师奖的同时却没有被评为终身教授，这是发生在纽约州北部的一所不知名的大学的一个令人沮丧的案例，参见萨沙·费恩斯坦（Sascha Feinstein）：《教学精神和学术政治负担的教训》（"Some Lessons about the Spirit of Teaching and Academe's Political Burdens"），载于《高等教育年鉴》，1991 年 1 月 16 日。当然，这里的教训并不是说你不应该努力成为一个好老师，而是说如果你所在的学校要求发表文章才能获得终身职位，那么教学奖是无法替代发表文章的。

17. 当然，评分严厉的老师通常不一定是最好的老师。

18. "1993 年曾对 9 所大型公立院校中的近 2000 名学生做过一项调查，其中有超过 3/4 的人承认在考试中出现过一次或多次严重的作弊行为，或在书面作业中出现过严重的学术不端行为。"唐纳德·L. 麦卡贝（Donald L. McCabe）和帕崔克·德瑞南（Patrick Drinan）：《谈学术诚信的文化》（"Toward a Culture of Academic Integrity"），载于《高等教育年鉴》，1999 年

10 月 15 日。

19. 根据美联社的报道，西北大学（Northwestern University）的一位副教务长说："抄袭是我们最普遍的学术不诚信行为。"现在有一些可以通过互联网打击抄袭行为的方法，论文检测费用约为每篇论文 1 美元。参见 http://www.plagiarism.org。1999 年，伯克利大学使用该程序在一个 300 人的神经生物学班级中成功检测出了 45 名学生的论文学术不端行为。参见 http://enquirer.com /editions/1999/11/26/fin_web_site_sniffs_out. html。

20. 威廉·汤姆森（William Thomson）：《青年经济理论写作指南》（"The Young Person's Guide to Writing Economic Theory"），载于《经济文献杂志》（*Journal of Economic Literature*）1999 年 3 月第 37 期，第 157、182 页。

21. 劳拉·理查德森（Laurel Richardson）：《面对不同受众的写作策略》（*Writing Strategies Reaching Diverse Audiences*）（纽伯里帕克，加利福尼亚：Sage 出版社，1990 年版）。其中第八章是关于学术写作的。

22. 关于这一点以及与书籍出版有关的其他有益建议，参见罗宾·德里克特：《学术出版作者指南》（普林斯顿，新泽西州：普林斯顿大学出版社，1996 年版）。

23. 我推荐威廉·斯特伦克（William Strunk）和 E.G. 怀特（E. G. White）：《风格的要素》（*Elements of Style*）（第四版）（波士顿：阿林 & 贝肯出版社，2000 年版），书中提出了关于散文风格易读性的建议。

24. 参见《艺术与人文科学引文索引》（*Arts and Humanities Citation Index*）、《社会科学引文索引》（*Social Science Citation Index*），以及《理科引文索引》（*Science Citation Index*）。

25. 一些全国性机构的出版物用一个部分来报道其学术年会的进程。这类主题通常不经过评审，但会接受其提交的学术会议的筛选。

26. 参见汤姆森所著的《青年经济理论写作指南》，第182页。

27. 一定要保留一份原稿的复印件以供参考。

28. 当然，这不应该被理解为无视准确性、全面性、客观性和诚实性等学术要求。

29. 不要忘记，在审稿期间甚至在审稿之后，你都有足够的时间对文章进行润色——在排版印刷前，甚至在你阅读样稿来校对的时候，都有可能进行小的修改。出版社采用你的论文后，出版过程往往还需要一年之久。因此，不要把首次提交论文的时间拖得很长。

30. 更准确地说，以1998年的《美国经济评论》为例，论文被退稿的时间一般是4个到5个月，而其中1/3的文章需要更长时间，14%的文章需要9个月以上。论文采用率为8%。见1999年第89卷第4期的卷首页。

31. 审稿工作是一个耗时且相当费力的过程，因而审稿工作能顺利运作几乎是一个奇迹。我有点不愿意谈及这一点，因为这可能会让你对审稿过程的一般流程留下不好的印象，但我收到审稿报告所花的最长时间是两年！

32. 有一次，我在向三个不同的期刊投稿时碰到了同一个审稿人，他对论文的评价并没有随着时间的推移而提升。有一些人处于这样的关键地位，他们显然是某一主题的论文的审稿人。我唯一能做的就是，在第四次投稿时把论文投到一个尽可能远离那个审稿人的领域的期刊。

33. 编辑们在选择审稿人时相当谨慎。他们一般都是在自己认识了很长时间并且对其观点有所了解的审稿人中选择。因此，他们可以对论文的评价产生影响。

34. 关于对学术审稿人此类行为的反思，参见艾米·布莱克威尔（Amy Blackwell）：《期刊论文审阅：苛刻、狭隘或傲慢》（"Reviews of Journal Manuscripts: Nasty, Petty, Arrogant"），载于《高等教育年鉴》，2000 年 6 月 2 日，B10 版。

35. 乔舒亚·甘斯和乔治·谢普德：《优秀论文的落选：曾遭知名经济学家拒稿的经典论文》（"How Are the Mighty Fallen: Rejected Classic Articles by Leading Economists"），载于 1994 年《经济学视角》第 8 期，第 79 页至第 115 页。

36. 例如，就本书而言，合作对我们来说是有意义的，因为我们能够把自己的不同经验带到这本书中。

37. 通常情况下，作者的名字应该按照对项目贡献递减的顺序排列，尽管在某些学科中，提出项目想法的人往往更受重视。

在贡献相同的情况下，作者的名字通常按字母顺序排列。有些期刊规定作者必须按字母顺序排列，而不考虑其他因素。

38. 同样，他们也希望你能聆听他们在会议上的发言，如果你因某种原因不能出席，可能要进行解释并道歉。

39. 参见注释 24。

40. 参见德里克特的《学术出版作者指南》。

41. 出版社经常向审稿人以实物付款，让他们免费选择价值几百美元的书籍，因此出版社将连续评审程序视为一种节约成本的手段。

42. 你将收到大约 10 本赠书。你还应该积极寻找外国出版商，探讨翻译书稿并在国外出版的可能性。虽然这不会给你在美国带来多少荣誉，但这样做的成本并不高，值得一试。它可以将你引入其他学术领域，并帮助你获得来自国外大学的邀请，成为访问学者。

43. 各个大学的管理费费率各不相同，但当一个人提交含预算的资助申请时，大学会额外增加一笔钱（25% 至 50%），用于所谓的"管理费"。这笔钱是由资助机构发放给大学的，用于支付水电费、场地费等等。

44. 许多大学都有科研办公室，你可以去咨询。他们也会为撰写研究计划书提供有用的指导。

第八章

1. 我自己也写过一两封这样的评审信。其中一个候选人我既不喜欢他本人，也不认同他的专业观点。但是这个人撰写的文章非常出色，睿智且有趣。我在信中坦诚地说明了我的个人意见（我还解释说，这些个人意见从根本上来说是无关紧要的），同时也提出了我的专业判断，即该论文的学术质量非常高。收到信的院长看到这种评价肯定会觉得很有意思，我敢说这比一封只有赞美之词的信更有积极意义。

2. 美国大学教授协会（AAUP）在其主页上提供了关于终身教职和相关问题的重要信息：http://www.aaup.org。

3. 凯伦·萨维斯拉克（Karen Sawislak）没有获得终身教职，尽管她在院系评审中获得了 24 票通过、0 票反对的佳绩，而且她出版过一本由芝加哥大学出版社出版的广受欢迎的专著。这个不幸的案例请参见她的文章《落选终身教职：公平何在？》（"Denying Tenure: Who Said Anything about Fairness"），载于《高等教育年鉴》，1999 年 9 月 17 日，观点和艺术专栏，B4 版。斯坦福大学校长杰拉德·卡斯帕尔（Gerhard Casper）在给萨维斯拉克女士的信中表示，系里的全票通过并不是行政部门决定的唯一依据，而且他认为终身教职问题不应该以候选人是否"够格"或"可以获得"永久职位为标准。相反，他认为授予终身教职要有前瞻的眼光，即考虑到候选人未来的学术表现有可能出现危机。

4. 参见乔治·洛温斯坦的论文《因为山在那里：登山对于效用理论的挑战》（"Because It Is There: The Challenge of Mountaineering... for Utility Theory"），载于《基克罗斯》1999年第52期，第3卷，第338页。

5. 有兴趣的读者可以查阅《高等教育年鉴》上的两篇文章《越来越多的教授选择合同制而非终身制》（"Contracts Replace the Tenure Track for a Growing Number of Professors"）、《大学寻求终身制替代方案以控制成本和保证灵活性》（"Colleges Say Alternatives to Lifetime Job Security Are Needed to Control Costs and Assure Flexibility"），网址是http:// chronicle.com / colloquy/98/tenure/background.shtml。

6. 事实上，你应该在终身教职评审前很久就了解并考虑加入美国大学教授协会，该协会在各种问题上维护教师的利益。

7. 对否决终身教职的决定提出申诉是一个费时且痛苦的过程。胜诉的概率并不高，但有时确实也会成功。有时即使最终工作还是保不住，也能获得一些金钱上的补偿。关于一些有争议的案例，参见罗宾·威尔逊：《尽管系里通过，女教师仍失去了终身教职——女学者在顶尖大学所遭遇的困难模式》（"Women Lose Tenure Bids despite Backing from Departments; Some Female Academics See a Pattern in the Difficulties They Face at Top Universities"），《高等教育年鉴》，1997年6月6日，教师专栏，A10版。

第九章

1. 加劳德特大学（Gallaudet University）由美国国会特许创立，但它是作为一个独立机构运行的，其大学董事会的部分成员由国会任命。

2. 行政管理人员也可以招聘，但这不影响学术界和商业圈之间的类比。

3. 我的一位同事告诉我，当他在青年时期从事第一份工作时，收到了一份校外聘用通知，他知道自己肯定会接受，但却决定与自己所在的大学进行协商，因为他对和学术界协商的方式完全没有经验。他觉得这是在练习一项重要的生活技能——而且是一项在其他地方无法培养的技能。坦白说，我不知道该如何理解这种说法。

第十章

1. 关于这些问题以及其他许多与学术界和家庭生活有关的问题，参见康斯坦斯·科因那（Constance Coiner）和戴安娜·休姆·乔治（Diana Hume George）编：《家庭轨道：如何在指导、培养、教学和服务等各方面扮演好你的角色》（*The Family Track: Keeping Your Faculties while You Mentor, Nurture, Teach, and Serve* ），厄巴纳：伊利诺伊大学出版社（University of Illinois Press），1998 年版。

2. 可参见 1999 年 3 月 21 日《波士顿环球报》(Boston Globe) 的头版文章，作者是凯特·泽尔尼克 (Kate Zernike)。目前该文章可在网站 http://www.edc.org/Womens Equity/edequity/hypermail/0156.html 查阅。

3. 参见《麻省理工学院自然科学专业女教师地位研究报告：科学学院院长如何成立女教师委员会，该委员会和院长了解到的情况和取得的成就，以及对未来发展的建议》("A Study on the Status of Women Faculty in Science at MIT: How a Committee on Women Faculty Came to Be Established by the Dean of the School of Science, What the Committee and the Dean Learned and Accomplished, and Recommendations for the Future") (http://web.mit.edu/fnl /women/women.html)；另见罗宾·威尔逊的《一位麻省理工教授的质疑：对女性的偏见将导致学术界的新妇女运动》("An MIT Professor's Suspicion of Bias Leads to a New Movement for Academic Women")，1999 年 12 月 3 日《高等教育年鉴》教师版，A16 版。

4. 关于女性学者们的个人叙述，我推荐菲利斯·R.弗里曼 (Phyllis R. Freeman) 和简·兹罗特尼 (Jan Zlotnik) 的《智慧的女人：中年教师的反思》(*Wise Women: Reflections of Teachers at Midlife*)，纽约：劳特里奇出版社，2000 年版，这本书是 27 位女性学者的论文集；盖尔·格里芬 (Gail Griffin)：《使命：母语教学论文集》(*Calling: Essays on Teaching in the Mother Tongue*) (帕萨迪纳，加利福尼亚：三部曲系列图

书，1992 年版）；盖尔·格里芬：《女巫的季节：边缘的生活，边缘的旁注》（*Season of the Witch: Border Lives, Marginal Notes*）（帕萨迪纳，加利福尼亚：三部曲系列图书，1995 年版）。德博拉·坦宁（Deborah Tannen）：《朝九晚五的谈话》（*Talking from 9 to 5*），纽约：威廉·莫洛出版社，1994 年版，这本书也有助于你理解两性间的互动。坦宁的书是关于各种工作场所的，而她自己也是一名教授，书中处处可见学术界的例子。

5. 关于对男性和女性的不同评价，请参见坦宁的《朝九晚五的谈话》第六章，特别是第 193 页。关于作者身份评估的研究，特别是与学术评价相关的研究，请参见米歇尔·A. 帕鲁蒂（Michele A. Paludi）和威廉·D. 鲍尔（William D. Bauer）：《重访哥德堡：作者的名字里蕴含着什么？》（"Goldberg Revisited: What's in an Author's Name?"）载于《性别角色》（Sex Roles）1983 年第 9 期，第 387 页至第 390 页。

6. 见乔·安·米勒（Jo Ann Miller）和玛丽莲·张伯伦（Marilyn Chamberlin）：《女性是教师，男性是教授：关于学生认知的研究》（"Women Are Teachers, Men Are Professors: A Study of Student Perceptions"），载于《社会学教学》（*Teaching Sociology*）2000 年第 28 期，第 283 页至第 298 页。这样的经历在学术界的高层也有发生。一些女性教务长报告说，她们曾在职业生涯中受到歧视，即使有些是无意识的歧视。有些人回忆说自己曾被误认为是院长夫人，或者因为在教务长车位上停车而被保安人员拦住。参见基特·莱弗利（Kit Lively）：《掌权的女性》（"Women in Charge"），2000 年 6 月 16 日《高等教育年鉴》，A35 版。

7. 参见《马太福音》（Matthew）5：28。

8. 1994 年，心理学家詹姆斯·B. 马斯（James B. Maas）"曾经骚扰了 4 名女学生，她们称他不仅对她们进行了肢体骚扰，还有语言上的骚扰；作为惩罚，学校称他的性骚扰行为会影响他五年内的加薪和晋升"。艾莉森·施耐德（Alison Schneider）：《康奈尔大学教师挑战性骚扰而败诉》（"Cornell U. Professor Loses Lawsuit Challenging Harassment Finding"），1999 年 12 月 17 日《高等教育年鉴》，教师版，A19 版。"一位喜欢用四字粗话的马科姆社区学院（Macomb Community College）教授将有机会再次在课堂上使用这些词语……2 月，他刚刚因女学生对其性骚扰的投诉被停职（2000 年 2 月 26 日《高等教育年鉴》）。她写道：'教授的语言卑鄙下流，露骨色情。'"见《联邦法官裁定学院必须让爆粗口的教授复职》（"Federal Judge Rules College Must Reinstate Foul-Mouthed Professor"），1999 年 9 月 10 日《高等教育年鉴》，教师版，A14 版。"阿拉巴马大学塔斯卡卢萨分校（University of Alabama at Tuscaloosa）的橄榄球队主教练在承认与本校女同事有不正当关系后，被罚款 36 万美元，而且其合同期限从 5 年减至 3 年。该女同事投诉他性骚扰，学校为此向她赔偿了 35 万美元。"见韦尔奇·萨格斯（Welch Suggs）：《阿拉巴马大学对性骚扰的橄榄球队主教练进行罚款》（"U. of Alabama Fines Football Coach for Sex Harassment"），1999 年 9

月3日《高等教育年鉴》，体育运动版，A85版。

9. 性幻想和性欲也可能成为女教授和男学生关系中的一部分，但由于在我们的社会中，女大男小的关系普遍不被认可，因此，女教授和男学生这样的情况实际远远少于男教授和女学生。同性间的吸引力在年龄差异方面有其独特的模式，这更增加了学术界性别层面的复杂性。

第十一章

1. 这里绝不是在对不同的教育体系进行比较分析。我只想说，过多和过少的金钱回报都有害于教育体系。虽然这一点并不明显，但高报酬的体制吸引了更多有野心和务实的人。在北美，这样的人更有可能到竞争激烈的商业界就职。

附录一

1. 见亨利·罗索斯基（Henry Rosovsky）：《大学：教师手册》（*The University: An Owner's Manual*），纽约：诺顿出版社，1991年版。

2. 一些学校用"领导"而不是系主任或主管来组织他们的系部，而且这种"领导"通常被赋予比系主任更大的自主权。在某些情况下，"领导"可以在没有院系大多数教师支持的情况下做出职务任命决定（说实话，我无法想象这种情况）。

3. 除了教授、副教授和助理教授之外，大学里还可能有讲师、高级讲师、研究助理、合作研究员、兼职教师和助理教师。助理教师与院系的关系不太紧密，可能主要在其他院系任教，或在校外有一份全职工作。

附录二

1. 感谢格林内尔学院的吉姆·斯瓦茨（Jim Swartz）院长分享这一政策。

参考文献

Allen, Michael W. *Authorware Academic User's Guide: Version 3.5 for Use with Macintosh and Windows*. Upper Saddle River, N.J.: Prentice-Hall, 1996.

Anthony, Rebecca, and Gerald Roe. *The Curriculum Vitae Handbook: How to Present and Promote Your Academic Career*. 2nd ed. San Francisco: Rudi, 1998.

Association for Women in Science. *Cultivating Academic Careers: AWIS Project on Academic Climate*. Washington, D.C.: Association for Women in Science, 1997.

Benjaminson, Peter. *Publish without Perishing: A Practical Handbook for Academic Authors*. Washington, D.C.: National Education Association, 1992.

Blaxter, Loraine, Christina Hughes, and Malcolm Tight. *The Academic Career Handbook*. Buckingham, England: Open University Press, 1998.

Bloom, Dale F., Jonathan D. Karp, and Nicholas Cohen. *The Ph.D. Process: A Student's Guide to Graduate School in the Sciences*. New York: Oxford University Press, 1998.

Blum, Laurie. *Free Money for Graduate School: A Directory of Private Grants*. New York: Holt, 1990.

Boice, Robert. *First-Order Principles for College Teachers: Ten Basic Ways to Improve the Teaching Process*. Bolton, Mass.: Anker, 1996.

Boufis, Christina, and Victoria C. Olsen. *On the Market: Surviving the Academic Job Search*. New York: Riverhead Books, 1997.

Breneman, David W., and Ted I. K. Youn. *Academic Labor Markets and Careers*. New York: Falmer Press, 1988.

Brennan, Moya, and Sarah Briggs. *How to Apply to American Colleges and*

Universities: The Complete Manual for Applying to Undergraduate and Graduate Schools in the United States. Lincolnwood, Ill.: VGM Career Horizons, 1992.

Brinkley, Alan, Betty Dessants, Michael Flamm, Cynthia Fleming, Charles Forcey, and Eric Rothschild. *The Chicago Handbook for Teachers: A Practical Guide to the College Classroom*. Chicago: University of Chicago Press, 1999.

Caesar, Terry. *Writing in Disguise: Academic Life in Subordination*. Athens: Ohio University Press, 1998.

Cantor, Jeffrey A. *A Guide to Academic Writing*. Westport, Conn.: Greenwood Press, 1993.

Caplan, Paula J. *Lifting a Ton of Feathers: A Woman's Guide for Surviving in the Academic World*. Toronto: University of Toronto Press, 1993.

Carnegie Foundation for the Advancement of Teaching. *A Classification of Institutions of Higher Education*. Princeton, N.J.: Carnegie Foundation for the Advancement of Teaching, 1994.

Clark, Burton R. *The Academic Life: Small Worlds, Different Worlds*. Princeton, N.J.: Carnegie Foundation for the Advancement of Teaching, 1987. (Available from Princeton University Press, Princeton, N.J.)

———, ed. *The Academic Profession: National, Disciplinary, and Institutional Settings*. Berkeley: University of California Press, 1987.

Coiner, Constance, and Diana Hume George, eds. *The Family Track: Keeping Your Faculties while You Mentor, Nurture, Teach, and Serve*. Urbana: University of Illinois Press, 1998.

Cornford, Francis Macdonald. *Microcosmographia Academica, Being a Guide for the Young Academic Politician*. Chicago: University of Chicago Press, 1945.

Derricourt, Robin. *An Author's Guide to Scholarly Publishing*. Princeton, N.J.: Princeton University Press, 1996.

Dilts, David A., Lawrence J. Haber, and Donna Bialik. *Assessing What Professors Do: An Introduction to Academic Performance Appraisal in Higher Education*. Westport, Conn.: Greenwood Press, 1994.

Fairweather, James Steven. *Faculty Work and Public Trust: Restoring the Value of Teaching and Public Service in American Academic Life*. Boston: Allyn and Bacon, 1996.

Falk, Gerhard. *The Life of the Academic Professional in America: An Inventory of*

Tasks, Tensions and Achievements. Lewiston, N.Y.: E. Mellen Press, 1990.

Fisher, Shirley. *Stress in Academic Life: The Mental Assembly Line*. Buckingham, England; Open University Press; Bristol, Pa.: Society for Research into Higher Education, 1994.

Frederick, Peter. "The Dreaded Discussion: Ten Ways to Start." *Improving College and University Teaching 29* (1981): 109-114.

Freeman, Phyllis R., and Jan Zlotnik, eds. *Wise Women: Reflections of Teachers at Midlife*. New York: Routledge, 2000.

Frost, Peter J., and M. Susan Taylor, eds. *Rhythms of Academic Life: Personal Accounts of Careers in Academia*. Thousand Oaks, Calif.: Sage, 1996.

Gold, Penny S. "A Teacher Is Either a Witness or a Stranger." In *The Role of Advocacy in the Classroom*, ed. Patricia Meyer Spack. New York: St. Martin's, 1996.

Griffin, Gail B. Calling: *Essays on Teaching in the Mother Tongue*. Pasadena, Calif.: Trilogy Books, 1992.

——. *Season of the Witch: Border Lines, Marginal Notes*. Pasadena, Calif.: Trilogy Books, 1995.

Guardo, C. J. "Designing Curricula for Imaginary Stud-ents." *Liberal Education* 71 (1986): 213-19.

Gustafson, Melanie, ed. *Becoming a Historian: A Survival Manual for Women and Men*. Washington. D.C.: American Historical Association, 1991.

Hansen, Kristine. *A Rhetoric for the Social Sciences: A Guide to Academic and Professional Communication*. Upper Saddle River, N.J.: Prentice-Hall, 1998.

Harris, Muriel. *The Writer's FAQs: A Pocket Handbook*. Upper Saddle River, N.J.: Prentice-Hall, 2000.

Heiberger, Mary Morris, and Julia Miller Vick. *The Academic Job Search Handbook*. 2nd ed. Philadelphia: University of Pennsylvania Press, 1996.

Higgins, Jerry D., and John W. Williams. *Academic Preparation for Careers in Engineering Geology and Geological Engineering*. Sudbury, Mass.: Association of Engineering Geologists, 1991.

Higham, Robin D. S. *The Compleat Academic: An Informal Guide to the Ivory Tower*. New York: St. Martin's, 1974.

Hooks, bell. *Teaching to Transgress: Education as the Practice of Freedom*. New York: Routledge, 1994.

How to Get into Graduate School. Livingston, N.J.: Newsweek, Inc., and Kaplan

Educational Centers, 1997.

Howe, Barbara J. *Careers for Students of History*. Washington, D.C.: American Historical Association, 1989.

Isaac, Alicia. *The African American Student's Guide to Surviving Graduate School*. Thousand Oaks, Calif.: Sage 1998.

Jensen, Jane McEldowney, and Lisa D'Adamo-Weinstein. *Piecing It Together: A Guide to Academic Success*. Boston: Allyn and Bacon, 1999.

John Minter Associates. *JMA Guide to Identifying Comparable Academic Institutions*. 3 vols. Boulder, Colo.: John Minter Associates, 1993.

Jordan, R. R. *English for Academic Purposes: A Guide and Resource Book for Teachers*. Cambridge, England: Cambridge University Press, 1997.

Judge, Harry George. *American Graduate Schools of Education: A View from Abroad: A Report to the Ford Foundation*. New York: Ford Foundation, 1982.

Kaplan, Max. *One Life: The Free Academic*. Madison, N.J.: Fairleigh Dickinson University Press, 1998.

Keith-Spiegel, Patricia. *The Complete Guide to Graduate School Admission: Psychology and Related Fields*. Hillsdale, N.J.: Erlbaum, 1991.

Keller, Peter A., ed. *Academic Paths: Career Decisions and Experiences of Psychologists*. Hillsdale, N.J.: Erlbaum, 1994.

Kennedy, Donald. *Academic Duty*. Cambridge: Harvard University Press, 1997.

LanksKarl W. *Academic Environment: A Handbook for Evaluating Employment Opportunities in Science*. 2nd ed. Washington, D.C.: Taylor & Francis, 1996.

——. *Academic Environment: A Handbook for Evaluating Faculty Employment Opportunities*. Brooklyn, N.Y.: Faculty Press, 1990.

Leape, Martha P., and Wilson Hunt Jr. *Choosing an Academic Career: A Discussion of Graduate Study and Fellowships with Special Information for Minority Students*. Cambridge: Harvard University, Office of Career Services, 1993.

Levine, Arthur, and Jeanette S. Cureton. *When Hope and Fear Collide: A Portrait of Today's College Student*. San Francisco: Jossey-Bass, 1998.

Lewis, Lionel Stanley. *Scaling the Ivory Tower: Merit and Its Limits in Academic Careers*. New Brunswick, N.J.: Transaction Publishers, 1998.

Lightman, Marjorie, and William Zeisel, eds. *Outside Academe: New Ways of Working in the Humanities: A Report on the Conference "Independent Research Institutions and Scholarly Life in the 1980s."* New York: Institute for

Research in History and Haworth Press, 1981.

Lodge, David. *Changing Places: A Tale of Two Campuses*. London: Secker and Warburg, 1975.

——. *Small World: An Academic Romance*. New York: Warner Books, 1984. Lovell-Troy, Lawrence, and Paul Eickmann. *Course Design for College Teachers*. Englewood Cliffs, N.J.: Educational Technology Publications, 1992.

Luey, Beth. *Handbook for Academic Authors*. 3rd ed. Cambridge: Cambridge University Press, 1995.

McKeachie, Wilbert J. *McKeachie's Teaching Tips: Strategies, Research, and Theory for College and University Teachers*. 10th ed. Boston: Houghton Mifflin, 1999.

Montagu, Ashley. *Up the Ivy; Being Microcosmographia Academica Revisited, a True Blue Guide on How to Climb in the Academic World without Appearing to Try, by Academicus Mentor*: New York: Hawthorn Books, 1966.

Moxley, Joseph Michael. *Publish, Don't Perish: The Scholar's Guide to Academic Writing and Publishing*. Westport, Conn.: Greenwood Press, 1992.

National Center for Education Statistics, Association for Institutional Research, and American Association of State Colleges and Universities. *Integrating Research on Faculty: Seeking New Ways to Communicate about the Academic Life of Faculty: Results from the 1994 Forum*. Washington, D.C.: U.S. Department of Education, Office of Educational Research and Improvement, 1996.

Nelson, Carey, and Stephen Watt. *Academic Keywords: A Devil's Dictionary for Higher Education*. New York: Routledge, 1999.

Newhouse, Margaret. *Cracking the Academia Nut: A Guide to Preparing for Your Academic Career*. Cambridge: Harvard University, Office of Career Services, 1997.

Oshima, Alice, and Ann Hogue. *Introduction to Academic Writing*. 2nd ed. White Plains, N.Y.: Longman, 1997.

Paludi, Michele Antoinette, and Richard B. Barickman. *Academic and Workplace Sexual Harassment: A Resource Manual*. 2nd ed. Albany: State University of New York Press, 1998.

Perry, William. *Forms of Intellectual and Ethical Development in the College Years*. San Francisco: Jossey-Bass, 1970; reprint, 1998.

Peterson's Compact Guides. *Graduate and Professional Schools in the U.S*. Princeton, N.J.: Peterson's, 1998. CD-ROM.

Phelan, James. *Beyond the Tenure Track*. Columbus: Ohio State University Press, 1990.

Preece, Roy A. *Starting Research: An Introduction to Academic Research and Dissertation Writing*. London: Pinter Publishers; New York: St. Martin's, 1994.

Reis, Richard M. *Tomorrow's Professor: Preparing for Academic Careers in Science and Engineering*. New York: IEEE Press, 1997.

Research and Education Association. *REA's Authoritative Guide to Graduate Schools: Detailed Profiles of Over 500 Graduate Schools in 60 Fields of Study*. Piscataway, N.J.: REA, 1997.

Rheingold, Harriet Lange. *The Psychologist's Guide to an Academic Career*. Washington, D.C.: American Psychological Association, 1994.

Richardson, Laurel. *Fields of Play: Constructing an Academic Life*. New Brunswick, N.J.: Rutgers University Press, 1997.

Rittner, Barbara, and Patricia Trudeau. *The Women's Guide to Surviving Graduate School*. Thousand Oaks, Calif.: Sage, 1997.

Rosovsky, Henry. *The University: An Owner's Manual*. New York: W. W. Norton, 1990.

Rossman, Mark H. *Negotiating Graduate School: A Guide for Graduate Students*. Thousand Oaks, Calif.: Sage, 1995.

Schenck, Mary Jane Stearns. *Read, Write, Revise: A Guide to Academic Writing*. New York: St. Martin's, 1988.

Schmidt, Jeff. *Disciplined Minds: A Critical Look at Salaried Professionals and the Soul-Battering System That Shapes Their Lives*. Lanham, Md.: Rowman & Littlefield, 2000.

Shearmur, Jeremy. *Scaling the Ivory Tower: The Pursuit of an Academic Career*. Fairfax, Va.: George Mason University, Institute for Humane Studies, 1995.

Sherrill, Jan-Mitchell, and Craig A. Hardesty. *The Gay, Lesbian, and Bisexual Students' Guide to Colleges, Universities, and Graduate Schools*. New York: New York University Press, 1994.

Shrier, Diane K. *Sexual Harassment in the Workplace and Academia: Psychiatric Issues*. Washington, D.C.: American Psychiatric Press, 1996.

Silva, Anjalika I. *Employment Guide for Foreign-Born Chemists in the United States*. Washington, D.C.: American Chemical Society, Department of Career Services, 1997.

Stelzer, Richard J. *How to Write a Winning Personal Statement for Graduate and Professional School*. 3rd ed. Princeton, N.J.: Peterson's, 1997.

Straughn, Charles T., and Barbarasue Lovejoy Straugh. *Lovejoy's Guide to Graduate School Programs in Humanities and Social Sciences*. New York: ARCO, Simon & Schuster Macmillan, 1997.

Taylor, Peter G. *Making Sense of Academic Life: Academics, Universities, and Change*. Philadelphia: Open University Press, 1999.

Thomson, William. "The Young Person's Guide to Writing Economic Theory." *Journal of Economic Literature* 37 (March 1999): 1, 157-83.

Tompkins, Jane P. *A Life in School: What the Teacher Learned*. Reading, Mass.: Addison-Wesley, 1996.

Toth, Emily. *Ms. Mentor's Impeccable Advice for Women in Academia*. Philadelphia: University of Pennsylvania Press, 1997.

Tsang, Reginald C., and William Oh, with the assistance of Lynda L. Price. *Beginning an Academic Medical Career: Research, Writing, Speaking*. Philadelphia: Hanley & Belfus, 1993.

Turabian, Kate L. *A Manual for Writers of Term Papers, Theses, and Dissertations*. 6th ed., revised by John Grossman and Alice Bennett. Chicago: University of Chicago Press, 1996.

U.S. Information Agency. *U.S. Academic Explorer Computer File: A Guide to Higher Education in the United States*. Washington, D.C.: U.S. Government Printing Office, 1996. Laser optical disc.

U.S. News and World Report. *America's Best Graduate Schools*. Washington, D.C.: U.S. News and World Report Inc., 1994-1997.

Walker, John Henry, III. *Thinking about Graduate School: A Planning Guide for Freshman and Sophomore Minority College Students*. Princeton, N.J.: Educational Testing Service, 1973.

Williams, Joan. *Unbending Gender: Why Family and Work Conflict and What to Do about It*. New York: Oxford University Press, 2000.

致　谢

首先，我们要向芝加哥大学出版社的编辑杰夫·哈克致以最深的谢意，可以说没有他就不可能有这本书。杰夫把我们这些学者聚集在一起，并与我们一起，一步步推动这个项目走向成熟。我们在本书序言中对杰夫所做的工作略有提及，但远不及杰夫在这一过程中所做工作的万分之一。他是一个完美的专业编辑，我们对他感激不尽。

约翰·戈德史密斯：本书的内容来自我的学术生涯经历，且大多数都是令人愉快的经历。我特别感谢我的老师们，其中有 7 位让我尤其难忘：莱拉·格里特曼（Lila Gleitman）、伯尼·萨夫兰（Bernie Saffran）、吉姆·英格兰（Jim England）、里奇·舒尔登弗莱（Richie Schuldenfrei）、莫里斯·哈勒（Morris Halle）、诺姆·乔姆斯基（Noam Chomsky）和哈伊·罗斯（Haj Ross）。其中，莫里斯·哈勒是我的博士论文导师，他为我（以及其他许多像我一样的人）树立了一个让我们难以企及的榜样，并对本书观点的完善带来了重要的影响。多年来，我也从我的学生们那里获益良多，众多名字不胜枚举，但我还是要特别感谢戴安·布伦塔里（Diane Brentari）、曼努埃拉·诺斯克（Manuela Noske）和平田由香里（Yukari Hirata）。斯维塔拉娜·索格拉斯诺娃（Svetlana Soglasnova）仔细校对了手稿，并提出了许多非常有用的建议。我在芝加哥大学工作的 15 年多时间里，也从与行政部门的合作中获益匪浅。最值得一提的是，我从我的前任系主任杰里·萨多克（Jerry Sadock）教授和后任系主任萨利科克·穆夫韦内（Salikoko Mufwene）教授，以及期间担任系主任的斯图尔特·塔夫（Stuart Tave）、菲尔·戈塞特（Phil Gossett）、贾内尔·穆勒（Janel Mueller）和汤姆·蒂雷尔那里学到了很多东西。我与我的妻子杰西·平卡姆（Jessie Pinkham）以及我的朋友们，包括布莱克·谢弗（Black Schaffer）、阿米·克龙菲尔德、伯纳德·莱克斯（Bernard Laks）和皮埃尔·拉斯洛，都讨论过这本书的内容，在此对他们的帮助一并表示感谢。

约翰·科姆洛斯： 在一个人从上幼儿园到读研究生的智力发展过程中，好的老师是至关重要的，他们不仅是为了传授知识，也是为了培养探究精神。若没有一个良好的环境，探究精神是难以培养的。我有幸在我的青少年时期和随后的成长期都跟随了这样循循善诱的老师。他们中的许多人现在已经去世，但他们的影响却无处不在。我们的教育工作者对后世产生了多么长远的影响，而他们自己却不知道，这难道不令人惊讶吗？一路走来，如果我没有经历过那些良好的成长环境，这本书就不可能诞生了。从某种意义上说，我写这本书也是为了培养这种学术精神。我还要感谢布莱恩·阿赫恩（Brian A'Hearn）和蒂莫西·卡夫（Timothy Cuff），他们对书稿进行了详细评论；感谢彼得·科克拉尼斯（Peter Coclanis）和彼得·萨拉蒙（Peter Salamon），他们一直对本书保持着浓厚兴趣。我还要把这本书献给我的两个儿子斯蒂芬（Stefan）和西蒙（Simon），希望他们也能从中受益。

彭妮·戈尔德：我能够参与完成这本书，要感谢很多人的鼓励、支持、建议和慷慨相助。我很高兴有机会在此感谢他们。

我要感谢艾伦·伯恩斯坦（Alan Bernstein），他是我最好的导师。感谢苏珊娜·刘易斯（Suzanne Lewis），作为女性的我在学术界面临了一些挑战，是她第一个向我提供了指导。感谢米歇尔·达林（Michel Dahlin）和格伦娜·马修斯（Glenna Matthews），她们深情地回忆了我们在历史学女研究生核心小组的工作。感谢卡罗琳·卢吉·查佩尔（Carolyn Lougee Chappell），她告诉我如何成为一名学者和母亲、准备在工作面试中的着装，特别是她对历史工作的热爱激励了我。

我还要感谢诺克斯学院的同事们，是他们让这所大学成为我的理想工作场所。我特别要感谢那些支持和鼓励我的人，是他们推动我前进，在我绝望时安慰我，倾听我的故事，并和我分享他们的故事，他们的意见丰富了这本书的内容。他们是：罗宾·贝恩（Robin Behn）、拉里·布雷特伯德（Larry Breitborde）、罗德尼·戴维斯（Rodney Davis）、南希·埃伯哈特（Nancy Eberhardt）、布伦达·弗恩博格（Brenda Fineberg）、乔安·芬克尔斯坦（Joanne Finkelstein）、英曼·福克斯（Inman Fox）、米基索·哈恩（Mikiso Hane）、哈雷·诺舍（Harley Knosher）、约翰·麦考尔（John McCall）、里克·纳姆（Rick Nahm）、威尔伯·皮尔斯伯里（Wilbur Pillsbury）、娜塔尼亚·罗森菲尔德（Natania Rosenfeld）、唐·托伦斯（Don Torrence）和路易斯·萨尔特（Lewis Salter）。

我还要感谢布伦达·弗恩博格，她对本书第十章进行了仔细阅读，并提出了详尽建议。感谢戴维·阿莫尔（David Amor）、拉里·布雷特伯德、卡罗琳·卢吉·查佩尔和娜塔尼亚·罗森菲尔德（Natania Rosenfeld），他们对本书中我撰写的部分进行了仔细阅读，并提出了详尽建议。

最后，我要感谢我的丈夫戴维·阿莫尔，他陪伴我 30 余年，一直支持着我的学术发展和我的人生。

作者简介

约翰·A. 戈德史密斯是芝加哥大学语言学系的爱德华·卡森·沃勒奖杰出教授（Edward Carson Waller Distinguished Service Professor），曾担任系主任。他于1972年在斯沃斯莫尔学院获得哲学、数学和经济学荣誉学士学位，并于1976年在麻省理工学院获得语言学博士学位。他曾在印第安纳大学任教8年，并在麦吉尔大学（McGill University）、魁北克大学（Université du Québec）、加州大学圣地亚哥分校（University of California at San Diego）和微软研究院担任过访问学者。他编辑出版了《最后的音系规则》（*The Last Phonological Rule*）（芝加哥：芝加哥大学出版社，1993年）、《音系学理论手册》（*The Handbook of Phonological Theory*）（剑桥，马萨诸塞州：布莱克威尔出版社，1995年）和《音系学理论：经典选读》（*Phonological Theory: The Essential Readings*）（马尔登，马萨诸塞州：布莱克威尔出版社，1999 年）。他撰写了《自主音段音系学和节律音系学》（*Autosegmental and Metrical Phonology*）（牛津：布莱克威尔出版社，1990 年）一书，还与人合著了《意识形态和语言学理论》（*Ideology and Linguistic Theory*）（伦敦：劳特里奇出版社，1995 年）。他曾是哈佛大学梅隆学院的研究员，是《发现》（*Discover*）杂志 1997 年科技奖评选的入围者，并获得过美国国家科学基金会和美国学术团体协会（American Council of Learned Societies）的研究基金。1995 年，他因在研究生教学中的出色表现而被授予芝加哥大学优秀教师奖。他的妻子是语言学家杰西·平卡姆，她在华盛顿州雷德蒙的微软研究院工作。他们育有三个子女。

约翰·科姆洛斯是慕尼黑大学的经济学教授、经济学系前系主任，美国经济史研究所所长。他分别于 1978 年和 1990 年在芝加哥大学获得了历史学和经济学博士学位。他曾在匹兹堡大学任教，在杜克大学、维也纳大学（University of Vienna）和维也纳经济学院（Vienna School of Economics）担任过访问学者，还曾在北卡罗来纳大学教堂山分校的人口中心担任博士后研究员。他获得过富布赖特（Fulbright）奖学金，以及美国学术团体协会和美国国家科学基金会的资助或奖学金，并主持过美国国家人文学科基金会的大学教师夏季研讨会。他的著作包括《作为关税同盟的哈布斯堡王朝：19世纪奥匈帝国的经济发展》（*The Habsburg Monarchy as a Customs Union: Economic Development in Austria-Hungary in the Nineteenth Century*）（普林斯顿：普林斯顿大学出版社：1983年）和《18世纪哈布斯堡君主国的营养和经济发展：人类测量史》（*Nutrition and Economic Development in the Eighteenth-Century Habsburg Monarchy: An Anthropometric History*）（普林斯顿：普林斯顿大学出版社，1989年）。他还编辑出版了《身材、生活水平和经济发展：人类测量史论文集》（*Stature, Living Standards, and Economic Development: Essays in Anthropometric History*）（芝加哥：芝加哥大学出版社，1994年）。他是人类测量史学研究这一新领域的主要倡导者，该领域探讨了经济进程（如工业化）对人体组织的影响。他的妻子是丽莲·科姆洛斯（Liliane Komlos），他们育有两个儿子。

彭妮·沙因·戈尔德是诺克斯学院历史系教授和系主任，同时也是性别和女性研究项目的负责人。1969年，她以优异的成绩获得芝加哥大学历史学学士学位，并于1977年获得斯坦福大学中世纪研究博士学位。她曾在辛辛那提大学（University of Cincinnati）任教，并在爱荷华大学（University of Iowa）和芝加哥大学担任过访问学者。她撰写了《淑女与少女：12世纪法国女性的形象、态度和经验》（*The

Lady and the Virgin: Image, Attitude, and Experience in Twelfth-Century France）（芝加哥：芝加哥大学出版社，1985 年），与人合编了《文化视野：文化历史文集》（*Cultural Visions: Essays in the History of Culture*）（阿姆斯特丹：罗多比出版社，1985 年），并为康奈尔大学出版社撰写了《让圣经现代化：二十世纪美国的儿童圣经和犹太教育》（*Making the Bible Modern: Children's Bibles and Jewish Education in Twentieth Century America*）。她曾获得美国国家人文学科基金会奖学金，并在芝加哥大学的宗教高级研究所（Institute of the Advanced Study of Religion）担任高级研究员。1988 年，她成为诺克斯学院首位获得西尔斯 - 罗巴克基金会（Sears-Roebuck Foundation Award）优秀教学和校园领袖奖的教师。1999 年，她被授予卡特彼勒教师成就奖（Caterpillar Faculty Achievement）。她的丈夫戴维·阿莫尔是诺克斯学院基金会和企业关系部主任。他们育有一子。